学习小博士

中华青少年万事问

武瑛娟 主编

天津出版传媒集团

天津科学技术出版社

图书在版编目（CIP）数据

中华青少年万事问 / 武瑛娟主编.—天津：天津科学技术出版社，2012.5（2021.6重印）
（学习小博士）
ISBN 978-7-5308-6960-4

Ⅰ.①中… Ⅱ.①武… Ⅲ.①科学知识—青年读物
②科学知识—少年读物 Ⅳ.①Z228.2

中国版本图书馆CIP数据核字（2012）第085469号

学习小博士——中华青少年万事问
XUEXI XIAO BOSHI —— ZHONGHUA QINGSHAONIAN WANSHIWEN

责任编辑：王 璐
责任印制：刘 彤

出　　版：	天津出版传媒集团 天津科学技术出版社
地　　址：	天津市西康路35号
邮　　编：	300051
电　　话：	（022）23332399
网　　址：	www.tjkjcbs.com.cn
发　　行：	新华书店经销
印　　刷：	永清县晔盛亚胶印有限公司

开本 690×940　1/16　印张 15　字数 300 000
2021年6月第1版第3次印刷
定价：45.00元

学习小博士
序 言

序 言

　　少年儿童是未来的希望，世界的明天，他们不仅仅将成为家庭的支柱，也将会是社会的栋梁，是支持人类世界持续发展、繁荣的关键。在瞬息万变、高速发展的当今社会中，我们已经真切地感受到了竞争的巨大压力以及自身的不足所带来的种种阻碍。由此也引发了我们对于下一代的成长教育而作出的更多思考，到底怎样才能真正帮助孩子们迎接和面对他们自己的人生和未来呢？

　　毫无疑问，知识和能力已经成为如今的社会精英们所必备的基本素质，不论是知识还是能力都不能一蹴而就，而是靠着长期一点一滴的积累和融会贯通，这种积累的最重要时期就是少年儿童的成长期。

　　我们生活的世界丰富多彩，各种事物千姿百态，知识也丰富得远远超过任何一个人的生命时间所能含纳的容量。针对如此丰富的知识以及青少年强烈的求知欲和好奇心，我们精心编辑了《学习小博士》丛书中的《中华青少年万事问》《中华青少年万事做》《中华青少年万事通》。该套丛书以青少年的视角，将近年来人们最关心、最感兴趣的问题精选出来，并加以科学严谨而又通俗易懂的解释说明，使小读者能够真正地去认知、去理解人们生活的世界范围内的各种知识和技能方法。本丛书所含知识面非常广阔，并且经过科学合理的归类细分，不仅仅能给青少年带来丰富的知识，还方便随时查询其中的资料，是青少年桌前不可缺少的一套亦书亦典的知识全书。

　　《中华青少年万事问》能够开启青少年的提问之门，回答青少年的所有新奇有趣的疑问，从而培养他们探寻、观察、动脑思考的习惯及能力。本书分为动物世界、植物解密、宇宙遨游、地理奇观、科技之光、生活常识、人体奥秘七部分，提出并回答了青少年身边各个方面的奇思妙问，让青少年在"问"与"答"中体会科学的神奇奥秘。

  本书中的动物世界对各种常见的动物和常听到的动物现象进行了细致的解答；在植物解密中，你可以了解许多关于花草树木、瓜果蔬菜的知识；宇宙遨游可以带你到浩渺神秘的宇宙中，领略太空与星球的风采，完成你的太空梦想；地理奇观解释了世界各地美丽的地理景象和形成自然现象的原因；科技之光则引领你认识当前最新的科技动态，带你步入最新科技前沿；生活常识将为你解释生活中的奇妙常识，还有一些方便实用的生活小窍门；人体奥秘是从科学的角度，解释各种司空见惯的人体现象，帮助你认识自己熟悉而陌生的身体……这本书里还介绍了许多奇奇怪怪的现象，其中有一些连科学家都不敢妄下定论，仔细读一读，它们将启发你的思维，成为你跨入科学世界的第一步，也将是最重要的一步。

编者
2011 年 10 月

目　录

动物世界

动物为什么有认路的本领 ……… 2
动物身上有年轮吗 ……………… 2
动物的唾液有什么作用 ………… 2
动物也会做梦吗 ………………… 3
有夏眠的动物吗 ………………… 3
动物为什么能"预报"天气 …… 4
有的动物为什么要"杀婴" …… 4
哪些鸟被称为"国鸟" ………… 5
中国为什么是鸟类最多的
　　国家 ………………………… 5
鹦鹉真能说话吗 ………………… 6
鸟巢是鸟睡觉的地方吗 ………… 6
鹌鹑蛋上的花纹是怎么形成的 … 7
最大的鸟是什么鸟 ……………… 7
最小的鸟是什么鸟 ……………… 8
鸟为什么会飞 …………………… 8
为什么鸟在空中张开翅膀不动，
　　也不会摔下来 ……………… 8
有不会飞的鸟吗 ………………… 9
小鸟为什么会唱歌 ……………… 9

小鸟在树上睡为什么不会掉下来 … 10
鸟会偷东西吗 …………………… 10
猫头鹰为什么睁一只眼闭
　　一只眼 ……………………… 11
鸳鸯是最恩爱的夫妻吗 ………… 11
为什么斑鸫要啄玻璃窗 ………… 12
为什么燕子的尾羽是
　　叉形的 ……………………… 12
为什么说鸟类没有牙齿 ………… 12
为什么母鸡会生"怪蛋" ……… 13
鸡为什么要吃石子 ……………… 13
鸭子走路为什么老是一摇一摆 … 14
褐马鸡为什么驰名中外 ………… 14
家鸭为何不孵蛋 ………………… 14
为什么小鸡刚出壳就会走路、
　　吃东西 ……………………… 15
冬天，鸭子在河里游泳为什么
　　不怕冷 ……………………… 15
杜鹃为什么不自己孵化后代 …… 15
鸟能吃猴子吗 …………………… 16
雕是什么样子的 ………………… 16
燕子低飞时就会下雨吗 ………… 16
鸟是怎样洗澡的 ………………… 17

1

为什么麻雀常在沙堆里拍打翅膀 … 17
海鸥为什么要追逐轮船 ………… 17
鸿雁真能传书吗 ………………… 18
老鹰的视力为什么特别好 ……… 18
丹顶鹤的丹顶有毒吗 …………… 19
鹤为什么单脚独立睡觉 ………… 19
啄木鸟是怎么捉虫子的 ………… 19
啄木鸟为什么不会得脑震荡 …… 20
乌鸦是不吉利的鸟吗 …………… 20
喜鹊真的会给人报喜吗 ………… 21
孔雀为什么要开屏 ……………… 21
大雁飞行时为什么常常排成
　"人"字形或"一"字形 …… 21
企鹅为什么不怕冷 ……………… 22
企鹅是怎样繁殖后代的 ………… 22
企鹅为什么可以找到回家的路 … 23
鱼的"胡须"有什么作用 ……… 23
鱼有耳朵吗 ……………………… 24
鱼死了为什么肚子朝天 ………… 24
鱼鳔有什么作用 ………………… 24
鱼类是怎么交流的 ……………… 25
鱼的年龄是怎么算的 …………… 25
有的鱼类为什么能上岸 ………… 26
为什么泥鳅会吐泡 ……………… 26
小蝌蚪是怎样变成青蛙的 ……… 27
为什么吃河豚会毒死人 ………… 27
河豚的肚皮为什么鼓鼓的 ……… 27
为什么寄居蟹居住在螺壳里 …… 28
青蛙在什么时候叫得最欢 ……… 28

牛蛙能吃蛇吗 …………………… 29
癞蛤蟆有毒吗 …………………… 29
娃娃鱼是如何捕捉食物的 ……… 29
养金鱼需要什么样的水 ………… 30
雌黄鳝是怎么变成雄黄鳝的 …… 31
海洋中什么动物最凶猛 ………… 31
海水中的鱼为什么没有被咸死 … 31
飞鱼为什么会飞 ………………… 32
接吻鱼为什么"接吻" ………… 32
有四只眼睛的鱼吗 ……………… 32
鳕鱼为什么能在南极生活 ……… 33
电鳐的体内为什么会产生电 …… 34
什么鱼能在热水中生活 ………… 34
海鱼为什么要洄游 ……………… 35
对虾因何得名 …………………… 35
为什么蝴蝶鱼会变色 …………… 36
珊瑚是植物还是动物 …………… 36
为什么射水鱼能喷水打中昆虫 … 36
冬天时昆虫都上哪里去了 ……… 37
昆虫为什么没有鼻子,嗅觉
　还比较灵敏 …………………… 37
昆虫为什么只会走弯路 ………… 37
蚕为什么喜欢吃桑叶 …………… 38
蚂蚁是怎么认路的 ……………… 38
蝴蝶只吸花蜜吗 ………………… 39
白蚁是人类的大敌吗 …………… 39
为什么警方把小白蛾看成反毒
　功臣 …………………………… 40
蜻蜓为什么是"飞行之王" …… 40

蜻蜓为什么要点水 …………… 40
蝉为什么是害虫 ……………… 41
苍蝇为什么总是搓脚 ………… 41
苍蝇为什么不生病 …………… 41
蜗牛爬过的地方为什么留下
　一条白线 …………………… 42
蚂蟥为什么最怕盐 …………… 42
蜘蛛为什么会织网 …………… 43
为什么蚊子叮过的地方又痒又痛 … 43

植物解密

动物与植物有哪些区别 ……… 46
眼虫藻是植物还是动物 ……… 46
哪种动物和植物的合作最好 … 46
世界上第一粒种子是怎么诞生的 … 47
什么是植物的拉丁学名 ……… 47
无土栽培是怎么回事 ………… 48
太空中是怎样种植物的 ……… 48
转基因植物是什么 …………… 49
人能不能跟植物谈话 ………… 49
嫁接能培育新品种吗 ………… 49
植物之间也有相生相克吗 …… 50
新芽为什么有的是一片叶子，
　有的是两片叶子 …………… 50
植物有血型吗 ………………… 50
植物是怎么预测地震的 ……… 51
为什么说树木"根深叶茂" …… 51
世界上哪三种植物遭受着
　最严重的威胁 ……………… 52

树会流血吗 …………………… 52
为什么世界上每个月都有
　植树节 ……………………… 53
树干和树枝为什么都是圆的 … 53
树木的年轮是怎样形成的 …… 54
世界上有吃人树吗 …………… 54
植物的花为什么是五颜六色的 … 55
有会动的植物吗 ……………… 55
植物有胎生的吗 ……………… 56
植物怎么会知道春天来了 …… 56
植物生长的五种必需品是什么 … 57
植物为什么也需要睡大觉 …… 57
植物有"血管"和"神经"吗 …… 57
植物会发烧吗 ………………… 58
植物会改变性别吗 …………… 58
植物也有喜怒哀乐吗 ………… 59
有吃虫子的植物吗 …………… 59
最长寿的树木是什么 ………… 59
植物能长成长方形吗 ………… 60
施肥过多会使植物死亡吗 …… 60
植物建筑是怎么回事 ………… 60
离开植物人还能生存吗 ……… 61
老树空心了，为什么还能活 … 61
为什么高原上生长的植物会
　长得又快又高大呢 ………… 62
高山上的植物为什么比平地上
　的长得矮 …………………… 62
枣树为什么会有"铁杆庄稼"
　的美称 ……………………… 62

比钢铁还硬的树木是什么 ……… 63	移栽树木的时候，为什么要
为什么栓皮栎没了树皮还能活 … 63	剪去部分枝叶 …………… 72
有会"咯咯"笑的树吗 ………… 64	为什么椰子树都长在海边 …… 72
有长食用淀粉的树吗 …………… 64	我国"天下唯一"的一棵树长
为什么长白松又叫"美人松" … 65	在哪里 …………………… 73
为什么把红松称为"北国宝树" … 65	森林为什么会发生火灾 …… 73
不老松是我国最古老的一棵	为什么说法国梧桐是"行道树
松树吗 …………………… 65	之王" …………………… 74
松树会开花吗 ………………… 66	"鸽子树"是什么样子的 …… 74
春天柳树为什么会飞出许多	杨和柳是两种植物吗 ……… 75
白毛毛 …………………… 66	为什么有的树枝插到土里就
臭椿真的是臭的吗 …………… 67	能生根 …………………… 75
树为什么能包塔 ……………… 67	有驱赶老鼠的植物吗 ……… 76
世界上什么树最大 …………… 67	长得最快的植物是什么 …… 76
为什么我国的一些植物被叫做	感觉最灵敏的植物是什么 … 76
"活化石" ………………… 68	为什么灯笼树会发光 ……… 77
为什么银杉被称为"植物活	荷花为什么能"出淤泥
化石" …………………… 68	而不染" ………………… 77
为什么植物有的长得高，	为什么有些植物散发的气味
有的长得矮 ……………… 69	令人感到清爽 …………… 77
糖槭树能产糖吗 ……………… 69	昙花为什么只在夜里开放 … 78
有结番茄的树吗 ……………… 69	雪莲为什么不怕寒冷的风雪 … 78
什么树能灭火 ………………… 70	
种子煮熟后为什么不会发芽 … 70	## 宇宙遨游
瓦缝和墙头上为什么会长有	
小树小草 ………………… 71	宇宙是什么样子 …………… 80
为什么细嫩的幼苗能拱动石板 … 71	太空是一片漆黑吗 ………… 80
红树为什么被誉为"海岸	宇宙的未来会怎样 ………… 80
卫士" …………………… 71	宇宙中存在超光速现象吗 … 81
	谁最先发现了宇宙射电 …… 81

目 录

宇宙中的黑洞是什么 ………… 82
宇宙中有"白洞"吗 ………… 82
银河系的直径是多少 ………… 83
为什么太阳系中只有地球上
　　存在生命 …………………… 83
最大的星和最小的星是
　　什么星 …………………… 84
"新星"是什么星 ……………… 84
为什么叫"中国新星" ………… 84
什么是超新星 ………………… 85
每一颗星星都有名字吗 ……… 85
怎样正确看星图识星星 ……… 86
北斗七星有什么变化 ………… 87
为什么北极星总是指向正北方 … 87
为什么没有南极星 …………… 87
第一个测出地球质量的人
　　是谁 ……………………… 88
天文台为什么都设在山上 …… 88
哈勃空间望远镜有什么
　　作用 ……………………… 88
天文台的屋顶为何做成
　　半圆形 …………………… 89
什么是星盘 …………………… 89
恒星是由什么组成的 ………… 90
为什么恒星有不同的颜色 …… 90
日食是怎么回事 ……………… 90
月食是怎么回事 ……………… 91
日冕是什么 …………………… 91
季节为什么会变化 …………… 92

太阳系里都有哪些星球 ……… 92
太阳是如何从东方升
　　起来的 …………………… 93
什么是陨石 …………………… 93
最大的石陨石是什么样的 …… 94
织女星是什么样子的 ………… 94
牛郎星是什么样子的 ………… 95
"通古斯大爆炸"是怎么回事 … 95
金星是怎样一个星球 ………… 96
海王星上有海洋吗 …………… 96
太空垃圾场开设的必要性有多大 … 97
为什么会出现狮子座流星雨 … 97
为什么说哈雷彗星会爆炸 …… 98
为什么太阳能发出光和热 …… 98
银河系的核心在哪里 ………… 99
你见过绿色的太阳吗 ………… 99
太阳风为什么会有那么高的速度 … 100
为什么说太阳刚到"中年" …… 100
你知道"大陆漂移学说"吗 … 101
太阳光最多的地方是哪里 …… 101
早晨和傍晚的太阳为什么是
　　红色的 …………………… 102
朝阳为什么比夕阳耀眼 ……… 102
为什么天上会产生雷电 ……… 103
地球会被太阳烧掉吗 ………… 103
地球将会有怎样的归宿 ……… 104
人类何时能向太空移民 ……… 104
人在太空中怎样洗澡和
　　睡觉 ……………………… 104

宇航员从太空中看到的地球
　　是怎样的 …………………… 105
人们是怎么知道地球的
　　年龄的 ……………………… 105

地理奇观

地球为什么是球形的 …………… 108
地球那一面的人为什么不会
　　掉下去 ……………………… 108
地球的形状在发生变化吗 ……… 108
为什么只有南北极，没有
　　东西极 ……………………… 109
为什么南极大陆是世界上
　　最高的大陆 ………………… 109
南极比北极冷吗 ………………… 110
为什么夏天北极的太阳总
　　不落山 ……………………… 111
二十四节气划分的依据
　　是什么 ……………………… 111
白天黑夜为什么会交替 ………… 111
地球上的一天一直都是24个
　　小时吗 ……………………… 112
地心温度有多高 ………………… 112
地球上最热的地方为什么不是
　　赤道 ………………………… 113
地球上的氧气会用完吗 ………… 113
我国是多地震的国家吗 ………… 114
大地震为什么多发生在夜间 …… 115
地球上哪里最冷哪里最热 ……… 116

地球转动为何我们感觉不到 …… 116
世界上最大的裂谷在哪里 ……… 117
河流的入海口为什么都呈
　　三角形 ……………………… 117
三江平原在哪里 ………………… 118
有的火山为什么喷的是冰 ……… 118
地球上的淡水有多少 …………… 118
为什么说海洋是人类未来的
　　希望 ………………………… 119
"海"与"洋"是一
回事吗 ……………………………… 120
海水为什么又咸又苦 …………… 120
海水能不能直接饮用 …………… 121
黑海里的水为什么呈黑色 ……… 121
白洋淀会再次干涸吗 …………… 121
罗布泊湖为什么死而复生 ……… 122
最咸的海是红海吗 ……………… 123
冰川是什么 ……………………… 123
赤潮是什么 ……………………… 124
海市蜃楼是什么 ………………… 124
潮汐是什么 ……………………… 125
海啸是什么 ……………………… 125
岛屿是怎么形成的 ……………… 125
山是怎样形成的 ………………… 126
世界上最高的山是哪座 ………… 126
世界上第一高峰是什么样的 …… 127
海底为什么会有古城遗址 ……… 127
海洋中为什么也有
　　"飞碟" ……………………… 128

最早进行环球航行的是谁 …… 128
瀑布是如何形成的 …………… 129
我国有哪些瀑布比较著名 …… 129
我国第一个国家森林公园在
　哪里 ………………………… 130
神农架为什么比较神奇 ……… 131
世界上最高的瀑布在哪里 …… 131
"间歇泉"是什么 …………… 132
溶洞是如何形成的 …………… 133
湖泊是怎么形成的 …………… 133
沥青湖是怎么回事 …………… 134
为什么物种会灭绝 …………… 134
生命是从哪里来的 …………… 135
我国最早的人类遗址在
　哪里 ………………………… 136
谁发现了楼兰古城遗址 ……… 136
化石有什么作用 ……………… 137
每个国家的日历都是
　一样的吗 …………………… 137
什么是闰月、闰年 …………… 138

科技之光

世界上第一台计算机是
　什么样的 …………………… 140
你知道电脑上的触摸屏吗 …… 140
可以把电脑穿在身上吗 ……… 140
人脑和电脑能不能相连 ……… 141
什么是电子商务 ……………… 141
电脑为什么会感染病毒 ……… 141

什么是宽带 …………………… 142
什么是缓存 …………………… 142
为什么要用因特网 …………… 143
为什么计算机能战胜国际象棋
　世界冠军 …………………… 144
什么是纳米材料 ……………… 144
第三代移动电话会怎么样 …… 145
传真机是怎样发送和接受
　书面资料的 ………………… 145
测谎仪是怎么回事 …………… 146
航天器在太空中如何实现
　对接 ………………………… 146
飞机失事后为什么要寻找
　"黑匣子" ………………… 147
人造卫星是如何回收的 ……… 147
人造卫星为什么要向东
　发射 ………………………… 148
导弹和火箭有什么区别 ……… 148
一箭多星是怎么发射的 ……… 148
为什么飞机上不能用手机 …… 149
航天器在火星是怎样
　着陆的 ……………………… 149
第一颗人造地球卫星是
　怎样的 ……………………… 150
谁是第一个到太空探险的人 … 150
我国共有多少颗卫星在天上 … 151
人造卫星为什么不会
　掉下来 ……………………… 151
在太空中怎么修理卫星 ……… 151

人类为什么要对月球进行
　　探测 …………………… 152
人类是何时第一次登上
　　月球的 ………………… 153
宇航员在太空中如何
　　"行走" ………………… 153
宇航员在太空中穿什么
　　衣服 …………………… 154
宇航员在太空中怎么生活 … 154
航天飞机为什么要垂直升空、
　　水平降落 ……………… 154
人在太空中为什么会增高 … 155
飞机里的新鲜空气从哪来 … 155
在太空中宇航员采用什么保障
　　系统 …………………… 156
什么样的人能成为宇航员 … 156
什么是太空电梯 …………… 157
人类能到太空去度假吗 …… 157
飞行员为什么坐在火箭弹射
　　坐椅上 ………………… 158
直升飞机为什么没有翅膀也能
　　飞行 …………………… 158
飞鸟为什么能把飞机撞下来 … 158
隐形飞机为什么能隐形 …… 159
收音机为什么能收到电台
　　广播 …………………… 159
洗衣机是怎么洗衣服的 …… 159
数码相机为什么不用胶卷 … 160
隧道有什么用 ……………… 160

赵州桥为什么历经千年而不毁 … 161
自行车会被淘汰吗 ………… 161
皮球为什么能弹起来 ……… 162
为什么扇子扇炉火会越扇越旺，
　　而扇蜡烛却能一下就扇灭 … 162

生活常识

为什么要让房间保持通风 … 164
为什么要多晒被子 ………… 164
发霉的花生为什么不能吃 … 165
为什么不能吃发芽土豆 …… 165
怎样防止污染食品入口 …… 166
井水为什么冬暖夏凉 ……… 166
"宫爆鸡丁"名字的由来 …… 167
为什么把樟脑丸放在衣柜里 … 168
山上的公路为什么要螺旋形
　　地盘上去 ……………… 168
为什么要造梯田 …………… 168
为什么从高处向下看时会感到
　　很害怕 ………………… 168
为什么米粥加糖变稀，加盐
　　变稠 …………………… 169
你知道能治百病的温泉吗 … 169
交通信号灯都有什么含义 … 170
马路上的车辆为什么都要靠右
　　行驶 …………………… 170
为什么睡卧铺时应头朝过道 … 171
主要的交通标志都是什么
　　含义 …………………… 171

为什么大米多淘几次会失掉
　　营养 …………………… 172
为什么食用冷饮不能过量 …… 172
为什么吹出的肥皂泡是圆的 … 172
肥皂有什么妙用 …………… 172
为什么有些衣服会缩水 ……… 173
为什么说废报纸有多种用途 … 173
为什么说都市早晨的空气最
　　污浊 …………………… 174
为什么卵石都是光溜溜的 …… 174
为什么降落伞是特制的而不能
　　用雨伞来代替 …………… 175
为什么放风筝时线总是
　　拉不直 …………………… 175
为什么毛巾没有旧就变硬了 … 176
鸡蛋为什么攥不破 ………… 176
为什么高压锅煮饭熟得快 …… 176
为何保质期内的冷冻食品
　　也会变质 ……………… 177
为什么水落在油锅里会发出
　　一阵爆响 ……………… 177
为什么有些蔬菜是有毒的 …… 177
如何使用微波炉 …………… 178
粥煮开后为什么会溢出来 …… 178
为什么捞出的饺子待一会儿
　　就会粘连在一起 ………… 179
为什么不能用铁桶装蜂蜜 …… 179
为什么戴上近视镜就能看清楚
　　东西了 ………………… 180
为什么不倒翁不会倒 ……… 180
为什么吸管可以把水吸上来 … 181
为什么壶、杯子、碗都是
　　圆形的 ………………… 181
为什么摩擦过的尺子能吸
　　小纸片 ………………… 181
为什么暖气片都安装在窗户
　　附近 …………………… 182
为什么墙上的砖都是错开砌的 … 182
为什么冬天要用稻草把水管子
　　包起来 ………………… 183
为什么电子表不用上弦 …… 183
为什么手表多戴在左手腕上 … 183
为什么肉用盐腌过就不会
　　变质 …………………… 184
看电视为什么会损伤视力 …… 184

人体奥秘

舌头为什么能够辨别
　　味道 …………………… 186
皮肤有多厚 ………………… 186
人为什么要喝水 …………… 186
为什么皮肤会有不同的颜色 … 187
为什么有痣 ………………… 187
早晨醒来时为什么会有
　　眼屎 …………………… 188
为什么有些人的头皮屑
　　特别多 ………………… 188
夏天为什么会长痱子 ……… 189

人为什么会掉头发 ………… 189
为什么头发掉了还能长 ……… 190
"少白头"是怎么产生的 …… 190
撞伤的部位为什么会发青 …… 191
皮肤起鸡皮疙瘩是怎么
　回事 …………………… 192
风疹块是怎么回事 …………… 192
有的人脸上为什么有酒窝 …… 193
老年人为什么有皱纹 ………… 193
指甲为什么不要留长 ………… 193
剪指甲为什么不痛 …………… 194
手指上为什么有指纹 ………… 194
口吃是怎么回事 ……………… 195
人为什么会生病 ……………… 195
为什么人会衰老 ……………… 196
狐臭是怎么回事 ……………… 197
人为什么会有灰指甲 ………… 197
人的身上为什么会有胎记 …… 198
八字脚怎么矫正过来 ………… 198
脱臼是怎么回事 ……………… 199
人的血为什么是红色的 ……… 200
为什么小孩子生下来时
　都爱哭 …………………… 200
人体有多少块肌肉 …………… 200
为什么吃饭要细嚼慢咽 ……… 201
牙齿的形状为什么不同 ……… 201
人为什么要穿衣服 …………… 202
打嗝是怎么回事 ……………… 202
为什么小孩子会掉牙 ………… 203

牙疼是怎么回事 ……………… 203
怎样才是正确的刷牙方式 …… 203
胃是消化吸收食物的
　场所吗 …………………… 204
肝脏为什么是人体重要的
　"化工厂" ………………… 204
胆在人体中的作用是什么 …… 205
脾在人体中的作用是什么 …… 206
喝水有什么学问 ……………… 206
早晨为什么不能空腹喝牛奶 … 207
人有尾巴吗 …………………… 207
儿童为什么要多吃鱼 ………… 208
什么是人类的"第六
　感觉" ……………………… 208
多吃蔬菜有什么好处 ………… 209
人脑都需要什么营养 ………… 209
吃饱了为什么想睡觉 ………… 210
为什么可以"滴血认亲" …… 210
为什么有的人是直发，有的人
　是卷发 …………………… 211
嘴唇为什么是红色的 ………… 211
为什么人在痛哭时会一把鼻涕
　一把泪 …………………… 212
为什么不能随便割掉阑尾 …… 212
人体的左右是对称的吗 ……… 213
人的皮肤为什么会晒黑 ……… 213
有人睡觉的时候为什么
　会磨牙 …………………… 214
为什么人会放屁 ……………… 214

为什么要养成定时排便的
　习惯 …………………… 215
肥胖儿童是怎么回事 ………… 215
为什么人会打哈欠 …………… 216
为什么人会打喷嚏 …………… 217
为什么有的人会尿床 ………… 217
为什么会烂嘴角 ……………… 217
吸烟为什么对身体有害 ……… 218
为什么有人睡觉时会
　打呼噜 …………………… 218

血液是从哪里来的 …………… 219
有肥胖基因吗 ………………… 220
人体最大的器官是什么 ……… 220
血型是怎么被发现的 ………… 220
为什么人会脸红 ……………… 221
喝酒之后为什么脸会红 ……… 222
为什么会秃顶 ………………… 222
额头高的人聪明吗 …………… 222
脑袋大就一定聪明吗 ………… 223

动物世界

有比飞机还快的飞鸟吗?
猎豹总是长期占据着陆地短跑冠军的宝座,
在狮子称王的非洲草原上,长颈鹿成了陆地上最高的动物,美人鱼原本名不副实,海豚却依然是那么聪明,
……
动物王国中,有太多的生命,
用它们的生存法则讲述属于自己的故事。

动物为什么有认路的本领

世界上许多动物都有认路的本领，不管离家有多远，从来都不会迷失方向。说起来，每种动物的认路方式是不一样的。

信鸽是认路的高手，如果把它带到千里之外的地方去放飞，它能准确、迅速地飞回自己的窝里。其原因主要是它靠地球的磁场来确定飞行的方向。蜜蜂每天要离开巢飞到遥远的地方去采蜜，它靠空气的偏振光来定向认路，从而回到自己的巢中。

在非洲南部的一些岛屿上，有一种胆小的蛇，人们叫它"撒粉蛇"。它离开家后便沿途撒落一些身体表面上的白色粉末，这些粉末颜色明显，气味浓烈，撒粉蛇就是靠这种粉末回到自己的洞穴的。

生活在内河的鳗鱼，每年春天顺流而下入海产卵，当卵发育成熟后，幼鳗又逆流而上回到内河，它们是靠水流来认路的。

动物身上有年轮吗

众所周知，植物是有年轮的。那么，动物身上有没有年轮呢？科学家经过研究发现，动物也是有年轮的。

河蚌有两片贝壳，外层黑褐色，上面有许多同心圆状的环纹，叫做生长线。在一般情况下，每经过一年，贝壳上就会留下一圈生长线，这就是河蚌的年轮。数一数生长线的数目，大致就可以知道河蚌的年龄了。

黄花鱼的年轮藏在头骨中的耳石上。耳石是一种石灰质的块状物，磨成薄片后可以看见一圈圈的同心圆，那就是年轮。年轮不仅记载着鱼的年龄，也是鱼一生经历的记录。龟鳖有所不同，它们的年轮在背上。从龟鳖的背甲上环数的多少就可以知道它的年龄。

动物的唾液有什么作用

许多动物和人一样，也有唾液。但是各种动物由于生活习性的不同，它们的唾液也就有许多不同的妙用。

蜘蛛的唾液是一种腐生剂。当蜘蛛张开网捕获到猎物时，它很快爬过去，首先用靠近口部的一对螯刺入猎物的体内，随即将唾液注射进去。当蜘蛛的唾液进入昆虫的体内后，昆虫就慢慢软化，最后化成液体。这时，蜘蛛就可以饱餐一顿了。

燕子的唾液是燕子造巢的"黏合剂"。有一种金丝雨燕，在岩洞和悬崖峭壁上筑巢，筑巢时分泌的唾液遇到空气迅速凝固黏结，筑成半盅形的巢，这就是有名的燕窝。

猫的唾液是一种消毒剂，它里面含有一种叫做溶菌酶的物质，具有清洁伤口、杀灭细菌、防止感染化脓和促进愈合的作用。所以，当猫腿等部位受伤时，猫就会用舌头舔伤口，为自己疗伤。

萤火虫的唾液是一种高效的"麻醉剂"，当捕捉到猎物时，萤火虫用头顶上的一对颚连续对猎物注入有毒的唾液，会使猎物失去知觉。

动物也会做梦吗

你只要在猫和狗睡觉时仔细观察一下，就会发现，它们有时会呜呜叫，有时还会不停地摇尾巴或动动腿，这都表明狗和猫正在做梦。

法国生理学家波希尔·诺夫用猫做了一个很有趣的实验，证明猫是会做梦的，可是每次做梦的时间不超过5分钟。他用化学和手术的方法阻断了猫大脑中一个叫做"脑桥"的部位。这样做的结果是，猫梦见了什么，就会按梦境去行动。这只猫经过手术之后，在熟睡中忽然抬起头来，四处张望，然后又起来绕着圈子走，好像在寻找食物。突然它举起前爪，双耳紧贴在脑袋上，对假想之敌猛扑过去。为了证明这些行为是在睡梦中

做出的，诺夫故意在猫身旁敲击物品发出声响，甚至将老鼠放在它身边。可是，这只猫对周围发生的一切事态都无动于衷，看来真的是在做梦。

科学家经研究得出了结论：大部分爬行动物不会做梦；鸟类和哺乳动物都会做梦。动物在睡眠时，大脑能像人脑那样发出电波，也会做梦。科学家利用"脑电流扫位器"对各种动物进行检测，还发现有的动物做梦多些，时间长些，有的动物做梦少些，时间短些。蝙蝠、松鼠和老鼠就比人更易做梦，鸟类的梦比较少，爬行动物不论大小都很少做梦，原因是它们必须随时对敌人保持警觉，以便及时逃脱。

有夏眠的动物吗

到了冬天，很多动物由于食源断绝，就钻到树洞、地下、岩洞等地方冬眠。但是海参却在食物充沛的夏季进行夏眠，这是为什么呢？

海参生活在海藻茂盛的海底岩石缝和浅海底部的泥沙里，它全身长满肉刺，外形很像黄瓜，所以也

叫"海黄瓜"。躯体细圆而长，体壁肉多而肥厚。海参以海底小生物为食，当海底生物多的时候，它过着吃饱喝足的日子。然而，海底的生物随温度变化，也在发生着变化。当海水温暖时，小生物就会上浮，入夜寒冷，它们就退回海底。

入夏以后，上层海水由于阳光强烈照射，温度比较高。这时海底里的小生物都浮到海面，进行一年一度的求食和繁殖活动。而留在海底的海参却迫于夏季食物中断，只好进入夏眠了。

动物为什么能"预报"天气

随着科学技术的发展，现在人类对未来几天的天气变化也能够及时、准确地预报了。其实，动物中也有一些"天气预报专家"。

蜜蜂能"预报"晴雨。蜜蜂采蜜的时候，出巢早，归巢迟，说明第二天是晴天。如果出巢迟，归巢早，说明不久将有雨。如果连续下了几天雨后，蜜蜂顶着雨去采蜜，说明天将转晴了。

鱼也是"预报"天气变化的能手。平时，它们在河里自由自在地游来游去，可是，每到刮风下雨前，它们总是焦躁不安，有时甚至跃出水面。

水蛇对天气变化也特别敏感。平时，水蛇总是躲在洞里，如果它钻出洞来，横盘在路上不动，或者朝某个方向慢慢地游走，往往是下雨的征兆。这是因为下雨前气压降低，空气湿度增大，给水蛇的生活带来不便，所以它就钻出洞来。

有的动物为什么要"杀婴"

我们经常可以看到动物爱护幼崽的情景，如一只母鸡带领一群小鸡，一旦遇到危险，母鸡就会把小鸡拢在自己的羽翼下。但是动物当中也有杀婴现象，从灵长类、食肉类、啮齿类，到鸟类、鱼类都有发生。在猴子、猩猩和狒狒中就经常发生杀婴现象。在空间很小的实验室里，鼠笼里的母鼠也常常咬死刚出生的鼠崽。黑鹰会毫不犹豫地将自己孵化出来的第二只雏鹰杀死。这是怎么回事呢？

美国人类学家多希诺认为，由于动物繁殖过多，为了减少对食物的竞争，才出现了杀婴现象。他认为这实际上是动物为了维护生存的平衡而采取的一种方法。这种说法，可以解释一些动物的杀婴行为,但是有些动物并不是由于繁殖过多而杀婴的。有人又提出了优胜劣汰说。人们发现,灰尾叶猴过着群居生活,一般以1~3只成年雄猴为头领,领导着25~30只猴子。当一只年轻雄猴登上首领宝座时,几乎会杀死所有未断奶的幼猴。发生这种情况绝非因为空间狭小,也绝不是由于食物不足。有人认为,这个新首领是为了更快地得到自己的子孙。因为一般哺乳动物在哺乳期不发情,杀死吃奶的小猴子可以使母猴早发情,以便尽早生育出头领的后代。通常这种杀婴行为都是在短期内进行的。如雄鼠与母鼠交配15天后就停止杀婴,大概是为了防止误杀自己的后代。一旦自己的幼鼠出生,雄鼠一反往日的残暴,对幼鼠关怀备至。

但是这种理论也有不能自圆其说的地方,如有的动物产后即可发情,它们为什么也要杀婴呢?还有一些动物,在它们有了后代以后也没有停止杀婴,这又是为了什么?看来,要对动物的现象作出圆满解释,还有待于深入研究。

哪些鸟被称为"国鸟"

"国鸟"是象征一个国家的鸟,这个称呼最早来源于美国。由于美国特产的白头海雕受到各方面的危害快要绝种了,于是,在1782年6月20日,美国的议会把白头海雕定为国鸟,号召国民树立保护鸟类的意识。从此以后,其他国家纷纷效仿。国际鸟类保护会议也呼吁各国都选出国鸟,以在国民中普及保护鸟类的意识。现在,世界上已有40多个国家确定了本国的国鸟,但我国的国鸟还没有确定。

蓝孔雀是印度的国鸟,孔雀是缅甸的国鸟,红胸鸲是英国的国鸟,绿雉是日本的国鸟,琴鸟是澳大利亚的国鸟,公鸡是法国的国鸟,无翼鸟是新西兰的国鸟,云雀是丹麦的国鸟,白鹳是德国的国鸟,白琵鹭是荷兰的国鸟,乌鸫是瑞典的国鸟,极乐鸟是巴布亚新几内亚的国鸟,山鹰是智利的国鸟,家燕是奥地利和爱沙尼亚的国鸟,雄鹰是波兰、肯尼亚、赞比亚和伊拉克的国鸟。

中国为什么是鸟类最多的国家

我国幅员辽阔,自然环境复杂,有着极为丰富的物种资源,是世界上鸟类最多的国家，超过了整个欧洲或整个北美洲的鸟类总和。

据不完全统计，目前全世界的鸟类有156个科、8700余种，其中我国就有81个科、1183种。多数鸟类的种源和分布中心都在中国。还有一些珍稀的鸟类，只有中国才有。比如鸳鸯、相思鸟、长冠长尾雉、藏马鸡、褐马鸡、斑尾榛鸡、红腹锦鸡等。

鸟类都"钟情"我国，是因为我国的气候多样和地形复杂，适合不同鸟类栖息和繁衍。我国在地理位置上从南到北跨热、温、寒三大气候带；在地形特征上，我国从东到西有平原、丘陵、盆地、高原等，另外还有星罗棋布的湖泊和纵横交错的河流，这些构成了鸟类生存的良好场所。

鹦鹉真能说话吗

由于鸟类有灵敏的听觉和精巧发达的鸣管，所以总喜欢模仿其他动物的叫声，这是鸟类的本能。其中鹦鹉、八哥、鹩哥等由于舌头比其他鸟类尖细、柔软而多肉，所以模仿人的声音很像。尤其是鹦鹉，可以说是仿效人类声音的冠军。

鹦鹉，俗名"鹦哥儿"。人们在动物园中看到的一般都是红嘴绿鹦哥儿，它原产于我国广西、云南和海南

岛。鹦鹉中，体形最小的是产于新几内亚岛及其附近岛屿的侏鹦鹉，身长只有8.4厘米。最大的是产于南美洲的金刚鹦鹉，身长竟可达1米。

虽然鹦鹉会说一些简单的话，有的还会哼唱歌曲，但是它们只是从声音上模仿人类，不能算真正意义上的说话。再加上鸟类的大脑结构很简单，根本不可能理解人类的语言，所以就更不能说鹦鹉会说话了。

鸟巢是鸟睡觉的地方吗

鸟巢不是鸟睡觉的地方。

这回知道了吧！很多人都认为，鸟巢是鸟的家，也是鸟睡觉的地方。但这种说法仅仅是想当然，没有一点儿科学根据。

动物学家在观察鸟类生活习性时发现，许多鸟并不在鸟巢中过夜，就连狂风暴雨的时候也不到巢中藏身。例如野鸭和天鹅，夜晚时总把脖子弯曲着，将脑袋夹在翅膀之间，身体漂浮在水面上睡觉。而鹤、鹳、鹭等长

脚鸟类，则喜欢站在地上睡觉。

既然不在鸟巢中睡觉，为什么鸟要辛辛苦苦地筑巢呢？原来，鸟巢对大多数鸟类来说是繁殖后代的"产房"。在通常情况下，雌鸟在巢中产卵和孵卵。等小鸟孵出后，鸟巢又成为育儿场地。随着小鸟逐渐长大，把鸟巢塞得满满的，父母就再也没有立足之地了。以后，当小鸟长大开始独立生活时，鸟巢的重要使命已经完成，最后被鸟遗弃。

总而言之，在地球上的9000多种鸟类中，大部分成员的鸟巢仅仅是为了养育后代，不作为夜晚睡觉的家。但是，也有极少数鸟类确实是以巢为家的。

鹌鹑蛋上的花纹是怎么形成的

大家经常吃的鹌鹑蛋上有许多黑白斑点，怎么洗都洗不掉，那是怎么回事呢？如果你见过海鸥蛋或夜莺蛋，你就不会感到稀奇了。

原来，鸟在下蛋前5个小时左右，硬壳蛋已经在输卵管内形成。在蛋缓慢下行的过程中，输卵管里的色素细胞会不停地分泌出各种颜色的色素，以不同的比例，一层一层地涂在蛋壳上，"绘制"出各种不同的图案。由于蛋壳外面有一层透明的保护膜，所以蛋壳上的花纹可以经久不褪色。

世界上的鸟蛋有各种各样的颜色和花纹，画眉的蛋是纯蓝的，短翅树莺的蛋像红宝石，大白鹭的蛋是翠绿的，夜莺和海鸥的蛋上有大理石般的花纹。其实，这都是鸟类抵御天敌和繁衍后代的本能使然。例如，白鹭把蛋产在石滩上，它的蛋与鹅卵石很接近；在红色土壤地区，鸟蛋呈红色；在北方灰色土壤地区，鸟蛋则多呈灰色。

最大的鸟是什么鸟

现代鸟类中身材最高大的要数鸵鸟了。鸵鸟生活在非洲的沙漠荒原，身高可达3米左右，它的脖子很长，头却很小，嘴扁平，翅膀短小，不能飞，腿长而有力。

鸵鸟羽毛的颜色并不漂亮，雌鸟一般是灰褐色，雄鸟的翼和尾部有白色羽毛。它们以草、种子、野果、昆虫和软体动物为食。

在非洲的沙漠地区，鸵鸟经过训练可以供人骑。它的羽毛可用来做装饰品。此外，还有不少国家大量饲养鸵鸟，因为它的肉用价值很高。

鸵鸟的个头虽说很大，但是它很胆小。每当遇到危险的时候，鸵鸟会把头埋入沙中，以此认为是安全防御。当然，鸵鸟逃生的本领也很强，当它遇到敌害时，也会迈开强有力的双腿奔跑，时速可达70千米，绝对不比骏马慢。

最小的鸟是什么鸟

鸵鸟是世界上最大的鸟，而蜂鸟则是世界上最小的鸟。蜂鸟的大小如蜜蜂，身长不超过5厘米，体重仅2克左右。蜂鸟的种类比较繁多，约有300多种，它的羽毛华丽，有黑色、绿色、黄色等十几种颜色。蜂鸟飞行采蜜的时候会发出嗡嗡的响声，所以被称为蜂鸟，又因为它的羽毛颜色鲜艳，被称为"神鸟""彗星""森林女神""花冠"等。蜂鸟的翅膀每秒钟能振动50～70次，飞行时速可达50千米，高度可达5千米。

还有一种红胸蜂鸟可以一刻不停地飞行800多千米，其心跳每分钟竟达615次。蜂鸟主要分布于南美洲和中美洲的森林地带。

鸟为什么会飞

天空中有无数的鸟在自由自在地飞翔，为什么鸟类会飞，而人类却不会飞呢？

原来，鸟类身体的各个部位都与飞行有着密切的关系，鸟能飞起来是由它们特殊的身体构造决定的。

鸟类飞行靠的是翅膀，鸟的胸部有发达的肌肉，能牵动翅膀骨骼进行强有力的运动，使翅膀扇动起来，产生飞行的力量。鸟扇动自己的翅膀，不但使它们的身体升到空中，而且能使它们前进以及平稳地降落。鸟的身体比较轻盈，骨骼很纤细，并且大部分骨头里都含有空气，这样的骨骼结构为飞行提供了优越的条件。另外，鸟的体内器官也为飞行提供了有利条件。鸟类没有贮存粪便的直肠，也没有贮存尿液的膀胱，它们飞行时，可以随时随地地将粪便排出，从而减轻体重，有利于飞行。

为什么鸟在空中张开翅膀不动，也不会摔下来

有时候在万里晴空中，你能看

到张开翅膀不动的小鸟，停一会再看时，它就会消失了。不要惊讶，那是休息够的小鸟飞走了。它为什么翅膀不动也可以停留在空中呢？

鸟不动也不会掉下来，主要原因是热空气给它的帮助。太阳光照在地面上，把地表面的空气烤热，由于热空气比冷空气轻，所以就不断地向上升，形成上升气流，这种上升气流对鸟的翅膀产生向上的力量，把它托在空中。由于这种上升气流不是随时都有的，所以鸟只有在形成上升气流的时候张开翅膀，才可以久久不动也不会摔下来。

鸟在飞行时两腿藏在身下，是为了减少阻力，加快飞行速度。有的鸟腿很长，在飞行时，它会本能地把腿伸到身体后面。

有不会飞的鸟吗

鸵鸟也叫非洲鸵鸟，生活在广阔的非洲沙漠和草原上。它体健力壮，能驮起150千克的物品。它是世界上现存的最大的鸟，体重可达135千克，高可达3米。它也是现今世界上只有两只脚趾的动物，一大一小的两只脚趾全部向前长着。趾下长有厚厚的肉垫和角质皮，即使在沙漠里行走也不至于陷入沙里被热沙烫伤。

鸵鸟不会飞，这不是因为它们的翅膀不管用，而是它们的羽毛都太柔软，翅膀又太小，根本不适合飞行。另外，鸵鸟的肌肉不发达，胸骨又平平的，对飞行都没有帮助。

鸵鸟的翅膀虽然不能飞，但能在快速奔跑时帮助平衡身体。它奔跑迅速，一步可迈出8米，时速可达70千米，故在沙漠上有赛跑冠军之称。它粗壮的脚能对付各种劲敌，甚至可致狮子、豹于死地。

鸵鸟虽然很健壮，但它在惊慌失措之时常常把头往沙堆里一钻，不管身后的危险，于是，鸵鸟成了顾前不顾后的代名词。

小鸟为什么会唱歌

鸣禽是会叫的鸟，是鸟类中品种最丰富、成员最多的大家庭。全世界成千上万种鸟中，大约有一半的鸟都是会叫的。

其实，鸟的歌声不但好听，还有很多实际的用处呢！有的鸟用歌声来划分自己的势力范围，歌声所到之处，都是它的领地。有的鸟喜欢用歌声来介绍自己，寻找生活的伴侣。从这个方面来说，鸟的歌声和哺乳动物留下的气味标志有着相似的作用。不同的是，气味能够较长时间地保留下来，而鸣叫声却在最后一个音符停止的时候消失。为了清楚地传递信息，鸣禽便经常不断地重复唱歌。

一般的鸟都喜欢在清晨和傍晚鸣叫，这是鸟巧妙地利用风的缘故。因为在清晨和傍晚的时候，风最小，鸟可以使自己的叫声传得更远。

小鸟在树上睡为什么不会掉下来

小鸟和人一样，睡觉时全身放松，那为什么它还可以牢牢地抓住树枝呢？奥妙就在鸟的腿脚上。

鸟类的脚上有一个像锁扣的机关，也就是说它的屈肌与筋腱很强壮，十分适合抓住树枝。即使它在树枝上全身放松而蹲下睡觉，趾仍然是牢牢抓住树枝的，不会摔下来。每当鸟睡醒以后站起来，它腿上的肌腱又会重新舒展开。

还有一个原因是鸟的小脑比较发达，善于调节身体的平衡，使睡在树上的小鸟不会前后摇晃。

鸟类都是聚群而居，这样有利于捕食。它们先是分别出去找食源，找到后集体出去，这样可以花费较少的时间觅得更多的食物。另外，群居还有利于它们防御敌害。不管多么强大的侵犯者都会对大群的鸟"束爪无策"，甚至落荒而逃。

鸟会偷东西吗

在菲律宾首都马尼拉的一家宾馆里，曾经发生过一件离奇的偷窃案件。一位日本女游客将一枚高级蓝宝石戒指放在窗台上，然后去浴室洗澡。当她洗完澡后，戒指却不翼而飞了。于是，她立即报警，几位警察侦查了一番，却没有发现任何被盗的痕迹。

一年以后，这位日本妇女带着12岁的儿子又来到了这家宾馆，儿子是个小淘气鬼，他喜欢爬树掏鸟窝。一天傍晚，儿子看到宾馆院内的一棵大树上有个喜鹊窝，就很快爬上去了。当他的手伸进鸟巢的时候，却摸到一个硬东西，他细一看，原来是一枚蓝宝石戒指。等他把这枚戒指送到母亲手中的时候，时隔一年多的宝石戒指失窃之谜终于解开了。

据说，乌鸦也是鸟类当中的惯偷。它常常飞进百姓的家，偷偷地衔走人们晾晒的手帕、手套、袜子等东西。

至于这些鸟为什么喜欢偷东西，人们至今还没有找到答案。

猫头鹰为什么睁一只眼闭一只眼

猫头鹰的眼睛又圆又大，很像猫的眼睛，所以被称为猫头鹰。它的双眼不像其他鸟类那样生在头部两侧，而是长在正前方；眼的四周羽毛呈放射状，形成"面盘"。嘴和爪都弯曲呈钩状，周身羽毛大多为褐色，稠密而松软，飞行时无声。

猫头鹰是夜行性的鸟类，在夜间视力特别强。白天强烈的阳光对它的眼睛刺激很厉害，它很不习惯，但是白天的飞行动物很多，为了防范敌人，它们的两只眼睛只好轮流休息。也就是我们看到的睁一只眼闭一只眼。

猫头鹰孵蛋时与众不同。大多数鸟类都是产完最后一枚蛋才开始孵蛋。可是猫头鹰生下第一个蛋后就开始孵，然后边产边孵，因此幼鸟出壳也有先后之分。哥哥已长得又大又胖时，弟弟却还刚睁眼，有的甚至还未出壳呢！

猫头鹰的听觉很灵敏，所以在夜间能捕食很多田鼠。猫头鹰消灭鼠类，既保护庄稼，又避免田鼠给人类传染瘟疫，所以说我们要保护猫头鹰。

鸳鸯是最恩爱的夫妻吗

中国的传统文化中都用鸳鸯来讴歌忠贞不渝的爱情，但是经过科学家的研究发现，鸳鸯平时不一定有固定的夫妻，只有在配偶期才有引人注目的亲密接触。雌鸳鸯繁殖后期的产卵孵化工作和幼雏的抚养任务，雄鸳鸯全不"过问"，这怎么能称得上是恩爱夫妻呢？而且，如果一方死亡，另一方也不会守节，而是另觅新欢。

雄鸳鸯的羽毛很漂亮，是世界上最美丽的水禽。它的头上有红色和蓝绿色的羽冠，面部有白色眉纹，喉部金黄，颈部、胸部紫蓝，两侧黑白交错，嘴鲜红、脚鲜黄，令人过目难忘。而雌鸳鸯只有一身深褐色的羽毛，显得朴实无华。

动物中，白头偕老的夫妻楷模是企鹅，有人用十多年的时间对近千只企鹅进行观察，发现83%的企鹅都维持原配。

为什么斑鸫要啄玻璃窗

　　斑鸫是冬候鸟，每年的秋末冬初，斑鸫就成群结队地飞往温暖的南方过冬，到春天的时候，又飞回西伯利亚筑巢繁殖，开始新的生活。

　　斑鸫一般吃小昆虫，它虽然个头比较小，食量却大得惊人。一只斑鸫一昼夜所吃的小昆虫的总重量，几乎与它自身的体重相同。如果是在育雏期间，一对斑鸫一天可以消灭 300～500 只昆虫。在秋末到冬初的时候，由于昆虫逐渐减少，雌斑鸫和雄斑鸫就会分开，各自在不同的地方守护着自己的领地，不允许别的鸟进入。斑鸫有非常强烈的领地意识，特别是雄斑鸫非常好斗。当其他的斑鸫闯入自己的领地时，它就会和别的斑鸫决斗，直到把入侵者赶出去为止。有时候，它看见自己的影子映在玻璃或镜子中，误以为有别的斑鸫进来了，就冲上去啄它。

为什么燕子的尾羽是叉形的

　　每年的春天，燕子都会成群地回来，为春天增添了不少灵动的色彩。在我国，燕子属于候鸟，每年秋去春来，成为规律。燕子的背部为黑色，闪着金属蓝光，有一对狭长的翅膀，尾羽分叉，很像一把剪刀。燕子的这种尾羽对它的捕食非常有利，它可以帮助燕子飞得更快，减少空气阻力，转弯也更加灵活，

捕飞虫也快而准了。燕子捕食的昆虫种类很多，有蚊子、苍蝇、金龟子、蚜虫等，它们张开网兜状的嘴巴，在地面或水面上掠行，不断捕食。据统计，一对家燕和它们的雏燕半年内能吃掉 50～100 万只害虫。

为什么说鸟类没有牙齿

　　没有牙齿是鸟类的主要特征之一，这是在鸟类在进化过程中的一种适应性。鸟类过着飞行生活，活动强度比较大，身体新陈代谢的频率比较快，因此每天需要消耗大量的能量。这样一来，它们就不能像爬行动物那样，通过细嚼慢咽来粉碎和消化食物，那样的话，就会入不敷出了，到了一定程度，自身的生存也会成为问题的。

　　为了适应飞翔的生活，鸟类采用了另一种取食方式。那就是不用牙齿，而是用锥形嘴巴啄食，将整

粒或整块食物快速吞下,然后将食物贮藏在嗉囊中。食物在它发达的嗉囊中经软化后,逐步由嗉囊磨碎,再由消化系统的其他部分继续加以消化、吸收。这种取食方式一方面可以省却牙齿和与此相关的系统,大大减轻体重;另一方面,这种嗉囊磨碎的方式即使在飞行当中也可以进行,有利于鸟类摄取更多的食物。

为什么母鸡会生"怪蛋"

有时候,母鸡生下来的鸡蛋很奇怪,像双黄蛋、软壳蛋、蛋中蛋等"怪蛋"。这要从母鸡开始生蛋说起了。母鸡成熟的卵子就是后来的蛋黄,被送到输卵管里,在输卵管的上部被包上蛋白,在输卵管的下部再裹上壳膜和蛋壳,最后被排泄出来就是鸡蛋了。

有时候,母鸡的卵巢功能过分活动,而食物又比较丰富,蛋黄成熟得非常快,两个成熟的蛋黄同时被送到输卵管,而输卵管来不及用蛋白把它们一个一个地包裹起来,就把它们包在了一起,排出体外,双黄蛋就产生了。这种双黄蛋是不能孵出小鸡的。鸡蛋壳的主要成分是碳酸钙,当母鸡体内缺乏钙质的时候,鸡蛋生长蛋壳就缺少原料,生下来的鸡蛋就是软壳蛋了。蛋中蛋一般很少见,它是由于母鸡在生蛋的时候受到刺激,使原本已经形成的蛋又返回到输卵管的上部,再一次被裹上蛋白和蛋壳。

鸡为什么要吃石子

当鸡吃完了米、麦等食物后,会到室外或田野里找一些小虫子吃,有时候还会在没有草的地方一直啄食,吃一些小石子、沙子或者煤灰。为什么它吃饱以后还要吃这些东西呢?

原来,鸡吃小石子不是为了填饱肚子,而是想用这些东西来帮助消化食物。鸡没有牙齿,不可能像人一样把食物嚼碎后再吞下,所以肚子里的米粒、谷子没办法消化,鸡只好用比米粒更硬的小沙砾来磨碎食物,帮助消化。

鸡吃的食物先在嗉囊和腺胃里停留一段时间,经过消化液的作用,将食物进行粗加工,使之变成糊状,然后进入鸡肫。鸡肫的肌肉厚而坚韧,沙砾都藏在这里,糊状的食物与沙砾混合在一起,经过鸡肫的反复蠕动,食物就被沙砾的棱角摩擦

成细软的碎糊了。这样,食物才能被鸡的身体吸收,变成需要的各种营养物质,维持鸡的生存。

鸭子走路为什么老是一摇一摆

仔细观察鸭子走路的姿态,发现它的脖子伸得长长的,挺着胸,一摇一摆地往前走。鸭子走路为什么一摇一摆呢?这和鸭子的生活习性有关。

鸭子主要生活在水中,在漫长的进化中,鸭脚的三个前趾之间形成了蹼,胸部宽而平。为了在水里游得更快,鸭子还增大脚与水的接触面积,来增大前进的推力,脚的位置也稍微向后移。鸭子登陆的时候,由于双脚不在身体的中央,重心不在两脚之间,鸭子就有向前倾倒的可能性。如果要使身体处于平衡状态,必须把身体后仰,使身体的重心向后移到双脚处。况且鸭子的腿比较短,走动时连身体也跟着摆动,看起来当然是一摇一摆的。

褐马鸡为什么驰名中外

褐马鸡是我国独有的珍稀物种,和熊猫、丹顶鹤、金丝猴一样,被列为我国一类保护动物。在我国,也只有山西省的吕梁山区和河北省的西北部山区有褐马鸡生活。山西省为了保护褐马鸡,于1980年建立了芦芽山和关帝山两个自然保护区。

褐马鸡的嘴是粉红色,眼睛周围镶嵌着红色的眼圈,耳朵后面有一缕雪白的耳羽一直到头顶,形成一对翘起的羽角,腿和脚趾也是红色的,全身大部分是锃亮的褐色羽

毛。褐马鸡的尾羽有22根,前半截是白色,后半截是黑褐色,在阳光下闪现出紫蓝色的光,非常美丽。

褐马鸡天性好斗,骁勇善战,遇敌后决不后退,而是冲上前去英勇拼杀,因此,人们就把它视为勇敢、顽强的象征。在我国汉代,就有把装饰着褐马鸡羽毛的帽子赐给武将的做法,一直延续到清代,把这种帽子叫做"翎子",这都是统治者激励武将战斗的手段。

家鸭为何不孵蛋

许多人以为,家鸭和家鸡一样,是由自己的母亲孵化出来的。其实,家鸭并不孵蛋,而是由母鸡代孵或人工孵化的。

家鸭是由古代的绿头鸭,即我们称为的野鸭演变而来的。绿头鸭在我

国分布很广,到了早春它繁殖的季节,就成群结队地飞到北方,在近水的草丛、土穴或树洞中产卵,每产4~12只后开始孵化。到秋季,雏鸭成群地飞回南方过冬,次年初春再北飞繁殖。绿头鸭被人们驯养以后,失去了迁徙的习性。人们为了得到更多的鸭蛋,就不让它停产抱孵,而给予更多的关照和食物。经过人工选择和培育,家鸭年产蛋为200~300个,却失去了孵蛋的能力。

为什么小鸡刚出壳就会走路、吃东西

鸡的祖先野鸡生活在大森林里,由于不会飞,它们一般在地面上搭窝。当遇到野兽袭击时,很不安全。这样的生存条件迫使小鸡生出来就必须掌握行走和寻找食物的本领。如果遇到袭击,小鸡和父母跑散了,它们也可以独立生活。

后来,人们把鸡捉回来,放在家里喂养,经过千百年的演变后,成了现在的家鸡。但它们的野生习性却还有一些保留,比如,小鸡刚出壳就会走路、吃东西。

冬天,鸭子在河里游泳为什么不怕冷

只要河面不结冰,鸭子一年四季都会在水中快乐地追逐嬉戏,时而发出"嘎嘎"的欢叫声。那么,鸭子为什么在冬天的河水中不觉得冷呢?

原来,冬天河水的温度比岸上要略高一些,再加上鸭子在水中不停地游动,也使它的体温增高,起到抗寒的作用。还有一个重要的原因就是它的身体结构特征。鸭子小腿和脚掌的骨髓凝固点很低,即使长期处于冰水中,脚上的血液也是流动着的。它体内的许多地方及内脏周围都有很多脂肪,尾部有一对很发达的尾脂腺,能分泌油脂。我们有时候看到鸭子用它扁阔的嘴巴啄尾部,那是它在吸油脂,然后把油脂涂抹到全身的羽毛上防寒呢。这样做还可以使羽毛不易透水,现在知道为什么只有"落汤鸡"而没有"落汤鸭"的说法了吧。

杜鹃为什么不自己孵化后代

杜鹃的背呈灰色,腹部有许多细小的横斑,样子和猛禽类的雀鹰极相似。当它飞到森林里时,许多小鸟会以为是雀鹰来了,纷纷吓得落荒而逃。这时,雌杜鹃就会乘机把蛋下到别的鸟窝里,让其他鸟给自己孵化后代。有时候,杜鹃也会把蛋产在地上,等有机会时,再用嘴把蛋衔到其他鸟的巢中。

杜鹃喜欢把鸟蛋放在莺和画眉的巢里。它能够让自己下的蛋在蛋壳的颜色和花纹上与它所强占的鸟巢中的蛋非常相似,甚至达到以假乱真的地步,所以别的鸟就会毫不犹豫地帮它孵蛋。

另外,杜鹃蛋的孵化期比较短,小杜鹃只要一出生,它用头和屁股无情地把养父母的亲生子女一个个拱出巢外摔死,最后只剩下它这个"独生子",可怜的莺或画眉会精心地饲养着这只杀害自己儿女的凶手。一般20天后,无情的小杜鹃会不辞而别,开始自己的新生活。

鸟能吃猴子吗

猴子很聪明,行动敏捷,可以想方设法地逃脱猛兽的追捕。在亚马孙河流域的热带森林里,栖息着猴子的天敌——世界上最大的、最有力的角雕。

角雕身上长着美丽的羽毛,有一条长长的尾巴,一对短而宽的翅膀,它们一旦发现丛林中有猴子,就会突然从天而降。很多猴子都难逃角雕的利爪。

雕是什么样子的

看过《神雕侠侣》的人一定都会对那只神雕有印象。雕是大型猛禽,体形粗壮,翅及尾羽长而宽阔,扇翅较慢,常在近山区的高空盘旋翱翔,我国常见的种类有金雕和乌雕。金雕俗称洁白雕,全身为黑褐色,成鸟头颈部金黄色,幼鸟尾羽基部以及翅膀飞羽的基部为白色,成长后白色部分消失。它们常高居于山崖之巅,捕食野兔、雉、鹑以至大型哺乳动物幼麝等。乌雕俗称皂雕,全身黑褐色,腰部有V字形白斑,尾比金雕长。它们常栖于水边,嗜食蜥蜴、蛙、小型鸟类、鸥、鸦以及鼠类,终年留居我国东北和长江下游一带。

燕子低飞时就会下雨吗

民间有"燕子低飞要下雨"的说法,这是因为燕子要在飞行中吃虫子。当小虫飞高时,它跟着高飞猎食;当小虫飞低时,它也就飞低了。遇到要下雨的时候,空气里水汽很多,把一些虫子的翅膀弄湿了,就像是飞机负荷过重,虫子飞不到高处了,只能接近地面飞。燕子的羽翅可以承受空气中的水汽,但是小虫飞低了,捕食小虫的燕子也只好跟着低飞了。

其次，天气即将转阴雨的时候，气压就会变低，空气里的水汽也会增多，土壤中的一些小虫子就爬出土外，燕子必须低飞才能看到地面上的虫子。

鸟是怎样洗澡的

鸟的羽毛里往往长有羽虱和壁虱，洗澡可以驱除羽毛里的寄生虫，防止许多疾病发生。

小鸟飞到有水的地方，用翅膀在水里拍打，用力将身上的水抖掉，再用尖尖的嘴梳理羽毛。这种水浴是鸟类最常见的洗澡方式。鸟类除了水浴之外还有日光浴、沙浴等许多洗澡方式，日光浴可以促进新陈代谢。百灵、云雀等则要进行沙浴，也就是在沙堆里洗澡。

为什么麻雀常在沙堆里拍打翅膀

鸟类是很爱干净的，它们一停下来，就要想办法把自己的羽毛整理一下。为了整洁，小鸟经常用水洗澡，去掉身上的灰尘和污垢。人们饲养的金丝雀、文鸟等也有洗澡的习惯。每天早上主人给它们换水以后，它们就非常高兴地用嘴把水往身上洒，或者直接在水里打滚，严冬的时候也坚持如此。

但是由于麻雀这些生活在野外、没有人类饲养的鸟类，有时候并不一定能找到洗澡的地方，没有水的时候，只好用沙子代替水了。当我们看见成群的麻雀在沙堆里拍打翅膀的时候，它们其实是在进行沙浴。它们把沙土扬在身上，在沙堆里拍打翅膀，以去掉身上的污垢和羽虱。

其他的鸟类和禽类也有这个习性，像生活在山里的野鸡、山鸡和鹌鹑等飞禽，很少有便利的条件洗澡，因此，也只好用沙子来洗涤身上的污垢和羽虱了。

海鸥为什么要追逐轮船

当轮船航行时，四周是白茫茫的一片，站在甲板上时常能看到银光闪闪的海鸥，展开双翅，时起时伏地跟着轮船飞翔。

它为什么要跟着轮船飞呢？原来它是为了省力和捕食。空气的流动形成了风，由于大气中的气温差异，造成了空气的流动。在大海上，空气在流动的过程中会遇到岛屿、轮船、海浪等，这时，空气就会上升，形成一股强大的气流。这种上升的气流能托住海鸥的身体，海鸥利用这股气流，不用扇动翅膀也能跟着轮船飞翔。还有一个原因，当轮船航行时，船尾会激起阵阵浪花，把海里的鱼也翻打了上来。以鱼类为主食的海鸥当然不会错过不劳而获的机会啦。

鸿雁真能传书吗

鸿雁即俗话说的大雁，它是一种候鸟，并不能传书。古代人说"鸿雁传书"只能说明对大雁的迁徙有所认识，希望借北雁南飞来由北方向南方捎书信。

鸿雁是野生的，每年秋季南迁，常常引起游子思乡怀亲之情和羁旅伤感。冬末春初，它们又从南方飞回北方躲避过炎夏。它们北上南下时，常由一二十只大雁组成"一"字形或人字形，整齐列队飞行。人们并不知道大雁从哪个具体的地方来，到哪个具体的地方去，自然也不可能让它传书。

老鹰的视力为什么特别好

在鸟类中，老鹰是当之无愧的"鸟中之王"，它个头一般比较大，飞得很高，而且比较凶猛。它在2～3千米的高空飞翔时，能看清楚地面上的田鼠和野兔，甚至连在地上啄食的小鸡都能发现。这些小动物一旦被它发现，很难逃脱它的利爪。老鹰的视力为什么这么好呢？原来，它的眼睛中有两个中央凹，一个专门看正前方，另一个专门看侧面。这样眼睛就扩大视力范围了。况且，老鹰的每一个中央凹里的细胞都是人类的几倍。所以，它的眼睛比其他动物都看得远，也看得更清楚。

老鹰飞翔的本领很大，有时候不扇动翅膀也能飞翔，而不掉下来。在有山的地方，往往可以看见老鹰从山顶飞来，在一个地方盘旋，而后就"悬"在空中，这是它利用上升气流的结果，在它升高到一定的高度以后，上升气流对它的托力就会减少，它就开始向下滑翔了。老鹰的翅膀比较大，能在空中感觉到上升气流和下降气流，并且加以利用。

丹顶鹤的丹顶有毒吗

由内分泌学知识可知，仙鹤的丹顶是腺体前叶分泌的促性腺激素作用产生的。丹顶鹤的幼鸟是没有丹顶的，只有达到成熟后，丹顶才会出现，这是一种生理现象，并没有剧毒。

丹顶的大小和色度并非一成不变。对于季节来说，春季时红色区域较大，而且色彩鲜艳；冬季则较小。从情绪来说，轻松时红色区域较大，色泽鲜艳；恐惧时则较小。从身体状况来说，健康时红色区域较大，生病时则缩小，其表面还略显白色。当丹顶鹤死亡后，丹顶就会渐渐褪去红色。

有人曾经作过试验，在小动物的食物中加入了丹顶鹤的"丹顶"的细屑。小动物们吃了以后并没有任何异常的反应，这说明了"丹顶"并没有剧毒。那么，古人所说的"鹤顶红"到底是什么物质呢？其实也就是红色的砒霜，"鹤顶红"只是砒霜的名字，而不是指真的丹顶有毒。

鹤为什么单脚独立睡觉

丹顶鹤落在沼泽地或河边的时候，常常是一只脚站着，另一条腿缩到身子下面，这是它休息时经常采用的站立方式。

不光是丹顶鹤，很多的游禽、涉禽和鸥类都有这种休息习惯，当一只脚疲倦时，就换另一只，它们在寻找食物的时候，从来都是两只脚都着地的。原来，丹顶鹤在野外生活的时候，为了防止敌害的突然袭击，它们就不能卧在地上休息，一旦遇见敌害来袭击，它们只要拍拍翅膀很快就会飞上天空了。况且，这样单脚伫立的动作，比两只脚站着看得更远，也可以早点发现敌害的踪影。

啄木鸟是怎么捉虫子的

啄木鸟的腿短而有力，脚趾中二趾向前，二趾向后，它的身体结构非常适合攀缘树木。它有坚硬的尾羽和刚直坚硬的嘴，舌头柔软细长，舌尖端有倒刺，便于钩出虫子。

啄木鸟喜欢吃躲藏在树皮中的虫子，起到保护树木的作用。当它飞到一棵树上时，爪子紧紧地抓住树干，用坚硬的嘴"咚、咚、咚"地敲击树干，检查树干内有没有害虫潜伏，就像医生诊察病人的时候用手敲击患部，听取声音辨认病状一样。如果听到树干里有空洞的声音，啄木鸟就把树皮凿开，然后把舌头伸进去，把害虫钩出来吃掉。

啄木鸟每天都在森林里为树木除掉害虫,所以大家都说啄木鸟是森林医生。

啄木鸟为什么不会得脑震荡

啄木鸟是树木的"医生",当它发现树木中有虫子的时候,就把树皮啄破,把害虫捉出来吃掉。啄木鸟的舌头细长并带有黏性涎沫,而且前端生有倒钩,能伸缩自如。它的头部在敲击树干的时候,受到的冲击力相当于所受重力的1000倍,而且它的头部摇动的速度约每秒钟580米,比子弹出膛的速度还快,最令人惊奇的是它竟然没有得脑震荡。

原来啄木鸟的头部是一台天然的防震机。它的头颅非常坚硬,脑组织致密,肌肉发达,被疏松而充满气体的骨骼包围着,颅内的外脑膜和脑髓之间还有一条狭长的空隙,可以减弱敲击树木时带来的震波。所以,啄木鸟就可以从早到晚不停地敲击树木了,甚至在繁殖季节里,还用击木声来"对歌"寻找配偶呢!

乌鸦是不吉利的鸟吗

乌鸦是遍布我国各地的常见的鸟类,因为全身乌黑,叫声嘶哑难听,而且常常成群地边叫边飞,所以,从古时候起人们就认为乌鸦叫是不祥的预兆。

根据科学家的研究发现,其实乌鸦和其他的鸟并没有不同,也不意味着不吉利,人们对乌鸦一贯的看法是片面的,不准确的。从某种程度上说,乌鸦还是一种益鸟呢!乌鸦是杂食动物,常吃玉米、瓜果、豆类等农作物,对农业有害。但是它也吃一些耕地上的害虫,对农作物也有一定的益处。

其实,乌鸦是很聪明的动物。日本的乌鸦会将核桃放在红灯前的汽车轮下,等到绿灯一亮,汽车前进时,就会碾碎核桃壳,乌鸦就能吃到里面的核桃仁了。

乌鸦还是"尊老爱幼"的模范呢!老乌鸦将小乌鸦喂养大后,自己年迈体衰的时候,小乌鸦会主动承担起捕食、喂养双亲的责任,这在整个动物界都是少见的。

喜鹊真的会给人报喜吗

人们经常说"喜鹊叫,喜事到",也常以"喜鹊闹梅"图表示喜庆,但如果听到乌鸦或猫头鹰的叫声,人们就认为有灾祸。那么,喜鹊真的会给人报喜吗?

其实鸟类根本不可能预知未来,喜鹊报喜是人的主观想象,没有任何科学根据。

喜鹊的羽毛黑白相间,栖息时一条长长的尾巴上下摆动,十分讨人喜爱。清晨,喜鹊会成双结对地飞到田野和庄稼地里吃害虫,同时只会吃很少一部分的谷类和植物种子。它不但有灵巧可爱的外观,还帮人们捉害虫,人们当然喜欢它了。而乌鸦全身羽毛乌黑,叫声凄厉,经常在树上聒噪不休,人们肯定不会喜欢它。但它除了吃豆类外,也捕食害虫。

喜鹊的叫声虽然不可以报喜,却可以当做晴雨表。当它鸣叫婉转时,往往是晴天的预兆;如果喜鹊在树上不停地跳来跳去,叫声参差不齐,则是阴雨天快来的征兆。

孔雀为什么要开屏

孔雀开屏时,那光彩艳丽的尾羽就像一把漂亮的扇子。长着漂亮羽毛的孔雀一般是雄孔雀,孔雀开屏最频繁的季节在春季三四月份。雄孔雀开屏其实是在求偶,它展示漂亮的羽毛,是为了引起雌孔雀的注意,或者是讨好雌孔雀,希望雌孔雀与自己在一起多生一些孔雀蛋,这也是出于动物的本能。另外,当孔雀受到惊吓时也会开屏。在动物园中,游客穿着漂亮醒目的服装站在孔雀面前时,大家都以为孔雀的开屏是为了与人类比美,其实不然。动物学家研究认为,它这时的行为是因为受了惊吓而产生的防御、示威行为。

大雁飞行时为什么常常排成"人"字形或"一"字形

每年的秋季,成群的大雁就浩浩荡荡地向南方飞去,它们常常排成"人"字形或"一"字形,在蔚蓝的天空中依次飞过,非常好看。

大雁的飞行速度非常快,每小时能飞69~90千米,整个迁飞的路程大约需要1~2个月。在如此漫长的旅途当中,大雁如果只靠自己扇动翅膀,将会非常累,而且不安全,

所以,它们就利用空中上升的气流滑翔。当第一只大雁鼓动翅膀,发出微弱的上升气流后,后面的大雁就利用这股气流的冲力,在高空中滑翔。就这样,一只跟着一只,排成整齐的"人"字形或"一"字形,向目的地飞去。

这种队列也是一种集群本能的表现,可以防御敌害的侵袭。一队雁群一般是由有经验的老雁打头,而把幼鸟和体弱的大雁插在队伍的中间。休息时,还会由一只大雁当"哨兵"。大雁飞行时排成"人"字形或"一"字形的队伍比孤雁南飞安全很多。

企鹅为什么不怕冷

南极是世界上最冷的地方,那里冬季最低气温达到零下88.3℃。在这样恶劣的生活环境中,植物中除了菌藻、地衣等低级生物以外,还没有发现种子植物。动物中可以忍受低温的是白熊、海象,但是在南极还没有发现它们的踪影。

而企鹅是最古老的一种游禽,它可能在南极尚未被冰雪覆盖之前就已经来此处定居了。南半球陆地少、海洋面宽,是水族最繁荣的领域,那里有丰富的鱼类、甲壳类和软体类动物,这些都是企鹅的主食。企鹅登陆南极洲的原因很有可能是为了这片充沛的食源地。

在南极,并没有食肉猛兽,企鹅在这里非常安全。况且,企鹅在南极洲冰天雪地的环境下经过数千万年的磨炼,已经练就了一身抵御严寒的本领。它身上的羽毛变成密集的重叠鳞片状,不会被海水浸透。它的皮下脂肪层特别肥厚,能够维持体温。所以,人迹罕至的南极洲就成了企鹅的天堂。

企鹅是怎样繁殖后代的

企鹅是脊椎动物,生活在世界上最冷的地方——南极冰原,在那个全年冰天雪地的地方,只有它比较善于保持热量、抵御严寒,所以,能在那里繁衍生息。那它是怎么繁殖后代的呢?企鹅的繁殖方式很特别。

到了繁殖季节,雄企鹅和雌企鹅就结为伴侣,建立永久性的配偶关系。有些企鹅用小石头在地面上堆巢,而有些企鹅则不筑巢。雌企鹅每窝产一两枚卵,产卵后把卵交给雄企鹅去孵卵，自己就到海洋中觅食。雄企鹅的腹部皮肤皱褶形成一个孵卵巢，它就用喙把卵放进孵卵巢里，靠体温保持孵化温度。在南极的零下60℃的恶劣环境里，任凭狂风呼啸、腹内饥饿，坚持60～80天之久，靠消耗自身的脂肪来维持生命。在小企鹅破壳而出的时候，吃得又肥又大的雌企鹅回来了，从雄企鹅的怀中接过小企鹅，用嗉囊分泌物来喂养小企鹅。雄企鹅这时失重达40％，才可以松一口气，赶忙到海边捕食，补充身体养分。

企鹅为什么可以找到回家的路

每年南极的极昼来临时，企鹅会带着子女们离开家乡，到几百千米外的海洋去觅食。在往返的途中，它们还要穿越没有任何标志的冰原，但它们从来不会迷路。难道它们体内有指南针吗？

两位美国动物学家针对这一问题，做过这样的实验：把企鹅放到离它们的故乡几百千米的洞穴中，并把洞穴盖上盖子，然后发现企鹅一开始是茫然地转来转去，但它们很快就会把头转向了北方。

后来，通过不断的实验，科学家发现一个秘密：企鹅体内存在的"指南针"是根据太阳定向的。当乌云遮住太阳的时候，企鹅就会迷失方向。

但是太阳的方位一年四季都是变化着的，企鹅又怎么能准确地找到北呢？有人认为，南极大陆向北的地方都是海洋，企鹅11月离开家到海洋觅食，当它们来年2月返家时，只要调转180度就行了。天长日久，就形成了习惯。

鱼的"胡须"有什么作用

地球上的鱼类都是有胡须的。鱼的胡须多半长在口部，也有长在喉部或鳃部的。石首鱼的胡须长在下颌，齐刷刷的，像是一把刷子；胡子鲶的胡子很短，长在嘴巴的周围，像一丛草；树须鱼的胡子枝枝杈杈，就像下巴上长了一棵树；生活在深海的光口鱼，它的胡须还带有发光的小灯，能照亮周围的景物。鱼类的胡须不仅形态各异，数量上也不尽相同，而且不仅雄鱼长有胡须，雌鱼竟然也长有胡须，而且还不分老幼。那么，这些胡须有什么用处呢？

原来鱼的胡须是鱼类的触觉器官，它具有十分重要的触觉功能。长有胡须的鱼类，多数是视力不大好的或生活在深海水底的鱼类，对于它们来说，只靠眼睛来看清周围环境、捕食和发现敌害是不够的，而它们的胡须，就像是触角，四方搜索,可以将收集到的信息迅速地传递到脑子,让它及时地作出反应。例如,鲟鱼在猎食的时候,先用吻部将泥挖起,使水混浊不清,这时它的眼睛已不起作用,只好依靠胡须的触觉来觅食了。

鱼有耳朵吗

鱼和其他动物一样,也是有耳朵的,只是人们没有注意到。鱼的耳朵在两眼后面的头骨里,只有打开头骨才能看到。

鱼的耳朵正是由鳔、听小骨和内耳组成的。因此,鱼的听觉也是非常灵敏的。

鱼耳的功能和人类一样是听声音,英国鱼类学家克利多尔博士在进行研究时就发现,当投放饵料时,摇铃声一响,就会有不少虹鳟鱼云集而来,等待喂食。

一般来说,人耳的听觉范围是每秒16至20000次振动的音波,而多数鱼耳所能感受到的,是每秒340至690次的音波。此外,鱼耳还有维持身体平衡的功能。

鱼死了为什么肚子朝天

因为鱼的身体上部比下部重,活着时靠摆动鱼鳍平衡身体,但是鱼死后,鱼鳍不会摆动,于是重的一面就沉到下面,肚皮就朝天了。

鱼鳔有什么作用

鱼的体内有一只特有的充满气体的囊状鳔,它是鱼类在水中升降沉浮的重要调节器官。鱼能在水中游动自如、上浮下沉主要就是依靠控制体内鱼鳔的充气多少来调整它在水中的位置。

那么鱼鳔内的气体是从哪里来的呢?原来,鱼鳔内的气体,除了在头部浮出水面时通过一根很短的气道直接吸入外,在水里也可以靠鳃瓣中丰富的红血球来摄取溶解于水中的气体。

鱼在水中游动,除了会自如地沉浮外,还必须保持在水中的稳定状态。鱼在不同深度的水中,还能通过鳔内气体容量的变化,来使身体的比重近似于周围水的比重,以便保持它在水中稳定不动的状态。同时,鱼身上的鳍,在这方面也起到了重要的作用。鱼背上的背鳍和腹部后面的臀鳍,对于防止身体向两面摇晃也起着平衡作用。至于腹部前方那一对胸鳍，为了抵消做呼吸运动时不断喷出的水流所带来的反作用力，也常常要划动一阵子，使其能保持住稳定的状态。

鱼类是怎么交流的

人类有语言，鱼类也有自己的"语言"。小青鱼会"叽叽"地叫，鳀鱼会"吱吱"作响，沙丁鱼会发出"哗哗哗"的波涛声，驼背鳟则"咚咚咚"地像在敲鼓，海马叫起来像是打呼噜，鳜鱼叫起来像是在拉胡琴，有的鱼群叫起来甚至比打雷的声音还要响……

在不同的情况下，鱼类的发声自有不同的目的。如有的鱼为了防身需要，发出声音借以躲避或恐吓敌人；有的鱼在产卵期间发出很响的叫声，其目的是为了吸引异性；有的鱼发现了食物，发出声音联络同伴来共享；深海鱼类的发声，则是为了起到回声探测方位的作用。还有一些鱼类发声是由于外界环境的变化不适合它们的生活条件而引起的。那么，鱼的声音是从哪里发出来的呢？不同的鱼是依靠不同的器官发声的。鱼发出声音大多是依靠体内的鱼鳔。鱼鳔是一个充满气体的膜质囊，靠一些纤细而延伸着的肌肉与脊椎骨相连。它的收缩能够引起鳔壁和鳔内气体的振动，从而发出声音。有的鱼是用喉齿摩擦或咬碎贝壳发声，有的鱼是用背鳍或臀鳍的刺振动或利用胸鳍基部关节面的摩擦发出刺耳的声音，还有的鱼是利用鳃盖的振动或肛门的排气发出声音的。

鱼的年龄是怎么算的

要想知道鱼的年龄，一般只要从鱼的身上剥下一片鳞片，仔细观察，就可以明白的。大多数鱼的生命开始的第一年，全身都长满了鳞片。鳞片是由许多大小不同的薄片构成，它的中间厚，边上薄，好像是削掉了尖顶的矮圆锥。最上面的一层最小，但最老；最下面一层最大，但最年轻。鳞片生长时，它的表层有新的鳞片生成。随着鱼的年龄增长，鳞片的数目也随之增长。

一年中，随着季节的变化，鱼的生长速度是不同的。一般情况下，鱼在春夏季生长得快，秋季生长得慢，冬季几乎停止生长。第二年春天又重新恢复生长。鳞片也随着季节的不同而又变化。春夏季生长的鳞片比较宽，秋季生长的鳞片比较窄，冬季鳞片则停止生长。宽窄不同的鳞片有次序地叠在一起，形成许多环带——生长年轮，其数量与鱼的生命年龄相符。由于春夏季生成的宽薄片排列稀疏，而秋季生成的窄薄片排列紧密，两者之间就形成生长带的分界线，叫做"年轮"。

所以，看鱼鳞，根据鱼的年轮多少，就可以准确推算出鱼的年龄。当然，不同的鱼类，年轮的部位也不尽相同。鲤鱼的年轮在鳃盖骨上，鳗鲡的年轮在牙齿上，黄花鱼的年轮在头骨中的耳石上。年轮不仅记载着鱼的年龄，也是鱼一生的记录。

有的鱼类为什么能上岸

在我国的沿海、西非以及太平洋的热带海岸边，就生活着一种会爬树的怪鱼——弹涂鱼。弹涂鱼又称为跳跳鱼、泥猴。这种鱼的身长不过几十厘米，但是胸鳍非常发达，胸鳍里的肌肉粗壮有力，好像是两只有力的前臂，能够伸缩自如。正因为有这种特殊的胸鳍的支撑，加上身体的弹跳力和尾鳍的推动力，它既可以在水中潇洒地游泳，又可以在沙滩上优哉游哉地"散步"或跳跃前进，即使遇到斜坡，也能顺利地一跃而过。

弹涂鱼还有一项奇特的本领，它能用尾巴从水中和泥中吸氧。在登陆行动前，它预先做好准备工作，就是在鳃里充满氧气，然后成群结队地到陆地上去"旅行"。一旦氧气用完了，就将尾巴插进泥土里重新吸氧。这种鱼除了用鳃和尾鳍呼吸外，还可以用皮肤和口腔黏膜呼吸。

为什么泥鳅会吐泡

饲养在鱼缸里的泥鳅会吐出许多气泡，它为什么会吐泡泡呢？原来，泥鳅是一种形体扁长的鱼，它平时和其他的鱼类一样，使用鳃进行呼吸。但是泥鳅在水中缺乏氧气的时候，要是再用鳃呼吸的话，就会造成呼吸困难。这个时候，它就改变呼吸方式，冲出水面，用口直接吸入空气，并且暂时把肠子作为呼吸器官。泥鳅肠壁上的血管可以吸取空气中的氧气，剩下的废气和从血液中放出的二氧化碳气体，就从肛门排到水中，和人的放屁相似。所以，我们就看到泥鳅吐出的泡泡了。

小蝌蚪是怎样变成青蛙的

青蛙小的时候叫做蝌蚪，长大之后才叫青蛙的。那么，从小蝌蚪到青蛙，它经历了怎样的变化呢？众所周知，青蛙是两栖类动物，它既能在水里生活，又能到陆地上生活。

青蛙的卵一般产在水里，经过4～5天的时间，小蝌蚪就孵出来了。小蝌蚪很像鱼，还有一条长长的尾巴，在水里游来游去的。慢慢地就长出了后腿，然后长出前腿，尾巴也随之逐渐变短。当它的尾巴消失的时候，就彻底变成了幼蛙。幼蛙长大以后就是青蛙了。小蝌蚪是用鳃呼吸的，青蛙是用肺呼吸的。从小蝌蚪到幼蛙大概需要两个月的时间，从幼蛙到青蛙大约需要三年的时间。

为什么吃河豚会毒死人

民间有一句谚语："拼死吃河豚。"道出了河豚肉的鲜美，以至于有人要付出生命的代价。但是也有人坚决不吃河豚肉，因为它有毒。

河豚在我国有16种，从鸭绿江到珠江都能发现它们的踪迹。每年的春季河豚从大海游到江河产卵，鱼卵在江河中孵化成长，在来年的春天又成群结队地游向大海。河豚的体内有一种生物碱，叫做"河豚毒素"。这种生物碱分布在河豚的肝脏、血液、皮肤以及生殖器官内，特别是在卵巢充分发育的冬季到春季之间，毒性最强。人如果吃了这种生物碱，就会出现神经麻痹、恶心、呕吐、四肢发冷等症状，最后因心脏停止跳动而死亡。河豚死的时间长了，毒汁会渗透到各部分组织中去，不容易洗掉，所以死烂的河豚毒性更大。

我国沿海的渔民在春末夏初，往往把河豚腌成鱼干，不吃鲜肉，以防万一。河豚虽然有毒，但是剥了皮，除掉内脏血液，再将新鲜鱼肉认真清洗，最后放到清水里浸泡一段时间，然后烧透，这样再吃，就不会中毒了。

河豚的肚皮为什么鼓鼓的

动物都有保护自己不被天敌消灭的看家本领，河豚是用什么方法使自己免受伤害的呢？原来河豚的腹部皮肤比背部的皮肤松弛，而且长着刺。当它遇见敌人的时候，就迅速地冲到水面，张开大嘴使劲吸气，它的肠子前下方与胃相连的气囊就充满了气体,腹部就随着膨胀起来,刺就立起来了,让敌人没有下口的地方,只好放弃。可以看出来,河豚的肚皮膨胀是它自卫的手段。人们把河豚捕捞上岸的时候,总是看到它的肚皮像气球一样膨胀起来,一些有刺的河豚活像一只刺猬。

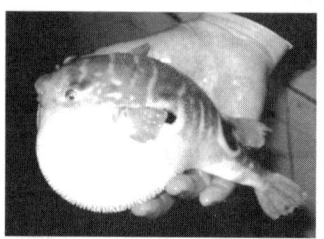

生物为了保护自己不被别的生物吃掉或伤害,每种生物都采用了不同的方法。河豚的肉味非常鲜美,然而人们都知道河豚是有毒的。河豚的体内贮存着一种剧毒,叫做河豚毒素。当河豚遇到敌人的时候,就会从皮肤上分泌出许多河豚毒素,使敌人马上放开它,不敢去吃它。

为什么寄居蟹居住在螺壳里

寄居蟹长得既像蟹,又像虾,身上总是背着一个大螺壳,一旦受到惊吓,立刻把身体缩进螺壳里面。这个螺壳不是它自己天生的,而是捡来的,有的甚至是寄居蟹把活的海螺吃掉抢来的。当它的身体长大,原来的螺壳住不下了,就再找一个合适的。这个"房屋"对寄居蟹来

说很有用。由于寄居蟹没有敏捷的游泳技能,也没有蟹的坚硬的甲壳,根本就没有什么可以抵抗敌害的武器,只好把螺壳当做保护自己的避难所了。寄居蟹的腹部已经退化,比较柔软、长而且弯曲,能够盘曲在螺壳里,用扇尾钩住螺壳顶部,爬动时身体不会从螺壳里滑出来。

在大海里,寄居蟹居住在螺壳里,而海葵又伏在寄居蟹的"屋顶"。它们一起游玩,寻找食物。遇到敌害时,海葵可以用它的刺丝鳌保护寄居蟹。它们的这种彼此依存、共同生活的现象,在动物学上称为共生。

青蛙在什么时候叫得最欢

在春夏之交,阴雨连绵,池塘里的青蛙呱呱地叫个不停,好像大合唱一样。这是因为下雨前后,空气中的水汽增多,青蛙的皮肤里水分增大,它们感到快活就大声叫起来。另外,这个时候正是青蛙的繁殖季节,雄青蛙使劲地叫以吸引异

性前来交配。当青蛙遇到危险时,也会发出急促的叫声。为什么青蛙

能叫那么大声呢？原来青蛙的声带和人一样在喉室里，而且雄性青蛙的咽喉两侧还有外声囊，它的叫声就更大。

牛蛙能吃蛇吗

牛蛙在蛙类中是比较大的，体长约20厘米。雄性牛蛙有声囊，鸣叫声特别响亮，远远地听像是牛叫，"牛蛙"也因此而得名。

牛蛙吃蛇虽然不是很常见，但是这也是有可能发生的事情。因为牛蛙的个头比较大，性情比较凶猛。在野外，雄蛙占据池塘或水田作为自己的地盘，如有另外一只牛蛙进入它的领域，雄蛙就会向入侵者发起进攻，直到把它赶出去为止。牛蛙以昆虫、小鱼、小蛙、螺类为食，偶尔也会在小水蛇不注意的时候张开大口，把小水蛇的头部咬住，再慢慢地往肚子里吞。如果先咬住尾巴的话，水蛇容易挣脱。当然，牛蛙也不会去打那些大水蛇的主意。

癞蛤蟆有毒吗

癞蛤蟆的学名是蟾蜍，它昼伏夜出，动作迟缓，性情温和，是青蛙的近亲。它的嘴巴又宽又大，和青蛙一样善于捕捉害虫。但是它身上长着难看的疙瘩，让人们感到恶心。其实，它长成这样子也是为了保护自己。它趴在地上，与泥土的颜色很相近，就可以避免被敌害发现。

蟾蜍身上的疙瘩能分泌黏液，保持皮肤的湿润，有的疙瘩分泌乳白色的浆液。浆液是有毒的，这是它攻击敌害时的武器。在蟾蜍的耳后有一个腺体分泌蟾酥，蟾酥可加工为中药，具有止血、镇痛、强心、解毒的功效。癞蛤蟆虽然长得难看，但它也是对人类有益的动物，我们都要保护它。

癞蛤蟆还是热带作物的救命恩人呢！19世纪，西印度群岛的热带作物被害虫侵袭，人们将大量蟾蜍运到那里，成功地将害虫全部消灭掉。后来，人们还将蟾蜍运到夏威夷、菲律宾、巴布亚新几内亚、澳大利亚等热带农作物生长地区，让它们到那里消灭害虫。

娃娃鱼是如何捕捉食物的

娃娃鱼是目前世界上最大的两栖动物，学名大鲵或鲵鱼，被列为我国二级保护动物。

它被称为娃娃鱼，是因为它的叫声像婴儿的啼哭。它体态奇异，身上无鳞、无毛、无鳃，也无鳍，与人一样用肺部呼吸，棕褐色的身躯，长有地皮状花纹和隆起的小疙瘩。宽阔的头上有一双小眼睛，四肢短小，长有脚掌和脚趾，在陆地上行走，爬树就靠此四脚及一条橹桨式的长尾巴。

井冈山溪涧纵横，洞泉密布，溪水清澈凉爽，是娃娃鱼生活的乐园。它在野外有着特有的生活方式，它白天常常潜息在有清水的洞穴内，夜间或者上树捕鸟为食，或者游出洞穴，张口对着流水，让鱼、虾、虫、蛙等食物囫囵流入肚里。

其实娃娃鱼还有一种令人想不到的本领，那就是捕食空中的飞鸟。娃娃鱼利用久旱不雨的天气先在溪水中喝了一肚子水，接着爬到鸟类经常停栖的树枝下面，然后头向上，张开嘴，再将肚子里的水呕到口中，它可以一连坚持几个小时不动，好像一口小小的清泉。鸟飞来，看到"泉水"，便迫不及待地去饮用，聪明的娃娃鱼将水慢慢地咽下，鸟只好把头伸进娃娃鱼的嘴里吸水，娃娃鱼看准机会，一下子咬住鸟头，于是就可以慢慢享受送上门来的佳肴了。

养金鱼需要什么样的水

最早饲养金鱼的国家是我国，这是我国的一种特产，世界各国的金鱼都是直接或间接由我国引种的。但是并不是所有的水质都可以养金鱼，养金鱼需要先养水。

金鱼需要大量的氧气，为了使金鱼获得足够的氧气，水面应该比较大，可以增加水的溶氧量，也便于水中的有害气体散发到空气中。还要保持水面的清洁，若是有灰尘、杂物等覆盖了水面，就会阻碍气体交换的。养金鱼的水还必须有一定量的浮游生物，各种浮游生物与金鱼保持相对平衡，不能过多或过少。过多或过少都会影响水质，导致金鱼死亡。

金鱼和鱼一样属于变温动物，所以对水温的要求比较高，水温低于12℃，金鱼的代谢就会缓慢，生长基本停止；水温如果高于30℃，金鱼的活动和摄食也会受到影响。所以，需要经常用温度计来测量水温的高低。

雌黄鳝是怎么变成雄黄鳝的

变性美女已经不再是让人大惊小怪的事情了，那么你听说过会改变性别的鱼吗？雌黄鳝就可以变成雄黄鳝，它可不是通过手术哟。

一般情况下，雌性鱼类的身体里有卵巢，雄性鱼类的身体里有精巢，从生到死都不会改变，而黄鳝却与众不同。刚孵出的小黄鳝都是长有卵巢的雌性鱼，当小黄鳝发育成熟并产卵以后，卵巢就开始发生变化。原来生长卵细胞的组织渐渐转化为生长精子的精巢，于是，雌鳝就变成可以排放精子的雄鳝了。这时，它就固定成为雄性，即使排完精子以后也不会再变回雌鳝了。在科学上，黄鳝的这种特性叫做"性逆转"。

这种特性对于黄鳝种族而言也是很有利的，每年都会有一批雌鳝产卵，而且每年又有一批雌鳝繁殖出来，保持了其种族的延续。

海洋中什么动物最凶猛

鲨鱼有250多种，是海洋里最凶猛的动物。鲨鱼生性残忍，以食鱼为主，也吃海豚、海豹和企鹅，但大多数鲨鱼并不袭击人类。只有大白鲨、蓝鲨、虎头鲨吃人，最可怕的是大白鲨，它有12米长，食人对它来说是很平常的事情，甚至连巨大的海象也能被它一口吞下。

鲨鱼形体扁长，前宽后窄，呈流线型，尾巴竖立，皮肤坚实，生有斑点和花纹。鲨鱼的嘴巴大得出奇，有三角形牙齿，按行从前至后依次排列，牙齿边上还长着细小的锯齿，锋利异常，能把任何生物咬成碎片。而且当前面的颚部边上的牙齿磨损或脱落的时候，后面的牙就移上前代替旧牙，鲨鱼的牙齿就是这样在不断更新。

海水中的鱼为什么没有被咸死

海洋中，生活着数不清的鱼类，其中有许多种都是人们喜爱吃的美味。大家知道，海水既咸又苦，含有大量的盐分，据测定，海水中含盐量约为3.5%。海水中含盐这样多，海洋中的鱼时刻要喝海水，盐分要向鱼体里渗透，可是，为什么海鱼没有被咸死呢？

原来，生活在海水中的鱼，可以分为硬骨鱼类和软骨鱼类两大类。硬骨鱼类的鳃内有一种功能特殊的细胞，叫泌盐细胞，能分泌出盐分。它们能够吸收血液中的盐分，经过浓缩将盐分随黏液一起排出体外。由于这些泌盐细胞高效率地工作，使海鱼体内始终保持着低盐分。

海水软骨鱼类保持体内低盐分

则另有一套本领。它们的血液中含有高浓度的尿素，使血液浓度比海水浓度高，这样就可以减少盐分的渗入，因此海鱼没有被咸死的。

飞鱼为什么会飞

在大西洋、太平洋和印度洋的海面上，有时可以看到一群银白色的鱼冲出水面，并且在水面上方几十米的空中飞行。看到这种情景，你是不是特别惊讶？

这种鱼叫飞鱼，其实它不会飞，只能说它能在空中滑翔。

飞鱼的肌肉很结实，它的腹鳍很长，而且紧贴在身体两侧，尾鳍的下叶比上叶长，这种鳍的结构是鱼飞行的条件。当它起飞时，胸鳍和腹鳍紧贴身体，用力摆动尾鳍在水中快速游动，然后头露出水面，胸鳍像鸟的翅膀一样展开，腹鳍仍紧贴身体，尾鳍仍在水中拍打，当身体全从水中出来时，腹鳍就张开，借助上升的浮力向上冲射飞行。但是，它的胸鳍并不会像鸟的翅膀那样摆动，所以几秒钟后，飞鱼就会从空中落下来。

接吻鱼为什么"接吻"

接吻鱼生活在非洲、美洲及东南亚一带的热带河流里，它的身体短小，颜色多样，有青灰色、粉红色、米黄色等。

接吻鱼有一种很奇特的生活习性，每当两条鱼游到一起的时候，它们总是喜欢嘴吸到一起，看上去就像接吻一样。即使两条同性鱼遇到一起，也照样要接吻。因此，当地人才把这种鱼叫做接吻鱼。

接吻鱼真的是在接吻吗？动物学家经过观察和研究发现，接吻鱼对水中的青苔有特别的嗜好，这是因为青苔对接吻鱼的生长发育起着很好的促进作用。因此，当接吻鱼吃饱以后，便在水中寻找青苔。不过，接吻鱼找到青苔以后，习惯于把青苔衔在嘴里慢慢品味。当另一条接吻鱼游过来时，看见对方嘴上有青苔，就总想分食一点，因此就上去吮吸对方嘴上的青苔，这样看起来就像是接吻了。

有四只眼睛的鱼吗

在热带美洲的一些河流和海域

里，生活着一种十分奇怪而有趣的鱼类，它的名字叫做四眼鱼。四眼鱼生长着一双像青蛙那样的水泡大眼，但是在每只眼球中有一上一下两个瞳孔，由于四眼鱼的两个眼睛中有四个瞳孔，所以人们就叫它"四眼鱼"。

四眼鱼视力非常好。当它在水中漫游时，眼睛上半部的两只瞳孔露出水面，能把空中、陆上的景色一览无余；眼睛下半部的两只瞳孔则沉入水中，能把水中的一切尽收眼底。

四眼鱼的眼睛能水陆两用，这为它捕捉猎物带来了很大的方便。四眼鱼时而会腾空而起，捕捉飞行的昆虫，时而一头扎进水中，扑食弱小的生物。相对而言，四眼鱼的空中视力比水中更强一些。它上部分的两只瞳孔甚至能看见很远地方的一只飞蛾，即使是在朦胧的月色下，也能够明察秋毫。

四眼鱼由于具备双重视觉，所以很少受到伤害。如果遇到陆地上或水中的敌人向它袭来时，它的四只眼睛就会马上察觉并以最快的速度潜入水底。

四眼鱼因为眼睛长得特别，也给大自然带来了另一种景观。当成千上万只四眼鱼静静地在水面上栖息的时候，那竖起的一对对炯炯发亮的眼珠，看上去犹如在水中撒上了一大把珠子，甚是壮观。

鳕鱼为什么能在南极生活

鱼是变温动物，它的体温随着周围环境温度的变化而变化的。夏天的时候，水温升高时，鱼的体温会随着水温升高，冬天时，体温也随着水温降下来，所以它们感觉不到冷。

鱼类生理学的研究结果表明，一般鱼类在零下1度就被冻成"冰棒"，无法生存了。但是我们冬天所见的河水结冰只是表面，河下面的水一般在4度左右，所以鱼不会被冻成"冰棒"。

世界上最不怕冷的鱼，是南极的鳕鱼。在南极寒冷的冰水中，它能够冻而不僵。原来，这种鱼的血液中含有一种叫糖肌的成分，功效和汽车的防冻剂相似。

南极鳕鱼生活在南大洋比较寒冷的海域。它体长40厘米左右，体形短粗，呈银灰色，略带黑褐色斑点，头大，嘴圆，唇厚，血液为灰白色，没有血红蛋白。但它的血液中有一种特殊的生物化学物质，叫做抗冻蛋白，就是这种抗冻蛋白在起作用。

电鳐的体内为什么会产生电

世界上会发电的鱼约 500 多种。电鳐分布在太平洋、大西洋、印度洋等热带海域,我国的东南沿海也有分布。

电鳐的身体扁平,光滑无鳞,头和胸部连在一起,尾部呈粗棒状,像团扇。电鳐的背面前方中央处有一对小眼睛,腹面有一个横裂状的小口,口的两边各有 5 个鳃孔,体长可达 2 米。那么,电鳐是怎么发电的呢?

科学家们发现,在电鳐的头胸部的腹面两侧各有一个肾脏形、蜂窝状的发电器官。这两个发电器官是由一块块的肌肉纤维组织的电板重叠而成的六角形柱状管,每个发电器官中大约有 600 个这样的柱状管。当电鳐的大脑神经受到刺激或兴奋的时候,这两个发电器官就能把神经能变为电能,放出电来。电鳐身上的发电器官构造精巧,由鳃部的电细胞组成,能发出 70～80 伏电压的电。电鳐利用发出的电流,将小鱼、小虾及其他小动物击昏吃掉,这是它捕食和打击敌害的手段。

电鳗能发出 800 伏的电压,是发电鱼的冠军。电鲶也会发电。

什么鱼能在热水中生活

1936 年初,美国航海家雷普乘船到北太平洋航行。在一个岛上的小湖中,他发现许多死鱼漂浮着。当时又饥又累的他捡了几条鱼放在锅里煮,没过多久,他愣住了,那些鱼死而复生,都变成了活鱼,这是怎么回事?

原来这是一种生活在火山口附近湖泊里的鱼类,由于火山的活动,使湖水变热,水温达到 70℃左右。当这种习惯于生活在热水中的鱼到了冷水中,就被"冻"得晕了过去,只有回到热水中,它们才会复活。

我国云南有一种鱼,能在 48℃的温水中生存。美国的加利福尼亚州有一条河,平均水温 55℃,也有一种热水鲤鱼在那里生存。研究发现,热水鱼的体温随着温度的变化而变化。所以,它们的体温总是比水温高 5～10℃。事实上,鱼的适应能力是逐渐形成的,无论温度的高低,只要鱼习惯了就能生存。如果突然改变原来的生活环境,鱼不能适应,就会死亡。

海鱼为什么要洄游

海洋中生活着成千上万种鱼，它们的形状各异，生活习性也不相同。当环境发生变化或鱼本身产生生理变化的时候，有些鱼类就成群结队地游到江河湖泊里去做暂时的停留，然后又回到大海中生活，人们把这种现象称为"洄游"。

每年冬天来临的时候，海水的温度发生了很大变化，而一部分海鱼为了适应季节的变化，为了更好地生存下来，就必须转移到合适的

地方去生活。如每年春夏季时，南方水温增高，为了避开炎热的夏季，一些鱼便游到北方水域去度夏；当秋冬季节来临时，北方海域的海水温度较低，这些鱼又洄游到南方海域来过冬。

鱼类的洄游是有规律的，也是有路线的。海鱼洄游的原因，主要与海水的温度、盐度和饵料有关系。如果能掌握鱼类的洄游规律，也就能及时把握鱼汛，渔民就能捕到更多、更大的鱼。

对虾因何得名

很多人认为"对虾"是雌雄相伴，形影不离，犹如成对的鸳鸯那样恩爱。其实，渔民捕获的对虾，往往是雌多雄少，而且相差悬殊，更谈不上一对一对地生活了。那么，为什么叫它对虾呢？

原来，从前渔民在统计捕捞成果的时候，不是用"千克"来计算的，而是论雌雄，每两只算一对，以"对"计数。在市场出售时，把两只虾放在一起，仿佛雌雄成对，既美观又引人注目，按"对"论价。天长日久，"对虾"就流传下来了。

对虾的真正的名字叫做东方对虾或者中国对虾。它的体形肥大，成年的雌虾，从额剑顶端到尾节末端，长 19.3 厘米，有些"长个子"可达 26 厘米。除体表甲壳外，它浑身都是鲜美的肉，一般雌虾体重 60 克，大一点的竟有 150 克，雄虾比较小，但是体长也在 15 厘米之上，体重有 30 克。正因为对虾如此肥美，所以北京等地又叫它大虾。

对虾属于甲壳类动物，壳薄而透明，从活对虾的体外，透过甲壳，还能看清它的五脏六腑，甚至连那微微跳动的心脏也清晰可见，因此，上海等地又叫它一个十分确切的名字——"明虾"。

为什么蝴蝶鱼会变色

热带海洋中鱼类的颜色丰富多彩。我国南海的西沙、南沙、东沙群岛的热带鱼类,体色应有尽有,花花绿绿,让人难以判断谁更美丽。

每一种鱼都有自己的颜色,而这种颜色是与它所处的自然环境相适应的,起到保护自己的作用。然而蝴蝶鱼却是会变色的,这也与它的生活环境有关。

蝴蝶鱼生活在五光十色的珊瑚礁的礁盘中,它的体色可以随着周围海水和环境的改变而改变。通常来说,一条鱼改变体色只需要几分钟的时间,甚至有的只需要几秒钟就够了。原来蝴蝶鱼的体表有大量的色素细胞,这些色素细胞在神经系统的控制下,可以展开或收缩,体表就会呈现出不同的颜色。

珊瑚是植物还是动物

在大海中,有许多五颜六色的珊瑚,有的像松树,有的像花丛,那里成了鱼儿们的天堂。但是,珊瑚并不是植物,而是珊瑚虫群体死后留下的骨骼。

珊瑚虫属于只有内外两个胚层的腔肠动物,样子像一个双层口袋。它只有一个口,没有肛门,食物从口中进去,需要排出的食物残渣也从口中出来。珊瑚虫口的周围生了许多触手,可以捕捉食物。珊瑚虫个体的身体微小细软,互相之间有共肉连接,所以叫它珊瑚虫群体。共肉部分能分泌石灰质的骨骼,越积越多之后,就开成了美丽的珊瑚。

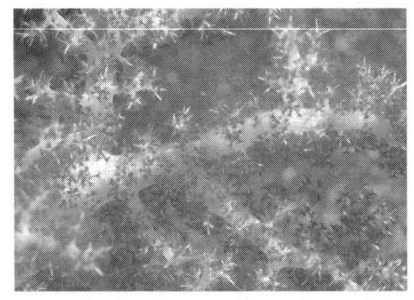

珊瑚虫有很多种类,但它们都是生活在海里,喜欢在水流快、温度高、比较清净的暖海地区。

死后的珊瑚虫群体骨骼用处很多:有些质地粗糙,可以用做烧石灰、制人造石的原料;质地好的可以做建筑用材;有些质地紧密,色泽鲜艳的可以雕琢成工艺品,特别是红色的尤为人们所珍视。

为什么射水鱼能喷水打中昆虫

射水鱼的嘴里能喷出水,这是它得名的缘由。射水鱼喷水的本领很高,甚至能把好几米远的昆虫击落下来。为什么射水鱼有这样的本领呢?这和射水鱼的嘴巴有关系。

原来射水鱼的嘴里有一条小槽,在射水鱼喷水的时候,它就把吸取的水用舌头抵在小槽里,经过压力的水在喷发时,就会变得非常有力,像出膛的子弹一样,当然能把昆虫击落下来了。而且射水鱼的眼睛非常特殊,能够自动瞄准,所以射水鱼就能又快又准地把昆虫击落下来。

冬天时昆虫都上哪里去了

蝴蝶等蛾类的蛹大部分是在地下的土壤中过冬,土壤成了它们冬眠的温床,只要不受到冬耕翻地的破坏、禽畜的刨食,就可安全过冬。

玉米螟、高粱条螟、粟灰螟以及多种为害水稻的钻心虫都以幼虫的形式过冬,它们钻蛀到稻秆深处或根茎中,在越冬前尽量延长"隧道"的深度,并用啃下来的碎屑将隧道周围填满,又在隧道进口处吐丝结上一层薄网,既安全又保暖。蝗虫、蟋蟀、蚜虫、粉虱等以卵的形式过冬,成虫找到合适的地方,把卵产到那里。蚊、蝇大部分是以成虫过冬,每年气温逐渐下降,冬季临近时,它们就会钻到石洞、菜窖、畜舍等阴暗挡风的角落里躲藏起来。

昆虫不管以哪种方式过冬,都要提前做好准备,首先是储存食物,其次要把体内的水分排出,防止结冰,最重要的是找个隐蔽温暖的避难所。

昆虫为什么没有鼻子,嗅觉还比较灵敏

蝴蝶和蜜蜂能闻到花果的香味,蚂蚁能够根据气味辨认自己的同伴,说明它们是有"鼻子"的。不过昆虫的"鼻子"比较怪,不像人类的鼻子,也不像许多别的动物的鼻子。昆虫的"鼻子"就是它们头上的一对触角和口器下面两对短小的口须。只是各种昆虫的触角是不一样的。有的触角细长,像一对鞭子;有的触角比较短,上面膨大,下面是一个柄,像一对锤子;有的触角上生着许多分支,像两把刷子。触角和口须的表面有许多微小的孔洞,孔洞里有能感受气味的细胞。昆虫就是用这样特殊的"鼻子",凭嗅觉来寻找食物和寻觅配偶的。

昆虫为什么只会走弯路

昆虫的共同特征是有6条腿,1对触角,身体分成头部、胸部和腹部,常见的昆虫有蝗虫、蝉、蜻蜓、蜜蜂、蝴蝶。不管昆虫中的哪种动物在地上爬行都是呈"z"形的。它为什么不会走直线呢?

原来，昆虫的两侧各长3条腿，前足最短，中足其次，后足最长。它在行走时，既不能6足同行，也不能同侧的3足同时迈进。它只好把右前足、左中足和右后足分为一组，剩下的左前足、右中足和左后足分为一组。爬行时，一组的前足先伸

出，后足使劲把身体向前推，由于前后足的长短不一，身体就被推向偏离直线的一侧，另一组的前足再抬起时，身体又被推向另一侧，就这样，昆虫左歪一下，右歪一下，呈"z"形向前爬行着。

2条腿和4条腿的动物，由于腿都是一样长的，所以都是沿着直线向前迈进。

蚕为什么喜欢吃桑叶

蚕吃的桑叶中除了含有大量的水分以外，还含有蛋白质、脂肪、淀粉、维生素、有机酸和多种微量元素，桑叶被吃下去以后分解，纤维素变成排泄物，蛋白质和脂肪等被吸收转化成氨基酸，并在蚕体内丝腺的作用下，转化为丝胶、丝素、丝蛋白等，从蚕嘴边上的小洞吐出。

刚吐出的东西是液体状的，遇到空气后变成了固体的白色的丝。

蚕从孵出到结茧要吃掉0.003千克的叶子。它吃的叶子种类很多，除桑叶外还有榆叶、生菜叶、蒲公英叶、柳叶、无花果叶等，但它最喜欢的是桑叶。因为鲜桑叶中除了含有大量的水分外，还有丰富的蛋白质、糖类、脂肪、矿物质、纤维素和脂肪酸。而蚕制造蚕丝的主要原料正是这些物质。

蚕是靠它的嗅觉和味觉器官来辨别叶子的不同，如果破坏了这些器官，它吃什么叶子都会感觉是一样的了。

蚂蚁是怎么认路的

蚂蚁搬家时，成群的蚂蚁都是按固定的路线走，它们没有眼睛，是如何走固定的路线回家呢？

蚂蚁认路的方法主要有两种，一种是依靠气味，另一种是依靠太阳方位。蚂蚁走路时，用头上的一对触角来探路，触角就像盲人手中的竹竿一样。触角有两种功能：一种是触觉作用，通过触角探明前面物体的形状、大小和硬度，以及前进道路的地形起伏等情况。另一种是嗅觉作用。原来，蚂蚁走路时，从腹部末端的肛门和腿上的腺体里，不断分泌出少量的、带有特殊气味

的物质,在路上留下痕迹。回巢的时候,就用它的触角闻着气味回家。有时候,蚂蚁还会根据太阳的方位来辨别路线。一般情况下,这两种方法蚂蚁交替使用。

用太阳方位辨别方向的昆虫很多,除蚂蚁外,还有蜜蜂、蝇类、金龟子等。

蝴蝶只吸花蜜吗

一般人以为,蝴蝶和蜜蜂一样,只吸食花蜜,事实上,这是不正确的。蝴蝶的种类不同,它们的摄食习性也不一样。不仅如此,吸食花蜜的蝴蝶也都有自己独特的"口味",它们只吸食特定的植物的花蜜。

比较常见的菜粉蝶只吸十字花科植物的花蜜,而蓝凤蝶则喜欢吸百合科植物的花蜜,豹蛱蝶则喜欢吸食菊科植物的花蜜。但是,还有一些蝴蝶并不吸食花蜜。人们经常可以看到竹眼蝶在发酵了的无花果上吸食汁液,淡紫蛱蝶比较喜欢吮吸树木的蛀孔里面流出来的酸浆,而华南双尾蛱和赭色樟蛱蝶等吸食人粪尿,朴喙蝶和海南蓝灰蝶吸食马粪汁,冬青小灰蝶嗜吸牛粪液,白斑薯弄蝶和华北谷弄蝶等喜欢取食小溪中巨石上的白色鸟粪。有人在西双版纳的丛林里,还发现几只热带蓝灰蝶聚集在一块腐臭了的兽骨上吸食腐肉的汁液。

白蚁是人类的大敌吗

在气候适宜白蚁生长的地区,有些木质结构的房屋、船只和其他建筑物,往往会被白蚁蛀得千疮百孔,严重时还会造成建筑物倒塌、断裂。

白蚁要蛀蚀木材,是由于木材里含有纤维素和木质素等有机物,而纤维素是多糖类的化合物,营养十分丰富。摄取这些营养素的关键是如何分解木屑,因为木屑在没有分解之前,里面的营养是无法被白蚁消化和吸收的。那么,白蚁用什么方法来分解木质纤维素呢?

在白蚁的肠子里寄生着一种低等的原生动物,叫白蚁寄生原虫,又叫超鞭毛虫。这种虫子有着一种本领,能分泌出分解木质纤维素的酶,把木质纤维素消化后,供白蚁当做养料吸收,超鞭毛虫自己也从中分得一杯羹,得以生存。

为什么警方把小白蛾看成反毒功臣

秘鲁有一种叫做"马伦比埃"的小白蛾,它被警方看成是反毒的大功臣。这是为什么呢?原来,小白蛾的幼虫的食物是一种叫做古柯的植物。而毒品可卡因,就是由古柯的叶子提取精炼而成的。可卡因由于一度遭到禁止,生产和运销都是秘密进行的,反毒组织对此一筹莫展。

秘鲁一个反毒品的官员意外地发现了这种叫做"马伦比埃"的小白蛾,它的幼虫在数月内就毁掉了近30万亩的古柯叶子,这一发现使反毒组织喜出望外。

现在有关方面就把小白蛾用人工的方式大量养殖,用飞机把它们运送到有可能种植古柯的丛林地带。不久之后,蛹就发育成小白蛾,小白蛾交尾后产下的卵长成幼虫。成千上万的幼虫就狂吃古柯的叶子,因而打破了可卡因生产者的美梦。

蜻蜓为什么是"飞行之王"

蜻蜓飞行的速度在昆虫中是名列前茅的,远程飞行更是惊人。在飞行中,它的两对宽大的翅膀保持平行伸展,前翅拍打翻腾空气,在空气中产生快速旋转的小旋涡,而后翅则从这种旋涡的自转中获得能量,形成了较大的升力。蜻蜓的翅膀每秒钟振动达20~40次,每小时能飞150千米。它飞翔的速度可和世界女子100米短跑冠军的速度媲美,和奔驰的火车相差无几。

蜻蜓在海上长途飞翔时,如果半路上没有地方着陆,就必须忍受疲劳和饥渴一直向前飞翔,有些蜻蜓居然能飞行1000千米。在昆虫界,蜻蜓的飞行速度和耐力都是首屈一指的。

蜻蜓为什么要点水

蜻蜓点水是在产卵。蜻蜓的一生分为卵、幼虫和成虫三个阶段。蜻蜓的卵是在水里孵化的。它幼年时生活在水里可达一两年时间。幼虫有三对足,没有能飞翔的翅膀。长大的幼虫爬出水面,蜕皮后就变成了蜻蜓。

蜻蜓成虫到了繁殖期就要进行交配。我们常看到一对对蜻蜓,一前一后地拉着飞,那是它们在交配呢。交配后又恢复原状，它们一前一后飞到水边去"点水"，这就是蜻蜓在水中产卵的动作。

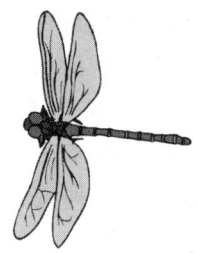

蜻蜓是人类的好朋友，为人类作出过重大的贡献。首先，它的一生要吃掉很多蚊子；其次，它的身体结构给人类以重要启迪，直升飞机的设计师们反复研究了蜻蜓的翅膀后，经过不断改进使直升飞机的性能达到了完美的效果。

蝉为什么是害虫

每年的夏天，都会有蝉在树梢上鸣唱。蝉鸣，是蝉的求偶手段。会鸣叫的是雄蝉，雌蝉是"哑巴"。

蝉鸣唱时，不是用嘴，也不用喉，而是用翼后空腹里的一对像钹的"乐器"。蝉的鸣叫是由体内神经输出的电流刺激了位于腔内骨膜上的鸣肌，使鸣肌以每秒伸缩一万次的频率来振动而发声的。蝉俗称知了，是一种能破坏树木的害虫。

雌蝉在产卵的时候，先用产卵器把树枝刺成一排排卵窝，再把卵产在里面。蝉的幼虫要在土中生活12～13年或者更长时间才能变成蝉。到春天，蝉的幼虫渐渐向土地上层移动，吸食树根的汁液，危害树木。幼蝉出土以后，爬上树干，外皮从背部中央裂开后，幼蝉就脱壳而出，爬到树梢用头部腹面的长嘴插入树枝吮吸汁液，损伤树木。

苍蝇为什么总是搓脚

苍蝇落在食物上或者桌面上时，它总是把沾满细菌的脚搓来搓去，为什么呢？因为它的味觉器官长在脚上。

苍蝇最喜欢吃味重的食品，比如油炸食品、甜品、肉类等。当它飞到食物上时，它先伸了脚，让脚来品尝食品，然后再用嘴吃。当它吃饱之后，脚上自然会黏上一些食物，如果这时它飞起来就会影响它的飞行速度，所以，它就要经常搓搓脚，既可以保证味觉的灵敏性，还有利于飞行。

苍蝇在吃食物的同时，经常把粪便拉在食物上，留下病菌和虫卵。人吃了以后，很容易得病。我们一定要注意卫生。

苍蝇为什么不生病

苍蝇喜欢腐烂的坏东西和脏东西，尤其喜欢人畜的粪便，经常在这些细菌重生的东西上爬来爬去的，所以，苍蝇身上有着数不清的细菌。如果苍蝇落到人的食物或经常触摸的东西上，就会把它脚上的细菌传染给人，使人得伤寒、痢疾、急性胃肠炎等疾病。

苍蝇身上有那么多细菌，为什么它自己不生病呢？原来苍蝇在进化过程中，已经对这些细菌产生了免疫力，这些能引起人生病的病菌，对苍蝇本身却没有任何害处。科学家还通过实验证明，苍蝇身上的细菌主要躲藏在消化道中，这些对身体有害的细菌在苍蝇的消化道中只存在五六天，这时，这些细菌大部分已经死亡，即使没死的也会随苍蝇的粪便排出体外。除此之外，苍蝇体内还有一种抗细菌的活性蛋白，这种活性蛋白能排除和杀死各种病菌。

苍蝇传播病菌的能力特别强，所以我们保护环境卫生，要积极消灭苍蝇。

蜗牛爬过的地方为什么留下一条白线

蜗牛肚子下面有一条条细细的横褶，这些横褶像水波纹一样向后波动着，蜗牛就靠这些横褶向前爬行。

蜗牛的身体后面有一个尖尖的小尾巴，那是蜗牛的脚，它叫"肌肉足"。肌肉足里有个叫"足腺"的小东西，从那里分泌出黏黏的像胶水一样的液体，这种液体有助于蜗牛的爬行，干了以后，就是我们看到的亮晶晶的白线。

蜗牛背着螺旋形的贝壳，其形状大小都不一样，贝壳就是它的家。它主食各种叶子和瓜果皮，所以它会危害农作物的叶、茎、芽、花，是害虫。

蜗牛的肉质鲜嫩，营养丰富，而且具有清热、消肿、解毒、利尿、平喘等功效。

蚂蟥为什么最怕盐

蚂蟥，俗称水蛭，它的身上有两个吸盘，当蚂蟥吸血的时候，吸盘就紧紧地吸住了人的皮肤。当蚂蟥紧紧地吸住人的皮肤的时候，想要拉它下来是很不容易的，因为它的身体前后各有一个吸盘，本来吸盘吸住皮肤已经很紧了，如果遭到袭击，它就会吸得更紧了。这时，可以用手重重地拍打被吸附处附近的皮肤，皮肤收缩就会破坏它的吸盘的真空状态，蚂蟥立刻就脱落下来。还可以在它身上放点盐,一会儿它就会死掉。

仔细观察蚂蟥,它没有壳来保护体内的各种器官,身体表面有表皮细胞分泌的角质膜,这些黏液沾在身上,很光滑,让其他动物抓不住它。可是,这些黏液一旦遇到盐就使劲往外冒,由于渗透作用,蚂蟥全身不断收缩,黏液挤净了,身体就干瘪了。

蜘蛛为什么会织网

蜘蛛是地球上古老的节肢动物之一。蜘蛛用不着像其他动物一样四处觅食,而是织起一张充满希望的捕食网后,躲在一旁耐心地等待苍蝇、蚊子、甲虫或其他小飞虫触网。

蜘蛛结网的丝是从蜘蛛尾部的小孔中出来的,这个小孔叫丝囊,丝产生于其体内特殊的分泌腺。蜘蛛丝有极好的弹性和扩张性,小虫落在网上,虽然会把网拉长,但绝不会坠破,风更吹不破结实的网。科学家们曾用同样粗细的钢丝和蜘蛛丝一起作负重实验,结果负重完全一样。

蜘蛛网是黏丝组成的,但是它会给自己留一条通往网中心的不黏丝,即使自己不小心踩到黏丝上,由于它爪上分泌有油也不会被黏住的。

蜘蛛吐丝的本领除了可以捕食外,还可以保护自己。当你把墙角的蜘蛛弹下来时,它不会马上摔到地上,而是迅速吐丝,把身体悬挂在丝线上来回摆动,然后慢慢爬到别的地方去。

为什么蚊子叮过的地方又痒又痛

痒的原因在于蚊子的唾液中含有刺激性物质,人对这种物质有反应。

蚊子的嘴部有一根细长的管子,叫做口器。口器的最外侧是上唇和下唇,这两片嘴唇的形状和水槽一样,由上到下很吻合地包着口器,起保护内部的作用。口器里排列着一对上颚和下颚,中间还有舌头。

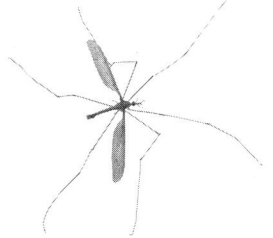

蚊子吸血时,先用上、下颚前端的牙齿刺破人的皮肤,接着再插

入口器。这时，为了不让血液凝固，蚊子通过口器将唾液注入血液中，使蚊子轻易地将人体的血液吸进肚子里。蚊子吸血的过程很快，所以当皮肤感觉到痒时，这只可恶的东西往往已经不知去向。

但是并不是所有的蚊子都吸血，只有雌蚊子才吸血，而雄蚊子只爱吸食花蜜和草汁，很少飞到人类的住房中。

植物解密

世界上竟然有恐怖的吃人树？

各种不同的植物也有血型？

小麦、水稻、玉米……养育着世界上六十亿人的生命，

在属于植物的王国里，水果、蔬菜都有维持人类生长发育的元素，

菌类占据着植物界的一大部分，且生命力极强，

……

这就是植物园地中养育的对象，

它们随着时光的流逝而不断进化、生长。

动物与植物有哪些区别

植物和动物都属于生物，是生物的两大分类，那么，怎样来分辨一种生物是植物还是动物呢？

有一条非常严格的标准，那就是植物的细胞有着厚厚的细胞壁，而动物只有一层细胞膜，没有细胞壁。平时我们可以看到的植物除了少数寄生和腐生的植物以外，几乎都要进行光合作用来制造"食物"，是自给自足的生存方式；而动物则不能自己制造养料，需要捕食别的生物才能生存。

况且，植物的生长有一个过程，一般都要经历发芽、长叶、开花、结果、死亡等几个时期，动物从生下来就有着和自己的父母同样的器官，一般不会有什么变化。植物的一生几乎就只在一个地方生存直到死亡，而动物则跑来跑去，处于运动状态。

眼虫藻是植物还是动物

自然界有一种奇异而有趣的生物，它们没有明显的标志，要分辨它是植物还是动物并不是很容易。例如，有一种眼虫藻，它是植物还是动物，一直引起人们热烈的争论。

眼虫藻是一种绿色藻类生物，长有红色眼点和鞭毛，多数裸露无壁，藻体不仅能在水中收缩变形，还能像动物一样吞食固体食物。它通过身躯表面吸收溶解在水中的有机物质，作为自己的营养，这叫"渗透营养"。根据这个特点，它应该是属于动物。可是，眼虫藻又含有叶绿素，在日照的条件下，能够像植物那样进行光合作用，把二氧化碳和水变成糖类等。眼虫藻这种吸取营养的方式叫"光合营养"。根据这个特点，可以说它是植物。

总的来说，眼虫藻既有植物的属性，又有动物的特征，因此它们既是植物又是动物，是一种介于动、植物之间的生物，有人叫它"临界生物"。

哪种动物和植物的合作最好

植物经常被动物侵扰，但也有不少动物朋友，如啄木鸟就是树木的医生。但是动植物配合最好的要数益蚁和蚁栖树。

蚁栖树生长在巴西的森林里，树木高大，树干上有像竹子一样的节，叶子像手掌。它的树干中空，外面有许多小孔，益蚁就生长在里面，并在这里生儿育女。这也是此树得名的原因。

在这个森林里还有一种啮叶蚁，专吃树叶。可奇怪的是，它从不找蚁栖树叶的麻烦。原来，它们害怕益蚁。平时，益蚁就在树里生活，当遇到啮叶蚁来吃树叶时，益蚁就会群起而攻之。蚁栖树有了益蚁当警卫，它们就可以安心地成长了。

蚁栖树不但给益蚁提供住宿，还提供有营养的食物呢。在蚁栖树的基部有一丛毛，里面会不断生出许多富含蛋白质和脂肪的小卵，使益蚁长期有东西吃。就这样，蚁栖树为益蚁提供食宿，益蚁保护蚁栖树，双方组成了密不可分的"蚁树联盟"。这种现象在生物学上叫做共生。

世界上第一粒种子是怎么诞生的

世界上第一粒种子并非上帝赐给人类的恩惠，它的形成是由非生命物质氮、氢、氧、碳四大元素演化而成。

距今60亿年前，地球上存在的元素伴随着环境的变化，不断地进行着化合、分解等各种化学演化。

到了30多亿年前，地球上才出现了细胞，又经历了大约20亿年，细胞才具有完整的细胞核。早在6亿多年前，地球上只有水中长着藻类植物。经过了2亿多年的时间，地球上出现一次翻天覆地的大变化，陆地上升海水下降，许多水生植物被迫进入沼泽地带。水生植物为了生存，逐渐摆脱水的束缚，适应陆地生存，成为最早登陆的水生植物。

裸蕨是最原始的陆生植物，随着植物的不断进化，它们的繁殖也形成了特殊的器官。过了一段时间，有些植物变成用孢子繁殖，孢子植物开始不分雌雄，后来，有些植物出现了大小不同、雌雄有别的两种孢子，雌孢子和雄孢子结合，就发育成种子，世界上的第一粒种子就是这样诞生的。

什么是植物的拉丁学名

植物都有一个拉丁学名，那么，什么是植物的拉丁学名呢？用拉丁文命名植物，称为植物的拉丁学名。拉丁学名由两个词组成：第一个词叫属名，常用拉丁文名词；第二个词叫加名，又叫种名，多用拉丁文形容词，部分用名词。这种由两个词构成的拉丁名，叫做双名法。通常在拉丁名后附上命名者的名字。比如，小麦的拉丁名为 Triticum aestivumL.，第一个词为小麦属，第二个词为夏季的，命名人为林奈（Linnaeus缩写为L.）。

为什么要用拉丁文来命名植物呢？因为全世界的植物有数百万种之多，各个地区对它们的称呼都不一样，很不方便，有了拉丁名，就可以有统一的称呼了。况且，这种命名方式非常科学，一眼就可以看出植物的属和种。例如，我国有一种植物叫益母草，它的拉丁学名是Leonurs japonicus Hcutt。看到拉丁学名便知道它是唇形科益母草属的一种，而仅看中文名则有红花菜、千层塔、益母艾等20多个名字。

无土栽培是怎么回事

无土栽培是不利用土壤，而是利用化学营养液来栽种植物的一种技术。这种技术打破了传统的万物生长离不开土壤的栽培观念。无土栽培的形式很多，有营养液培养法、沙培养法、培养基培养法、培养膜培养法等。

无土栽培植物有很多好处，首先是不污染环境，它只需要阳光和少量的营养液，不需要什么肥料和农药，也就不会被环境所污染了。还可以避免由于土壤而引起的病虫害，产量和质量也很好。近年来，我国广泛采用无土栽培法，培育瓜菜和育苗，其产品深受人们的欢迎。

太空中是怎样种植物的

科学家们在太空飞船上进行了很多科学实验，其中一项就是在太空条件下种植植物，观察它们的生长情况。前苏联的科学家在宇宙飞船里种下了小麦，一开始情况良好，小麦的出芽和生长速度都比在地球上要快得多。但是由于失重，小麦不仅没有抽穗开花，还毫无方向地散乱生长，最后枯萎死亡。后来，科学家们想出了许多方法，让植物能在太空中生长，电激法就是其中之一。

我国"神舟"1号、2号、3号、4号飞船曾分别把中药药材种子带到太空中，有了太空经历的种子回到地球后，长势良好。在河北安国试种的板蓝根太空种子植株健壮，根系庞大，叶片肥厚，主根明显比普通的根粗一倍，同时具有明显的抗病优势。

转基因植物是什么

基因是具有特定性状的遗传信息，存在于细胞核的染色体上。转基因植物，就是把目的基因片段移植到某种植物的细胞中去，经过培养而得到的植物。这种转基因植物既有原先植物的遗传性状，又有新的目的基因所控制的性状。

为了使不抗倒伏的小麦能够抗倒伏，科学家设想把抗倒伏的基因转移到小麦体内，来获得具有抗倒伏性能的新小麦品种。通过转基因的方法，科学家们对各种农作物的品种进行改良，取得了可喜的成果。

人能不能跟植物谈话

20世纪70年代，澳大利亚有位科学家在研究植物的抗旱功能时，偶然发现，遭受严重干旱的植物会发出"咔嗒咔嗒"的声音。这件事引起了科学家的高度重视。

后来，加拿大和美国的两位科学家在玉米的茎部安装了"窃听"装置，并与电子计算机连在一起。当植物不能从土壤中得到所需要的水分时，它便从茎部的组织中汲水，同时还产生一种超声波噪声，恰似"呼救"声。

发现了植物种种语言之后，就可以同植物进行谈话了。多年前，前苏联摩尔维达维亚科学院为了让人们同植物对话，制成了一台信息测量综合装置，当时在场的生物学家、植物病理学家、细胞学家、遗传学家、生物物理学家、气象学家、化学家、物理学家和软件专家，每人都掌握了几种植物的语言，通过仪器可以进行同步翻译。看来，人们与植物谈话已经不是天方夜谭了。

嫁接能培育新品种吗

把一种植物的枝条、芽或茎接在另一种植物体上，这就叫做嫁接。其中，接上去的植物叫"接穗"，也叫子枝；受接穗的植物叫"砧木"，也叫母枝。嫁接以后，两者的伤口逐渐愈合，子枝从母枝中吸取养料，就成活了。

那么，嫁接能培育新品种么？严格来说，嫁接并不能培育出新品种，但是，嫁接可以培育出有趣的植物来。比如，把各种颜色的花卉，混合嫁接在一起，就会获得五颜六色的花卉了。我们经常见到的嫁接是在苹果树上嫁接李树，到了收获的季节，就能吃到李子和苹果两种水果了。

植物之间也有相生相克吗

植物与植物之间，和动物与动物之间是一样的，在同类中都有敌人和朋友。

玉米和大豆就是一对好朋友，大豆的根瘤菌相当于一个氮肥厂，可以把空气中的氮固定在土壤中，随时给玉米提供所需要的氮肥，使它茁壮成长。杨树是苹果树和梨树的好朋友，杨树不但可以促进果树的生长，还能增强果树的耐寒能力。除此之外，百合花和玫瑰、紫罗兰和葡萄也是好朋友。

但是，它们之间也有不能和平相处的。如果把玫瑰花和黄花木樨草插在一个花瓶里，木樨草很快就会枯死，死后的木樨草枝叶在水中形成毒液，则把玫瑰花也置于死地。在蓖麻丛中种上小小的芥菜，就会使蓖麻下面的叶子枯死。西红柿和黄瓜都是夏天常见的蔬菜，但如果把它们种在一起，两种都会减产。此外，小麦会抑制大麻、芝麻和荠菜的生长。

植物之间的相生相克是因为植物体内会分泌一种像挥发油、有机酸之类的气味或汁水。如果摸清它们之间的规律，对农业生产和保护环境都有极为重要的意义。

新芽为什么有的是一片叶子，有的是两片叶子

你如果在培养皿里分别种上小麦和菜豆的种子，过几天，就会看到发芽的小麦幼苗只有一片叶子，而菜豆的幼苗却是两片叶子。和小麦同一构造的还有水稻、玉米、高粱、大麦等农作物种子，这类植物叫做单子叶植物。和菜豆种子一样构造的，还有蚕豆、大豆、棉花、柑橘、苹果等，以及其他蔬菜类作物的种子，这类植物就叫做双子叶植物。

单子叶植物和双子叶植物种类比较多，共有30多万种，是植物进化发展的最高级阶段。

小麦的种子只有一片叶子，它夹在胚与胚乳之间，种子中的大部分是胚乳。小麦长出的一片叶子，是由胚芽长出的真正的叶子。而菜豆先长出的两片肥厚的叶子，其中含有丰富的营养物质，供种子发芽和幼苗生长所需，然后再长出真正的叶子。

植物有血型吗

人的血型分为A型、B型、AB型和O型等。动物也有血型，除了哺乳动物外，两栖类、鸟类、软体

动物等也有血型。那么，植物有血型么？

植物的血型首先是被日本的法医山本发现的。在一次偶然的案件中，山本发现荞麦皮的"血型"是AB型的。他就扩大研究范围，共对500多种植物的果实和种子进行了研究，从而发现植物也是有血型的。苹果、草莓、南瓜、萝卜、山茶、辛夷、山槭等60种植物的血型是O型；珊瑚树、罗汉松等24种植物的血型是B型；荞麦、金银花、李子、单叶枫等是AB型；只是尚未找到A型血的植物。

植物是怎么预测地震的

发生地震之前许多动物都会出现异常的反应，那么植物是怎么预测地震的呢？

我国地震学家通过长期的观察发现，在地震来临之前，许多植物都有异常现象。比如蒲公英在初冬季提前开花，竹子会突然开花和大面积死亡，山芋藤也会突然开花等等。

地震前植物是怎么感应到的呢？科学家从植物细胞的角度发现，生物体的细胞就像电池，当接触生物体非对称的两个电极时，两电极之间会因电位差产生电流，于是植物对外界的刺激在体内作出兴奋的反应。由于地震前电流的变化刺激了植物的根系，因而植物表现反常。

科学家曾对合欢树进行生物电测量，并认真分析记录了电位的变化。结果发现，合欢树能感觉到地震的发生，并在两天前作出反应，出现异常大的电流；余震期间，电流的活动也会相应地减少。

为什么说树木"根深叶茂"

大树的身体长得很奇怪，有一半长出地面，另外一多半要伸进地下。如果不这样就难以生存。大树在下面的那部分我们叫它根。根有不同的名字，有主根、侧根、微小的根、根毛等。别看名字不同，都有共同的任务，就是吸收水分和养分。一棵枣树，它的主根伸入地下有12米左右。要是把其他根的长度加起来，那长度就更让你吃惊。为什么大树的根特别长呢？

原来大树站得稳，不易被风吹倒，就是因为它的根长。还有，根的工作很繁重。它要供给身体各部分所需要的水分，有了水，植物才

能生存。如果根不尽量伸长,尽量多喝水,就不能保障供给。光有水还不行。大树在生长中,还需要养分。这些养分不能在空中获得,就必须在土壤中获得,根伸得越长,养分获得的就越多,对植物的生长越有利,我们常常说"根深叶茂"就是这个道理。

世界上哪三种植物遭受着最严重的威胁

世界上有三种濒临危境的植物,它们是大叶棕榈、奇亚帕斯拖鞋兰和猪笼草。

大叶棕榈是一种高达15米以上的叶子阔大的棕榈科植物。人们只在非洲马达加斯加东北部一个狭小的沼泽地带见过它的身影,总共不过50棵。因为它的叶尖可以吃,所以常被人们摘下来吃掉;而它的果实备受狐猴喜爱,还没有长熟就差不多被狐猴吃光了。所以它的繁殖受到严重影响。美国野生生物基金会已经开始了一项保护大叶棕榈的工作。

奇亚帕斯拖鞋兰是一种非常珍贵、漂亮的兰科植物。它生长在树干上,受到人们过度采集的威胁。这种植物只生活在墨西哥的奇亚帕斯州,为数已经不多。目前,在奇亚帕斯州,人们已经开展了一项保护兰科植物,进行种群动态和生殖生物学的研究计划。

猪笼草是一种食虫植物,叶子像瓶子,里面有黏液,昆虫在吸蜜时极易滑进瓶内,就再也爬不出来。黏液中的消化酶可以分解昆虫尸体,便于猪笼草吸收。目前由于过分采集和城市扩建道路、开矿等,导致猪笼草生活环境被破坏,已陷入濒临灭绝的状态。

树会流血吗

树皮破损后会流出无色的液体,有些橡胶树和牛奶树流出的则是白色的液体,还有些树则会流出像血一样的红色液体,你没有见过吧?

在广东、台湾一带生长的麒麟

血藤为棕榈科省藤属，它通常像蛇一样缠绕在其他的树木上，如果把它砍断，就会流出像血一样的树脂，这种树脂在中药里称为"血竭"或"麒麟竭"，具有散气、去痛、祛风、通经活血的功效。

在我国西双版纳的热带雨林中有一种很普遍的龙血树，它属于百合科的乔木，树高约10米，但树的直径可达1米，最长寿的龙血树可达到6000多岁。当它受伤后，会流出紫红色的树脂把受伤部分染红，这块被染的坏死木也叫"血竭"，和麒麟血藤树脂的功效一样。

在我国云南和广东还有一种胭脂树，不但身上会流血，其种子还有鲜红色的肉质外皮，可做红色染料，所以又称红木。

为什么世界上每个月都有植树节

森林的作用是巨大的，可以说森林是人类生存在地球上的决定性因素，所以植树造林也是人类造福自己的一件大事。

1872年，美国的内布拉斯州为了保护环境，提倡全民植树造林，创立了世界上第一个植树节。1952年，联合国粮农组织作出设立"世界植树节"的决议后，世界各国相继规定了自己国家的植树节。到目前为止，已有50多个国家规定了植树节。由于全球气候不同，各国最有利的植树时间也不相同，造成一年四季都有植树节的现象。

1月：约旦；2月：西班牙；3月：中国、法国、瑞典；4月：美国、日本、德国、朝鲜；5月：加拿大、澳大利亚；6月：缅甸；7月：印度、尼泊尔；8月：新西兰、巴基斯坦；9月：泰国、菲律宾；10月：哥伦比亚、古巴；11月：英国、新加坡、意大利；12月：印尼、黎巴嫩。

我国的植树节定在3月12日，是因为在惊蛰之后，树木极容易成活，而且这一天也是孙中山逝世的日子。

树干和树枝为什么都是圆的

不管在高山上还是公园里，你见过的树应该都是圆的吧？这是为什么呢？因为树长成圆形是它千万年来适应自然环境的结果。

树长成圆形有很多好处呢。第一，相同周长的图形里，圆的面积最大，树长成圆形，树干中的导管和筛管的分布就广，就可以给树木输送更多的营养和水分。第二，可以保护自己不受到伤害。如果树上有棱有角，动物就能很方便地啃光树皮。第三，圆形的支撑力比方形的支撑力大，可以支撑着高大而沉重的树冠。第四，圆形树干能够更好地抗击狂风，当狂风吹过树干时，风只能沿着树干的圆弧形表面滑过。

有些几十层的摩天高楼造成圆形就是从树干中得到的启示。

但在中美洲巴拿马运河以北几千米的地方，却生长着一种独特的树干呈方形的树。不但树干是方形，它的年轮也是方形的。

树木的年轮是怎样形成的

树干被砍断后，断面上看到的圆圈圈就是年轮，它的每一圈都代表1年。

它是怎样形成的呢？原来，在树皮和木质之间有一层细胞，这层细胞整整齐齐围成一个圈，又不断分裂出新细胞来，能够形成新的木材和韧皮组织，这层细胞被称为形成层。

春夏雨季，阳光明媚、雨水丰足，树木便会迅速生长。这时形成层迅速分裂出许许多多新的细胞来，这些细胞个儿大，形成的木质显得疏松，颜色也较浅。进入秋天，天气由暖变冷，雨水相应减少，这时，形成层分裂细胞的速度减慢，分裂出来的细胞个儿较小，颜色很深，质地细密。由于木质的疏密不同和颜色的深浅不同，就形成了一圈清晰的年轮。年复一年，年轮不断增多，小树也渐渐长得高大粗壮了。

因为形成层一年四季极有规律地生长，所以被我们称之为年轮。

世界上有吃人树吗

世界上能吃动物的树有500多种，不过它们大多只会吃小昆虫，不能吃人。但是在印度尼西亚的爪哇岛上，有一片原始森林，森林里生长着吃人树——奠柏树。

这种树长有许多柔韧的枝条，长长的，垂在地上，如果人不小心触动一根枝条，千百根枝条就会同时席卷过来，把人紧紧缠住，人越挣扎树枝缠得就越紧，直到把人缠死为止。同时，奠柏树还会从树枝里分泌出一种

很黏的胶汁,慢慢地把人消化掉。然后枝条停止分泌,重新舒展开,等待下一个猎物的到来。

奠柏树上分泌出来的那种胶汁是非常名贵的药材,所以当地人会想尽办法从树上采集树胶。人们在采集胶汁之前,为了防止奠柏树下毒手,会先拿鱼或其他荤腥食物把奠柏树喂饱。奠柏树吃饱以后就像懒汉一样,即使有人再去在碰它的枝条,它也不愿意动弹,这时,人们就抓紧时间采集它的胶汁。

植物的花为什么是五颜六色的

阳春三月,粉色的桃花、雪白的梨花、火红的石榴花等等,都争相怒放,争奇斗艳。你想过没有,这些花儿为什么有万紫千红的颜色呢?

原来,花瓣里有一种叫做花青素的物质。花青素遇到酸性的物质就会呈现红色,遇到碱性会呈现蓝色。有些花是黄色的或橙黄色的,那是类胡萝卜素在起作用。当类胡萝卜素和少量的花青素结合在一起时,花就变成黄色。

花青素、类胡萝卜素和其他的色素共同存在时,由于各种色素含量的不同,花中的酸碱度也不同,就会产生各种不同的颜色。另一个原因就是花青素还会随着日光照射的强度和温度的变化而使花色产生变化。

白色的花朵里没有色素,它们呈现白色是因为花瓣里充满了小气泡。如果把白花里的小气泡挤掉,它就变成透明的了。

黑色的花很少见是因为黑色的花瓣会吸收较多的太阳光,使其灼伤,不利于保护自己。

有会动的植物吗

据说有一种叫"迷魂药"的木本豆科植物,在无风的情况下会转动。这些植物的叶子对太阳光特别敏感,如果气温达到10℃,两片小叶子在无风的情况下,就会自动地以叶柄为轴,围绕着大叶子舞动旋转一圈,然后又快速弹回,再次转动,日夜不停息。有时它们也会上下方向摆动,摆动的快慢颇有节奏,而叶柄和大叶则纹丝不动。

还有一种"风流草"也能无风自转。据生物学家分析,由于它生长在热带雨林,叶子里的水分极易

蒸发,当它受到阳光的照射,表面温度上升时,两片叶子便开始不停地转动,目的是躲避酷热。

我国南方的广大地区有一种舞草,它枝干上的三处复叶会上下翻飞和合拢。指挥它跳舞的是声波。当昆虫和其他动物接近它时,它就会摆动叶子。舞草是一种豆科植物,每片叶子由3个小叶组成,前面一片小叶较大,后面两片小叶较小。清晨,它们还是安静的。当太阳爬到山顶,放出万丈光芒时,这种植物的每一对侧小叶就开始舞动了。时而两片小叶一起向上合拢,然后又慢慢分开,时而一片向上,另一片朝下。许多株植物一起舞动,此起彼伏,真是壮观极了。

植物有胎生的吗

许多动物都是胎生的,这是哺乳动物独特的生殖方式。那么,植物有胎生的吗?就某种意义上来说呢,有的。植物也有胎生的,红树就是其中之一。

红树是一种常绿灌木或者小乔木,它主要在热带、亚热带沿海成片分布,称为红树林。那么,它是怎么"胎生"的呢?红树在每年的春秋两季开花,结很多果实。它的种子还没有离开果实前就萌发形成20~40厘米长的"角果",这些幼苗生长在母树上,像胎儿一样吸取母树的营养。等到退潮时,角果脱离母树落下地,扎进海泥里,几个小时之内就生出根来,长成一棵棵的小红树。由于红树的幼苗不是播种后萌芽长成,而是吸取母树果实中的营养长大,人们便把它们叫做"胎生"植物。

植物怎么会知道春天来了

每年春暖时,花就会开,万物也会复苏。那么,植物为什么知道春天来了呢?

原来植物可以感觉到气温的升高。植物的种子里都有胚芽,许多植物的胚芽必须经过一定时期的冷藏来储存能量,然后才能对气温升高或日照变长等代表春天的信号作出反应。有人通过实验表明,苹果种子里的胚芽需要在接近0℃的环境里,持续1400小时后才开始生长。也就是说,只有经过冬天的寒冷之后,植物才能停止休眠,开始生长。

而那些已经长出叶子的植物,是根据昼夜的变化来判断时令的。

当它们感到适宜的夜晚长度周期后，就会分泌出一种能促使花芽形成的物质，这种物质随着光合作用产生的营养，一起供给花，让花快速生长。这样，春天来了，美丽的花儿就会尽情地欢唱了。

植物生长的五种必需品是什么

世间万物的生长都需要必需的物质。植物生长所必需的五大要素就是阳光、温度、水分、空气、养料。

阳光对植物的生长来说是第一要素，有了阳光植物才能进行光合作用；温度对植物生长发育有着很大的影响，植物在不同的生长时期和不同的发育阶段，都需要不同的温度；水分是植物的重要构成部分；空气中的氧、氮、二氧化碳对植物生长的影响极大；植物需要的养料有很多，碳、氢、氧、氮、磷、钾、钙、硫、镁、铁等10多种元素都是植物的必需品。

植物为什么也需要睡大觉

人需要睡觉，动物也需要睡觉，可是，植物也睡觉么？是的，有的植物也是需要睡觉的。

其中，最有趣的大约要数睡莲了。每当早晨的太阳把光芒洒进水池的时候，睡莲那美丽的花瓣就慢慢地舒展，静静地打开，似乎刚刚从酣睡中醒过来，憨态可掬。而当夕阳西下的时候，它又静静地闭拢起花瓣，进入了沉沉的梦乡，所以人们喜爱地叫它"睡莲"。

睡眠对植物有很大好处，睡莲的花蕊非常娇嫩，睡莲花瓣在夜间闭合起来，就可以使自己的花蕊免受冻伤之害。而落花生和三叶草进

入梦乡后，叶子在夜间静静地闭合起来，这样就可以减少热量的散失，也防止了水分的蒸发，起到了保存能量和水分的作用。所以，睡眠对于植物来说，实质上是为了适应周围环境中的光线、温度和湿度，而在长时间生长过程中形成的保护性运动，使自己平安健康地生长发育。

植物有"血管"和"神经"吗

动物和人的血管在生物体内起着担负血液循环流动的作用，植物也有"血管"。一般的植物有两种"血管"，一种叫"导管"，另一种叫"筛管"。当然，它们运送的"血液"是植物必需的水分和养分。导管非常纤细，据测，茎中的导管直径只有200～400微

米，叶脉中的导管直径只有10微米。导管四通八达，从叶、芽、花到果实等器官里都有它。筛管长在韧皮部里，它专门负责运输"粮食"。

科学家们通过试验得出了植物有一种类似神经的系统。当植物根部无水而干渴得快死的时候，叶子就不再制造"粮食"，也就是停止光合作用了。这时如果向根部浇水，要隔很长时间，水才能传到叶子上，可是叶子几乎在浇水的同时就又开始进行光合作用了。多次试验后证明，在植物体内存在着一种类似动物神经的网络，它可以迅速地把信号从一个部分传到另一个部分。

植物会发烧吗

如果采用精密的仪器对植物进行测量，就会发现植物的体温是变化不定的，而且不同部位的体温也不相同。

植物在缺水时就会生病，它的体温也会因缺水而升高。

植物叶子的温度变化是最明显的。白天，叶子的温度主要靠蒸腾作用来调节。当土壤里的水分充足时，蒸腾作用较明显，叶温会降低；当土壤里的水分不足时，叶子由于缺水，在阳光下不得不把气孔闭合，这样蒸腾作用就会减弱，叶温就升高了。

生病的树木和人一样会体温升高，但人生病时一般是晚间发烧严重，到早晨时退烧；树木刚好相反，是早晨时发烧得厉害。

根据树木会发烧的现象，人们可判断哪片森林有病，从而及时采取有效的治疗措施。

植物会改变性别吗

有些植物是雌雄同株，它们是无法改变性别的，但有些雌雄异株的植物就可以改变性别，菠菜就是其中的一种。在高温的影响下，雌株菠菜都会变成雄株菠菜。更让人惊奇的是番木瓜受了外伤也会改变性别，而且有的植物如果刚开的花或结的果子被人摘去了，它也会生气地变性。这是为什么呢？

原来，植物体内和人一样含有激素，在正常情况下，激素是可以稳定植物性别的。如果环境发生变化，出现干旱、日照变化、植物受到损伤等情况，激素的分泌就会紊乱，不是多分泌就是少分泌，这样就会导致植物的性别发生变化。

科学家经过长期观察发现了植物变性的规律：在温度、水分等诸多环境状况比较优越的情况下，植物会出现雌性化现象；当环境变得比较恶劣时，植物就会出现雄性化现象。

植物也有喜怒哀乐吗

印度植物学家鲍斯曾做过这样的实验：他拿着一个耙子在一种植物前晃动时，植物的触须也会跟着摆动，似乎在用触须阻止这个耙子伤害它。鲍斯想，植物既然会担心，那么就该有心脏。于是，鲍斯制造了一种心动曲线仪，结果表明，树木类植物不但有心脏，而且还有脉搏，并测出心脏的活动周期约为1分钟。

植物既然有心脏，那就一定会有情感。1966年，美国科学家巴克斯特用测谎仪对植物进行了研究。他把测谎仪的电极接在龙血树的一片叶子上，先给龙血树浇了一些水，仪器上出现了平稳的锯齿样曲线，好像心情很舒坦。接着，他将龙血树的一片叶子浸入一杯烫咖啡里，仪器马上出现害怕的反应，但还怕得不那么厉害。当他决定用火烧这片叶子而在划火柴的一刹那，仪器上的指针开始摆动。而他拿着火柴走近龙血树时，仪器的指针产生了强烈的摆动，显然这是一种恐惧的表现。当巴克斯特收回火柴，龙血树又回到了正常状况。现在你明白了吧，树和人类一样，同样是有感情的，我们一定要爱护它们哟。

有吃虫子的植物吗

在自然界中，有一些"凶猛"的植物能把靠近它的虫子"吃掉"。例如，茅膏菜就是菜白蝶的"猎手"，大约每棵茅膏菜能捕获4～7只菜白蝶，面积约1公顷地上的茅膏菜能捕获约600万只菜白蝶。

食虫植物捕捉到猎物以后，还能分泌出活性物质酶，并且，借助酶的作用，把猎物进行分解，进而吸收其中营养物质，促进食虫植物自身的生长。

紫花捕虫堇是欧洲湿土地带上生长的一种食虫植物。每年的五、六月份，它的叶片上就分泌出许多黏液，这种黏液能将昆虫粘住，再分泌出分解酶将昆虫消化掉。

据统计，自然界中能吃虫子的植物大约有300种，比较常见的还有猪笼草、瓶子草、毛毡苔等。

最长寿的树木是什么

俗话说："人生七十古来稀。"人类活到百岁就算是长寿了。但是一些长寿的树木却让人羡慕不已。

许多树木的寿命都在百岁以上，杏树、柿树可以活一百多年。柑树、橘树、板栗能活到三百岁。杉树可以活到一千岁。南京的一株六朝松已经有一千四百年的历史了，但是，它还是不算老，曲阜的桧柏还是两千四百年前的老古董呢！台湾阿里山的红桧，竟有四千多年的历史了。这是我国目前活着的寿命最长的树，但还不算世界第一。

世界上最长寿的树，要算非洲西部加那里岛上的一棵龙血树。五百多年前，西班牙人测定它大约有八千至一万岁。这才是世界树木中的老寿星呢，可惜它在1868年的一次风灾中被毁掉了。

植物能长成长方形吗

平常我们看到的木本植物大都是圆柱形干枝，在我国皖南山区有一种自然生长的方竹，棱角稍钝圆，形态奇特。据说，古代巴拿马运河以北的地区，有一种树的树干呈正方形，树的年轮也是正方形的。如今，人们培育出了方形的西瓜，运输起来比较方便。具体方法是用特制的方形容器套在幼小的西瓜上，让西瓜按照容器的形状生长，等到西瓜成熟后，去掉容器即可。

这种方形的瓜果比较容易安置和采摘，而且不怕碰撞，在美国和日本，已经有方形的西红柿和方形西瓜上市，很受欢迎。

施肥过多会使植物死亡吗

施肥过多时，植物叶子就会变黄枯萎，最后死亡。人们对这种现象的解释是"肥料太多，把植株烧死了"，是这样的吗？

当我们把肥料放在植物的根部后，一般都会给它浇水，让肥料溶于水中，更有利于根部的吸收。但是如果施肥过多，水的渗透压力变大，根部不仅吸收不了，还会使植物的水分从根部被压得渗透出来。由于水分的流失，植物就开始变黄枯萎，最后就被"烧"死啦。

植物建筑是怎么回事

20世纪80年代，美国芝加哥建成了一座奇特的房子。这栋房子内没有砖墙，也没有板壁，而是在原来墙面的位置上，恰到好处地移植了一种鲜活的植物，把每个房间彼此分隔开来。人们把这种风格独特的建筑称为"植物建筑"。

建造植物建筑的方法有两个，一是"弯折法"，就是利用树木的自然弯曲的方向，刻出缺口，用人工培植的方法，让植株长成房屋的框架；二是"连接法"，把伤破的两根

枝条黏合,用它们成为"连理枝",然后就可以用来"筑墙"和造房了。这种植物建筑不仅节省材料,还能有效地吸收城市上空的有毒气体,阻隔城市噪音,对人的身心健康有很大好处。

离开植物人还能生存吗

植物是人类不可或缺的朋友,离开了植物,人类也就无法生存下去了。植物在地球上随处可见,它们利用自己的叶子进行光合作用,吸收二氧化碳,放出氧气,为我们人类提供每天呼吸所必需的氧气。地球上的氧气约占大气的21%,如果没有补充,这些氧气只能够使用50年左右。植物是氧气的"制造者",又是二氧化碳的"消费者"。不仅如此,人类的衣、食、住、行样样都离不开植物。不管是粮食、蔬菜、水果,还是衣服、书本、门窗,甚至房屋、药物都是由植物直接或间接提供的。

老树空心了,为什么还能活

在郊外,经常会发现有些老树的心空了,可是仍然长着茂密的枝叶。老树空心是因为树干上有了伤疤或裂缝,一种真菌就趁机钻进伤疤或裂缝里,在树心里繁殖,吃树心的养料,日久天长,树心就被真菌吃空了。但是,由于树皮还是完好的,没有完全遭到破坏,还能从根部输送营养,所以老树还能长出枝叶来。

树木的枝条如果折了、断了,大树仍然可以活下去,但是,如果树木被剥了皮就会危及生命了。原来树木的树皮里有向根部输送养料的筛管,树皮被剥掉了,就不能得到由叶子通过光合作用制造的养料,树就会枯死了。

树皮对树干有保护作用,厚厚的树皮可以抵御严寒酷热,可以抵御风沙,也可以减轻病虫害对木质造成的伤害。不同的树木有不同的树皮,就好像人的指纹都不相同一样。有经验的人从树皮的状态就可以分辨出树木的种类。

为什么高原上生长的植物会长得又快又高大呢

帕米尔高原生长着许多植物,有各种各样的果树,也有美国的橡树和西伯利亚的落叶松,以及远东的刺五加等。令科学家们惊奇的是,帕米尔高原上植物的生长速度非常快,植株和果实长得特别大。

科学家们经过多年研究发现,高原上的植物长得比较高大,生长速度快是因为高原地区有着促进植物加速生长的地理环境和气候条件。高原的空气清新、降雨量大、土壤中矿物质丰富、气温高,都有利于植物生长。科学家们还发现,高原地区紫外线的辐射要比平原强得多,高剂量的紫外线有可能使控制植物生长的细胞染色体产生变异,从而改变植物的生长速度。

高山上的植物为什么比平地上的长得矮

爬山的时候,人越往山上走,植物就越矮。山脚下还是林木挺拔茂盛,可是到了高山顶,植物却都是很矮小,有的呈莲座状。

根据植物学家的理论,植物的生长除了与本身有关以外,与周围的环境也有很大的关系,尤其是阳光的照射对植物的生长有很大影响。太阳光中的紫外线虽然大部分被臭氧层吸收了,但还有一部分到达地面,特别是高山上的紫外线比平地上要强。由于紫外线能够抑制植物茎的生长,所以很多高山上的植物比较矮小。

山顶的海拔比较高,气温也随之降低。低温不利于植物的生长发育,而植物比较矮则有利于保温。高山上土壤比较疏松,地势比较陡峭,土壤中的营养物质容易被雨水冲走,土壤就比较贫瘠,植物由于得不到充足的养分,从而影响了生长发育。此外,高山上的风比较大,为了防止被风吹倒,植物的茎叶会向缩短的趋势发展。

枣树为什么会有"铁杆庄稼"的美称

枣树是我国北方极为常见的一种树木,它原产于我国,是我国最古老的果树之一。枣树是鼠李科落叶乔木,性喜光,对土壤的适应性强,除高寒地带外,不论山区、平原、河滩都能生长,既耐干旱,又抗盐碱。而且它繁殖容易,结果早,经济寿命长,栽种后不但能采收果实,而且在改造环境方面也起一定作用。

枣树的品种众多，各具特色，按照果形大小及生长特性来分，可以分为小枣、长枣、铃枣、无核枣以及葫芦枣等类型。

枣果营养丰富，除了鲜食外，还可以加工成多种产品，像蜜枣、乌枣、酥枣、醉枣、枣泥、枣酒、枣醋、枣茶等，都是深受群众欢迎的副食品。所以说枣树完全可以与粮食作物相媲美，怪不得有"铁杆庄稼"的美称呢。

比钢铁还硬的树木是什么

我们知道钢的硬度在金属里是很高的，说一个人的意志坚定时，总是说"有着钢铁般的意志"。那么，你知道世界上有比钢铁还硬的树吗？

这种树叫铁桦树，它的木质极硬，连子弹都打不进去。经测定，这种木质比普通的钢还要硬一倍。这种树木是我国制造车辆和轮船最珍贵的材料，它还可以代替钢铁，用于机械工业中。如果有人将这种木头造成小木筏，那无异于自杀，因为这种木头在水里一下子就沉底了。

西湖的岳飞坟边，有一种精忠柏。相传它是被抗金英雄岳飞的精神所感动而变得坚硬无比的，也是因此而得名的。

比钢铁硬的树木还有好多种呢。在云南的西双版纳、广西就发现了很多，用手敲击这些树木，都会发出清脆悦耳的"当、当"声，如同击在金属上。

经过科学家的研究发现，这些树木之所以坚硬无比，是由于它们所根植的土壤中含有大量的硅质，它们吸收了硅质就变得坚硬无比了。

森林工业采用人工注硅的方法，将硅注到树木里，也可以使树木变得坚硬如钢。

为什么栓皮栎没了树皮还能活

树皮是树木运输营养和水分的交通要道，所以一般的植物如果没有了树皮都无法存活。但是有一种叫栓皮栎的树却不怕剥皮。为什么断了它的水粮要道却还能活下去呢？

在栓皮栎树木的表皮下面，有一些起保护作用的栓皮层。普通树木栓皮层中的细胞死亡后就会脱落，长出新的栓皮细胞来。而栓皮栎栓皮层的死亡细胞并不脱落，而是逐年积累，越积越厚。栓皮层分为两层：内层向内生出少量活细胞，外层向外生出很多的栓皮细胞，这一部分就是软木。

剥取栓皮栎的树皮时，要留下有生命的栓皮内层，只取那些由栓皮层的死亡细胞堆积的软皮层，这样栓皮栎树才不会死亡。

有会"咯咯"笑的树吗

会"咯咯"笑的树叫紫薇树。

紫薇属于千屈菜科，人们俗称它"怕痒树"。由于花期特长，7月至10月花开不断，故名百日红。

紫薇树长大以后，年年生表皮，年年自行脱落，表皮脱落以后，树干显得新鲜而光滑。如果人们轻轻抚摸一下，立即会枝摇叶动，浑身颤抖，甚至会发出微弱的"咯咯"声。年老的紫薇树表皮不再脱落，也就不再会笑了。

紫薇树能吸收粉尘，在水泥厂内距污染源200米处，每平方米叶片能吸收4千克粉尘。

有趣的是，在卢旺达首都的一个植物园内，还生长着一片"笑树"林。每棵树的树杈上都长有一个像铃铛一样的果子，果子的外皮又薄又脆，里面长有许多能自己滚动的小珠子。每当微风吹过，树上就会发出"哈哈"的欢笑声。

有长食用淀粉的树吗

我们吃的淀粉一般是从麦子中提取的，马铃薯、板栗、山芋也含有较多的淀粉，它们都是植物的果实或种子，还有一些植物的茎内也含有淀粉。但你知道树干能长淀粉的树吗？

在菲律宾、印尼等国家生长着一种西谷椰子树，它应该算是树干中含淀粉最多的树木了。

西谷椰子树的外形有点像棕榈，一般能生长10～20年。在树干的顶端有许多羽状的大叶子，叶子最长的可达到6米，但结的果实只有杏子大小。

据统计，一株10米高，20～25厘米粗的树干可以刮出100公斤的干粉。这些干粉经过加工，就可以制成洁白的西谷米。这种米煮熟后和大米吃起来的感觉很像。那里的人都把这种米当做主食。一个人在西谷椰子树林里刮一天的干粉，就够吃上一年了。

为什么长白松又叫"美人松"

长白松，高20～30米，是长白山独有的珍稀树种。由于它树干高大、挺拔，材质优良，树形优美，姿态俊秀，逗人喜爱，因而当地居民就叫它"美人松"。日出或日落观赏"美人松"，是游览长白山的一大胜景。

长白松的天然分布比较狭窄，只在长白山区有它的踪影，呈南北分布。现在，只有小片纯林，除此以外，多与其他树种混生。

长白松不仅树形美观，而且适应性较强。在长白山区，它主要生长在由火山灰发育形成的轻沙质土壤或山地暗棕色森林土上。长白松能在年平均气温3℃左右和年平均降水量900～1600毫米的气候下正常生长。经过长期的自然历史作用和地理环境的限制，长白松也就成了长白山特有的树种了。

为什么把红松称为"北国宝树"

红松一般生长在我国东北东部的广大山区，又叫果松、海松，生性耐寒喜光，树干高大，针叶常绿而繁茂，与其他树木相比，显得挺拔雄壮。树高30余米，胸径1米左右，大枝平展，树冠呈塔形，树皮呈灰褐红色。红松属于中性树种，幼时需一定程度的庇荫，长大后逐渐喜光，才能生长较快，成林后能保持水土，改善生态环境，调节气候，而且红松全身都对人类社会有用，因此被誉为"北国宝树"。

红松木材不仅质地轻软、易加工、耐腐蚀性强，而且制出的成品光泽美观、工艺价值高，深得广大用户欢迎，建筑、交通、矿山等各行各业都离不开红松。

不老松是我国最古老的一棵松树吗

民间流传着一句俗语：寿比南山不老松。意思是祝愿人们像"不老松"一样的长命百岁，那么，"不老松"真的是最古老的松树吗？在我国的广西壮族自治区贵县南山寺殿后的峭壁上，生长着一棵非常古老的松树。这棵松树距离现在已经有两三千年的历史了，但是这棵松树的树枝却还是挺拔苍劲的，针叶还是郁郁葱葱的。在树旁的山崖上刻有"不老松"三个大字。前来旅游观光的人们，观赏这棵古老的松树后，都要和古松树合影留念。大家把它当做长寿的象征。如今，这棵古松树已经可以称为我国的松树之"王"了。

松树会开花吗

我们大家都知道松树一年四季都是绿色的，那么它有没有花呢？

事实上，松树是会开花的。那么，为什么我们没有看到过松树花呢？那是因为松树开的花很少，既没有花瓣，又不散发香味，所以，我们很难注意到。松树的花是淡黄色的小球球，它们大多长在松树新枝的基部，如果用手轻轻动动，就会飘散出许多黄色烟雾似的花粉。

松树的花也和其他植物的花一样分雌球花和雄球花两种。松树的雄球花长得像小球，雌球花长得像手指。雌球花授粉后，长成小小的松果，到第2年春天我们发现它时，它们已经长成核桃大小的松球了，松球上有松子，就是我们平时吃的松子了。松子掉下来以后，剩下的松塔，还可以加工成精巧的工艺品。

春天柳树为什么会飞出许多白毛毛

每当春天来临、天气变暖和的时候，走在林荫道上，我们会发现在柳树上飞舞着许多像棉花一样的白毛毛，许多小朋友看到以后，总喜欢跑着去捉。那么，这白毛毛是什么呢？

其实，这些白毛毛叫"柳絮"，每年春天它们就在大街上、公园里、院子里到处飞舞，姿态很优雅。如果把它们捡起来仔细看看，会发现在白毛毛的里面有个小小的黑点，这个小黑点就是柳树的种子，这些种子就是靠飞舞的白毛毛把它们带到其他地方或很远的地方去的。

那么，我们看到的柳树是不是就是这些种子种在土里长出来的呢？一般来说，柳树并不是这样栽种出来的。人们常常把柳树的枝条直接插在潮湿的土地里来栽种，这样种植，不光比播种方便得多，而且柳树非常容易成活，所以，就有"无心插柳柳成荫"的说法。

臭椿真的是臭的吗

虽然臭椿的叶子闻起来有一股奇怪的臭味，但是，在很久以前，我国人民就开始栽培臭椿树了，因为它有许多其他植物无法媲美的优点。

植物们最怕的是不良气候，而臭椿却没有这方面的"坏脾气"，它能忍耐47.8℃的高温，也能忍耐-35℃的低温。在西北渭河滩那贫瘠的土地上，含碱量达千分之三，臭椿仍能安然地生长；在山东渤海岸的盐碱滩上，只有臭椿才能顽强地在这里扎根。由于臭椿有这样的优点，所以，它很受人们的欢迎。

树为什么能包塔

在我国芒市的一所小学校里，一棵高大、苍老的大榕树的下部，包裹着一座砖石结构的佛塔，人们称为"树包塔"。为什么树能包住一个塔呢？世上怎么会有这么奇异的事情呢？是的，由于芒市以亚热带森林气候为主，土地肥沃，树木都枝繁叶茂。传说这里原是姐列的傣族寨子，人们在这里修建了一座砖石结构的佛塔，名叫光姆姐列，意为铁塔之城。后来，或许是鸟儿衔来的，或许是随着鸟粪落在这里的，也有可能是风吹来的一粒种子，在

塔顶上竟然生根发芽，长出一棵榕树来。当地的气候湿润多雨，很适宜树木生长，这棵榕树就越长越高。当它的根遇到砖石扎不进去时，就顽强地顺着塔向下生长。随着榕树的不断长大，它的根终于紧贴着佛塔扎进了佛塔下边的泥土里，吸收了更多的营养后，根须越来越粗壮，好像一条条粗壮的胳膊把佛塔抱在怀里。"树包塔"的奇观就形成了。

世界上什么树最大

你相信吗？一株粗壮高大的树的基部的树洞，能让一辆汽车从中安安稳稳地开过去。这种树叫什么？到底有多大呢？这种树就是生活在美国加利福尼亚州的世界上鼎鼎有名的巨杉。在美国国家公园里，最大的一株巨杉叫谢尔曼将军，树龄已有3500年，树高达83米，树围31米，高出地面40米的第一个树杈，都有2米直径，此树总重量约6000吨。有人计算出来，如果用它做一个特大号木箱的话，可以装下

世界上最大的远洋客轮。能让汽车通过的那株树叫"瓦武隧道",1881年开通,世界各地的游客们慕名而来,都喜爱乘车过树洞。人来到这个大树的空心洞后,就像来到了一个几十米长的防空洞。

以树的高度来说,澳洲的杏仁桉树是冠军,一般高度都超过100米,最高的可达156米。

为什么我国的一些植物被叫做"活化石"

化石就是那些古代动植物死了以后已经石化被保存下来的遗体。那么,什么是活化石呢?

有的植物已经成了化石,找不到这种植物的后代了,可是,有个别种类的植物挺不容易地生存下来了,我们就把这些植物叫做活化石。这种世界上的珍贵植物我国有好几种呢。

水杉这种树在世界的其他地方早已灭绝,只在我国的四川、湖北一带生长,它就是一种活化石。水杉是落叶乔木,它的姿态秀丽,古雅壮观。现在,我国南北各地已经普遍引种水杉,在公园里或许你就能见到它们。

银杉、银杏、水松、台湾杉、金钱松等也是有名的活化石植物。

为什么银杉被称为"植物活化石"

银杉是我国一级保护植物,也是我国特有的世界珍稀物种,因其叶背的中脉两侧具有两条粉白的气孔带在阳光照射下闪闪发光而得名。银杉被誉为"活化石""森林中的珍珠""植物界的大熊猫"。

据古植物学家考证,远在地质时期的第三纪,银杉曾广布北半球的欧亚大陆,到了第四纪,由于地球发生巨大的变化,陆地上升,大量的冰川几乎席卷了整个欧洲和北美洲。有些地理环境独特的地方成了银杉的"避难所",使极少数的银杉被保存了下来。国外的植物学家先后在一些地区的地层中找到银杉的化石,认为它已在地球上绝迹。

然而,1955年夏季,我国植物学家钟济新在广西北部山区的龙胜花坪林区进行考察时,发现了银杉树。这个发现曾轰动了世界的植物界。后来,又在湖南、四川、贵州等地发现了十几处银杉,共千余株。

为什么植物有的长得高，有的长得矮

我们人类，年龄差不多的，但是个子高矮都不一样，为什么呢？这跟我们的遗传因素、身体素质有关。然而，同样的植物长得也不一样，有的高，有的矮。这又是为什么呢？

原来，这跟它们生长的环境、生活条件有关系。树木少的地方，它就长得矮，因为它能得到很充分的阳光，树枝就向周围伸展。树木不需要尽力向上长，当然就矮。森林里的树拥挤在一起，为了得到充足的阳光，树枝不能向周围伸展，只好向上长，这样一来，大家都很高。

山地和平地的树高矮也不一样。山上风大，树就要长得矮一点，可以不被大风吹坏。著名的黄山松，它长得就矮，好像在欢迎中外游客，大家给它取名"迎客松"。相反，平地上的树就长得高些。

糖槭树能产糖吗

在加拿大东南部各省，几乎漫山遍野都是糖槭树。糖槭树的树干中含有大量的糖汁，人们喜欢将糖汁加工成清新可口的"槭糖"。所以，当地人把糖槭树称为"糖树"。糖槭主要产在加拿大和美国，是一种高大落叶乔木，树高达40米，树龄可达四五百年。糖槭树的树干中含有大量淀粉，在寒冷的冬天就会变成蔗糖。当第二年春季天气变暖时，蔗糖变成能够流动的树液，就可以收集了。人们在树干上钻些孔洞，树液就能从孔洞中源源流出。糖槭树制成的槭糖营养价值很高。糖槭的树液中一般含糖$0.5\sim70\%$，有的高达100%。由于能够多年收益，而且产量稳定，所以糖槭树被誉为"铁杆甘蔗"。

据专家分析，糖槭树中约含蔗糖85%，其他为葡萄糖和果糖等成分。糖槭树液浓缩的糖浆营养价值可以与蜜糖媲美，具有润肺、开胃的功效。糖槭浆是食品加工的珍贵原料，常用于制作糕点和冷饮，也可以加工成各种软糖和硬糖。加拿大是世界上产槭糖最著名的国家，加拿大人把糖槭树视为国宝，在国旗、国徽上都绘有糖槭树的叶子。

有结番茄的树吗

在我国云南，有一种树能结番茄，这种能结番茄的树与草本番茄是近亲，均属茄科，它叫"树番茄"，是高达5米的常绿小乔木。树番茄的树叶很像茄子，叶柄稍长，叶面深绿色，叶背淡绿色，叶密荫稠，能开出粉红色的花朵，以供观赏。浆果卵形，表面光滑，成熟的果实为橘黄色或略带红色。当果实成熟时，一树一树的番茄果，掩映着绿色的树叶，非常逗人喜爱。

树番茄的果实色与西红柿相近，色鲜味美，营养丰富，既可以做蔬菜又可以当水果食用，还可以做调料。在云南农村，常用番茄果代替醋，拌凉菜吃，或用来代替酸菜烧汤，故俗称"酸汤果"。

树番茄原产南美洲秘鲁的安第斯山区，引种我国已有多年历史。树番茄不仅是一种果菜兼用树种，而且可作为城市庭院、公园和行道树的绿化树种。

什么树能灭火

梓柯树是生长在非洲安哥拉的一种不怕火烧的树，这种树长得高大而且四季常绿，枝叶繁茂，人们称它为灭火树。

梓柯树不怕火烧是因为在它浓密的枝杈间，长着许多馒头一样的节苞，节苞呈圆球状，上面长满了密密麻麻的小孔，苞里装满汁液。当节苞被太阳或明火照射到的时候，液汁就从小孔里喷射出来。节苞的液体含有四氯化碳等灭火物质，不论火焰大小，只要碰上就被熄灭。

能灭火的植物不止梓柯树，还有常青藤、迷迭香，它们在接触火源后不会燃烧，只是表面发焦，能阻止火的蔓延，人们多用这些植物栽种防火林带。

种子煮熟后为什么不会发芽

一般的种子只有在适宜的条件下才能发芽长大，煮熟以后的种子肯定不会再发芽，这到底是怎么回事呢？

现在，请尝试着把花生的红外衣剥开，你会看到在种子上有着一个小小的芽叫做胚，它由子叶、胚芽和胚根组成。如果把它种到土里，花生种子萌芽之后，胚根就往下生长从而长成花生的根；胚芽就向上生长，从土里钻出后有两片小绿叶。

但是如果种子煮熟了，负责吸收水分和养分的胚就会死掉，种子里的养料也就会被破坏，从而种子就失去了生命力，所以，煮熟后的种子不会发芽。

学习小博士
植物解密

瓦缝和墙头上为什么会长有小树小草

有时，我们会发现房顶上长有小草小树。我们就很奇怪，这是谁种的呢？

其实，这房顶上的小树小草是小鸟和风种的。鸟经常飞到树上吃东西，当树结种子的时候，它们就将种子吃进了肚子里。当它们在房顶上玩时，树种就可能随鸟粪排出来，悄悄地钻进房顶上的泥土里。当下雨时，种子喝饱了雨水，被太阳暖洋洋地照着，种子就开始发芽生长，成了绿油油的小树苗。房顶上的小草是风帮助种的。像蒲公英的种子、柳树的种子，当它们成熟的时候，遇到刮风的天气就被吹得到处都是。如果吹到房顶上，也能像树种那样在第二年春天生长发芽。不过由于房顶上土少，它们是长不大的。所以房顶上只能长出小树小草来。

为什么细嫩的幼苗能拱动石板

在山上的石缝中或者砖缝里，会长出一颗细嫩的幼苗，在厚厚的石板下会钻出一个娇嫩的小蘑菇，它们哪来的这样大的力量呢？

原来，这是细胞分裂、种子发芽产生的力量，这种力量是惊人的。就拿蘑菇来说吧，它是菌类植物，在生长过程中，随着细胞的不断分裂，会产生越来越大的力量，能把压在自己上面的石头顶开。有人发现，蘑菇竟顶穿过7厘米厚的柏油层。曾有人使用斧锯也没有把一个头骨分开，可是装上泥土、埋下种子、浇上水以后，种子的新芽就把一个完好的头骨分开了。正是这样，细嫩的幼苗可以冲破压力成长起来，显示了它们顽强的生命力和不屈不挠的精神。

红树为什么被誉为"海岸卫士"

在海边，你会看到有的树在海水里泡着，时不时地被潮水猛烈地冲击，但它们却可以长得很茂盛。这些树还是海的保护者呢，红树就是其中的一种。为什么说它们可以保护海呢？

由于红树特殊的繁殖习性和拥有强大的根系，使得茂密的红树林能够在海岸上形成一座绿色长城，可以抗风拒浪、固堤护岸。同时，红树林不断地把海水沉积物固定起来，加上落叶、鸟粪等物质的聚集，

使之形成新的陆地。

红树林还为海边的鸟类、鱼虾提供了栖息繁殖的场所，成为维持海岸生态平衡的基地。所以，我们称红树为"海岸卫士"。

红树的根很奇特，支柱根、板状根、气生根纵横交错，盘根错节。部分裸露在外，呼吸水面的空气；部分牢牢插入海滩淤泥，固定植株。红树的叶子长得厚实，可以反射阳光、减少蒸腾；叶的背面紧贴着短绒毛，可以阻挡海水浸入；同时，叶面上还有许多小孔，可以排出体内过多的盐分。所以，红树可以抵挡海水的浸泡和海潮的冲击。

移栽树木的时候，为什么要剪去部分枝叶

人们在移栽树木的时候，在移栽到另一个地方之前，往往先剪去它的一部分枝叶，有时候甚至截去全部树枝，只留下一根主干。

事实上，这是为了保证树木移栽成活而采取的必要措施。因为树木在移栽的过程中，大量的须根被挖断，甚至连主根也只能留一部分。一旦树根受到损伤，就难以供应树干、树枝和树叶生长的需要。另外，当一棵树从原来的地方移到另一个地方后，需要有一个适应过程，在这段时间内，如果枝叶太多，养料、水分就会消耗得非常多。在根系功能尚未完全恢复时，这将导致水分和养料的供应不足，树木就会枯死。因此，移栽树木时必须截去部分甚至全部枝叶，才能防止树干本身养料和水分的散失，确保树木成活。

为什么椰子树都长在海边

在美丽的大海旁边总有椰子树来陪衬，为什么小河边没有椰子树呢？

原来，椰子最喜欢喝盐水，而北方的树木却刚好相反，都害怕盐水。椰子树只有生长在有盐分的土壤里，才能快速成长。其实如果想把它移植离开海也可以，只是需要经常在它的根部加盐，或经常浇盐水。但是移植到北方是不可以的，因为气候太冷了，它适应不了。

椰子传播种子也离不开水。当椰子成熟后，就会自己跳入水中，随波逐流，遇到合适的环境它就会停下来，在那里安家，所以说，椰子树世世代代都离不开海。

椰子是海南特有的水果之一，含有丰富的营养，椰子水可当饮料直饮，清甜可口。新鲜椰子肉质细嫩，椰子水比较多，椰子可以久放，椰子核可用来制作工艺品。

我国"天下唯一"的一棵树长在哪里

世界上很多物种都濒临绝境，但是仅存活一棵的树种却不多见。在我国佛教四大胜地之一的东海普陀山上，就有一棵世界上仅有的普陀鹅耳枥树。

这棵树大约200岁，生长在海拔260米的普慧寺西侧山坡上。从外表看上去并没有什么出众惊人之处。它高约13米，树干直径63.7厘米，树皮呈灰白色，树叶呈椭圆形，叶的边缘有锯齿。

1930年5月，我国著名的植物分类学家钟观光教授在普陀山上发现了这种树，当时在山上并不少见。1932年，林学家郑万钧将此树种定名为普陀鹅耳枥树。在20世纪50年代时，这种树还不止一棵。后来，由于人工砍伐和各种自然因素的影响，普陀鹅耳枥树就剩下这唯一的一棵了。

为了不让普陀鹅耳枥树绝种，杭州植物园的科研人员通过播种和无性繁殖的方法，已经培养了大量的普陀鹅耳枥树苗，这一珍贵的树种有望在将来广泛种植。

森林为什么会发生火灾

森林的面积很大，都是相连的，里面有许多枯枝落叶、杂草堆和灌木丛，所以遇到一点火星就会燃起熊熊大火。如果气候干燥，又遇上雷雨季节，森林中大树的树梢很容易被雷击中起火，从而引起火灾。另外，地下泥炭层温度太高时，也容易引起地下火。

经科学家们研究得出，树木有可能释放出一种人所未知的挥发性气体，遇到合适的条件就会起火，所以说有的树木会自燃，并引起森林火灾。

在我国新疆天山地区有一种白鲜树，它的叶子里含有醚，醚的燃点很低。当白鲜树的果实成熟时，醚的含量也达到饱和，如果这时阳光热烈，白鲜树就会自燃了。

在东南亚国家的一些森林里，有一种杜鹃花科植物"看林人"，它的花、茎和叶子中含有极其丰富的芳香油，当太阳直射时，大量的芳香油挥发出来，气温逐渐升高，"看林人"就会自燃。

为什么说法国梧桐是"行道树之王"

法国梧桐叶稠枝翠、婆娑多姿,是美化城市街道的首选树种。我们在街道两旁常见的梧桐大都枝干较矮,伞状的大树冠也是人工整修的结果,其实法国梧桐本身是高耸挺拔的大树,较高的可达35米。

法国梧桐又名悬铃木、筱悬木、净土树,原产于北美、欧洲东南及亚洲西部。我国引进的主要有法国梧桐、英国梧桐和美国梧桐三种。

法国梧桐作为"行道树之王"不仅可以在夏天为行人遮阳,它还是净化空气、阻隔噪音的高手。它的叶大,背面多绒毛,树冠宽广,所以滞尘能力很强。它对二氧化硫、氟化氢、氯气、铅蒸气等有害气体也有较强的吸收能力。

此外,法国梧桐的适应能力强,耐旱耐涝,适合在各种土壤中生存,所以成为举世公认的"行道树之王"。

根据古书记载,中国在周朝就设立了专管驰道两旁树木的官职,春秋战国时期,不少诸侯提倡在行道两旁种树,以美化环境。秦始皇统一中国后,也曾下令在行道两旁种树。

"鸽子树"是什么样子的

"鸽子树"的学名是珙桐,它是我国特有的树种。珙桐是落叶乔木,很像桑树,高20多米,每年四五月开白花,花形很像白鸽,所以有人叫它"鸽子树"。

珙桐是植物界中著名的"活化石"之一。早在一百多万年前,世界各地都生长着这种树,到了冰川时代,地球上很多树种都灭绝了,珙桐只在我国的局部地区幸存下来。现在在湖北的神农架、贵州的梵净山、四川的峨眉山、湖南的张家界和天平山以及云南省西北部,都可以看到这种树。它们大都生长在海拔1200~2500米的山地,树龄都在100年以上。

1869年,一位法国神父在四川省穆坪发现了珙桐,当时正值开花时节,远远望去,就像一群白鸽落在枝头上,神父当时就被这种奇观迷住了。此后,欧洲许多植物学家为了研究此树,千里迢迢来到四川。1903年,珙桐被首次引种至英国,后来又传至其他国家。如今,"中国的鸽子树"已经成为世界上重要的观赏树木了。

杨和柳是两种植物吗

很多人都会把杨和柳混淆起来，统称为杨柳。在植物学中，杨和柳是有严格区别的。杨树约有100种，我国有62种，统一归为杨属；柳树约有520种，我国有257种，统一归为柳属。

仔细观察杨树枝上的芽，可以看见有许多芽鳞片，像鱼鳞一样层层包裹着；而柳树的芽只有一层鳞片。

春天，杨和柳都要开花。它们的花都成串，植物学上叫做柔荑花序。仔细观察就可以看到，杨树的花序上每朵花都有一片苞片，苞片边缘分裂成尖尖的裂片；而柳树的苞片却没有裂口。此外，杨树的雄花内没有蜜腺，而柳树的雄花内有蜜腺。

杨树的叶片总是宽阔的，而柳树的叶片却是狭长的，犹如眉毛。

杨树和柳树的种子都带有白毛，成熟时随风飞舞，成为柳絮或杨花，形成了"春城无处不飞花"的佳境。由于这些共同的特征，所以植物学上把它们统称为杨柳科。

杨树最普通的种类有毛白杨、银白杨、加拿大杨、钻天杨、小叶杨、青杨等。柳树常见的种类有垂柳、旱柳、河柳等。

为什么有的树枝插到土里就能生根

一般的花草树木都是用种子种植才能长大，但是有的树枝插在土里也能长成一棵树。这种方式叫营养繁殖或无性繁殖。

根据细胞全能性理论，植物体各部分细胞都具有再生成一个完全的机体所需的全部遗传信息。无性繁殖能把母体的优良特征遗传给后代，所以它是良种繁殖的主要方法，它还具有方法简便、生长快、成本低的优点。

树枝插到土里，枝条内的形成层和射髓组织有许多分裂能力很强的细胞，这些细胞在适宜的土壤条件下，可以迅速分裂、繁殖，形成不定根，并逐渐发育成长，形成新的植株。比如柳树就很容易插活，而香樟、广玉兰等植物的枝条内没有分裂能力强的细胞，就不能插活。

一般来说，喜湿的树种比旱生

树种容易生根,速生树种比慢生树种容易生根,阔叶树种中枝条中空的易生根,落叶阔叶树种中的灌木藤本容易生根。

有驱赶老鼠的植物吗

老鼠是特别让人讨厌的动物,人们总在想方设法消灭它。它有时候还会啃咬正生长着的树木,你知道它不咬什么树吗?鼠见愁就是它的克星。

鼠见愁又名药用倒提壶,自古以来就是十分著名的驱鼠植物。药用倒提壶属于紫草科,是两年生药用植物,主要分布在欧洲和亚洲北部。它的植株晒干后,就能产生一种气味,使鼠类无法忍受,鼠类一旦闻到它就马上抱头逃窜,更不用说靠近它了。

可以驱逐老鼠的植物被称为"植物猫"。经过科学家的长期研究发现,植物界除了鼠见愁可以驱逐老鼠外,还有香菜、黄毛蕊花、羊踯躅,这三种植物都会释放出特殊的气味,使老鼠不愿接近。人们根据植物这一特性,把它们放在粮仓内,使老鼠不敢去偷吃粮食。

长得最快的植物是什么

从横向生长来看,速度最快的是泡桐,7年生的泡桐,树干胸径可达50厘米。从纵向生长看,要数新几内亚桉树生长最快,每年能长高8米。而按照日平均增长高度最快的来看,要数毛竹,毛竹的竹笋生长40天到50天就能长成幼竹,高度达12米,但是毛竹一旦长成,就不再长高了。

感觉最灵敏的植物是什么

感觉最灵敏的植物要数含羞草。

如果你用手轻轻碰一下含羞草,它的叶子会很快闭合。触动它的力量大一些,它连枝带叶都会下垂。经过研究表明,含羞草在受到刺激后0.08秒钟内,叶子就会合拢,而

且受到的刺激还能传导到别处,传导的速度最快每秒钟达10厘米。但是叶子合拢后,需要几个小时才能恢复原样。

原来含羞草里有一种运动细胞,一受到刺激就会把细胞里的水挤出去,使小叶片因为失去水的压力而合拢。这是含羞草保护自己的一种方法。

为什么灯笼树会发光

如果你在漆黑的夜里走路,看到有棵树发出幽蓝的光,你会怎么想呢?不要怕,那些发光的物质是磷,不是什么"鬼火"。

在我国江西省的井冈山就有这种树,人们称它为夜光树、灯笼树。这种树四季常青,在晴天的夜晚会发出幽蓝的光。

因为灯笼树吸收土壤里磷质的本领很强,这些磷质分布在树叶上,能放出少量磷化氢气体。这些气体燃点低,遇到空气中的氧就会发出淡蓝色的火焰,这是温度很低的冷光,不会引起火灾的。这种光的强度与树的大小成正比,树长得越大,发出的光就越强烈。在晴朗无风的夜晚,这些冷光聚拢起来,恰似山间的一盏盏路灯。

荷花为什么能"出淤泥而不染"

荷花又叫莲花,在古代也叫芙蓉、菡萏、水华等,是我国的十大名花之一。在我国南方的许多湖泊河流中,都生长着美丽的荷花。"接天莲叶无穷碧,映日荷花别样红",荷花一直是纯洁、高贵的象征,文人墨客以"出淤泥而不染"作为清高文雅之喻。那么,这是为什么呢?

荷花、荷叶的外表层布满了蜡质,而且有许多乳头状的突起,突起之间充满了空气,阻挡着污泥的渗入。当它们的叶芽从污泥中探出头时,由于表层蜡质的保护,污泥很难黏附上去,即使有少量的污泥黏附在上面了,也会被水波冲洗掉的。

为什么有些植物散发的气味令人感到清爽

当你疲劳的时候,如果闻一闻鲜花散发出来的沁人肺腑的芳香,你就会觉得精神一振,疲劳也"飞"走了一半。其实,我国古人也会利用植物的芳香来治病呢!

华佗是三国时期的名医,他的医术很高超。令人不解的是,有时他会让病人在房子里挂上一个用绸布制成的小巧玲珑的香囊,里面装满了麝香、丁香、檀香,原来这香气也是治病的药。现在,通过实验证明这些香料都有抑菌的作用,悬挂在室内还可以治疗肺痨、吐泻等疾病呢!

不仅是花香,许多植物的芳香

油所散发出来的芳香对人体健康都有好处。

原来，植物的芳香油分子非常容易挥发，而且气味独特强烈，吸附到人的鼻黏膜上，碰到嗅觉细胞，立刻就刺激到人的嗅神经，所以你才会感到精神振奋。

我国古代有熏香，就是指用香料泡汤沐浴的卫生习惯。在端午节那天，用苍术、艾叶、菖蒲、白芷、芸香制成熏香来预防疾病。现已证明，这种熏香的方法对多种细菌和病毒都有杀灭作用，有的比紫外线的效果都好。

昙花为什么只在夜里开放

昙花高约 2 米，没有叶片，夏、秋两季开花，白色的昙花散发迷人的芳香，但它通常在夜里 8 点到 12 点之间开放，三四个小时就会凋谢。

昙花原产于美洲中部墨西哥和南美洲的热带沙漠中，那里气候炎热、干燥、缺乏水分。昙花要在这种贫瘠的沙漠中生长和繁殖，它的形态构造和生理功能就必须与环境相适应，如果白天开花，就会被晒枯烤焦，也不会有昆虫来为它传粉。只有夜里天气转凉时，昙花才能开得比较鲜艳，沙漠里的昆虫也是这时候出来活动，昙花就有机会授粉。因此，昙花在夜间开花和只开一会就凋谢的生理特性，是在漫长的年代里为了适应生存而形成的。

由于昙花只在短短的数小时内吐露芳香，故有"昙花一现"的说法。

雪莲为什么不怕寒冷的风雪

青藏高原被称为"世界屋脊"，山上终年覆盖着白雪，永远是个银白色的世界。在海拔 5000 米以上，只会见到一些生命力特别强的地衣。但是，在 7 月份，你会看到"红装素裹，分外妖娆"的雪莲正在怒放着。

娇艳的雪莲为什么能在冰天雪地里开花呢？雪莲的植株很矮，紧贴着地面就可以顽强地躲过山上的狂风。它的根十分发达，可以深深地扎进石缝间的土壤中，吸收更多的水分和养分。雪莲的身上还有一层白色的外衣，那厚厚的绒毛把雪莲从茎到叶都包裹起来，既防寒又保湿。雪莲的体内含有许多糖分，即使温度在 0℃ 以下，它也不会结冰。

宇宙遨游

宇宙中包含了所有，日月星辰闪烁着神秘，
  当"九大行星"变为"八大行星"，冥王星的命运该
如何？
  人类无时无刻都希望征服太空，
  当向太空移民已经不再是奢望，
  地球也在自己的生命历程中逐渐走向苍老，
  ……
  去宇宙遨游吧，体验你梦寐以求的太空生活，
  从另一个角度关注地球、察悟生命。

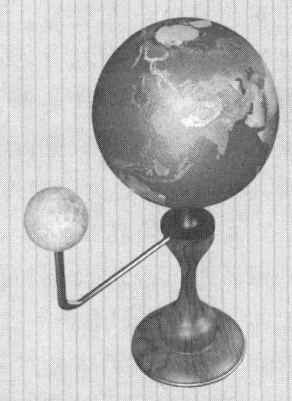

宇宙是什么样子

宇宙是一个无边无际、没有中心、没有形状的物质世界，它是广漠空间和其中存在的各种天体以及弥漫物质的总称，包括空气、海洋、地球、行星、月球、恒星和空间。

我们居住的地球只是太阳系的一颗行星，太阳系还有另外的七颗行星：水星、金星、火星、木星、土星、天王星、海王星。除了水星和金星之外，每颗行星都有自己的卫星。太阳系中已发现的卫星有近50颗，在太阳系中，还有众多的小行星、彗星、流星等。太阳系仅仅是银河系的一小部分，在银河系中有无数像太阳一样的恒星。在银河系之外，还有很多像银河系一样的星系，人们称之为"河外星系"。

人类对宇宙的认识，从太阳系到银河系，再扩展到河外星系，人们的视野已达到100多亿光年的宇宙"深处"，人们把这些统称为"总星系"。但是总星系之外，还有很多未知的东西等待着我们去发现了解。

太空是一片漆黑吗

宇宙中有无限的恒星，这些恒星都会发光发热，它们表面的温度随之升高，但是宇宙也是一个无限的空间，宇宙空间的温度一直都比恒星表面温度低得多，所以，宇宙空间在人们看来就是漆黑的。如果我们在太空里看宇宙，一定与在地球上看到的不一样。因为在太空里，由于没有了大气层的影响，星星们都显示出它们的本来颜色，不再是地球上所看到的单一的白色，而是呈黄、红、蓝、白等多种颜色。同时由于没有大气的折射，星星看起来也不再闪烁了。这时，宇宙就像黑色的背景，而满天的星星像是黑色背景上镶嵌的一颗颗五光十色、晶莹剔透的宝石。从热力学的角度看，不仅现在宇宙空间是漆黑的，将来也会是漆黑的。

宇宙的未来会怎样

宇宙是无边无际的，它的形状和体积是不会变化的。但是美国的天文学家哈勃却发现，离银河系越远的星系，它的推行速度就越快。这是他根据描绘的星系之间的距离之后，比较了它们的推行速度之后得出的结论。哈勃的这一发现具有重大意义,被称为哈勃定律。按照哈勃定律,星系正在飞速地向四面八方退后,那么整个宇宙一定在不断地膨胀。这样一来,宇宙的形状和体积就不会是永远不变的。但是,这种膨胀会持续到什么时候呢?天文学家们目前还没有得出具体的结论。

宇宙的未来会怎样呢?这是我们都关心的事情。其实,宇宙的未来要么永远膨胀下去,要么发生大坍缩。如果宇宙在临界密度(1立方米有3个氢原子)以下,就会因为没有足够的引力保持凝聚在一起,而将永远膨胀下去。如果宇宙在临界密度以上,引力就会促使宇宙坍缩,发生大坍缩现象。

宇宙中存在超光速现象吗

美国"先驱号"和"旅行者"号宇宙飞船在宇宙中已经飞行几十年了,仍然以每秒钟17.2千米的速度向宇宙深处飞去。但是,当这些飞船到达离地球最近的恒星"比邻星"的时候,也将是十多万年以后的事情了。即使这些飞船以光速行驶,对于直径为10万光年的银河系来说,也是无济于事的。那么,飞船有没有可能以比光速还要快的速度飞行呢?

爱因斯坦的相对论告诉我们,光速是宇宙中一切运动物体的极限速度,这就为超光速飞行判了"死刑"。但是,科学家们并没有放弃这方面的探索。1988年,美国的工程师奥伦斯基声称自己在实验中发现有运动速度比光速快100倍的信号,但是许多物理学家以为他的实验有漏洞,不足以证明超光速信号的存在。

1995年,英国伦敦大学的伊恩·克劳福德提出,根据现代物理学理论,要么通过所谓的"蠕虫洞",即物理学理论中假设的由强重力场造成的缝隙,要么就是通过压缩自然距离的方法来实现,这种方法叫做空间翘曲推进。他的这种理论主张受到人们的关注。

谁最先发现了宇宙射电

或许有人会问:什么是射电?其实,它就是我们日常生活中经常接触的无线电波。宇宙射电,顾名思义,就是从宇宙中的天体上发射出的无线电波。

1931年,美国的无线电工程师央斯基,在研究无线电波对远距离通信的干扰时,发现了来自银河系中心的无线电波。1932年,央斯基发表他在1931～1932年观测到的地球外射电波的报告,揭开了射电天文的历史。随后美国人潜心试制射

电望远镜，终于在1937年制造成功，接收到了来自银河系中心的无线电

波，并且根据观测结果绘制出了第一张射电天图。使用的那架天线是世界上第一架专门用于天文观测的抛物面型射电望远镜，此后，射电望远镜的历史便是不断提高分辨率和灵敏度的历史。

射电望远镜比光学望远镜具有不受天气条件限制和探测能力强等优势，20世纪60年代天文学上的四大发现：星际有机分子、类星体、微波背景辐射和脉冲星，都是通过射电望远镜观测到的。

宇宙中的黑洞是什么

黑洞很容易让人望文生义地想象成一个大黑窟窿，其实不然。科学家们认为，黑洞是由大质量恒星死亡后形成的，它有很高的密度和引力，它的引力场如此之强，以至于任何物质和辐射包括速度最快的光都逃不出它的吸引。

与别的天体相比，黑洞显得很特殊。例如，黑洞有"隐身术"，人们无法直接观察到它，连科学家都只能对它的内部结构提出各种猜想。那么，黑洞是怎么把自己隐藏起来的呢？答案就是弯曲的空间。光是沿直线传播的，可是根据广义相对论，空间会在引力场作用下弯曲。这时候，光虽然沿任意两点间的最短距离传播，但走的已经不是直线，而是曲线。形象地讲，好像光本来是要走直线的，只不过强大的引力把它拉得偏离了原来的方向。

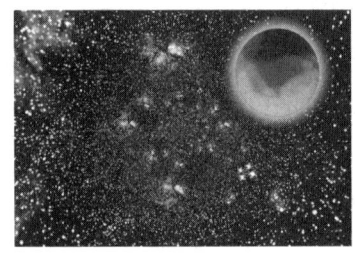

在地球上，由于引力场作用很小，这种弯曲是微乎其微的。而在黑洞周围，空间的这种变形非常大。这样，被黑洞挡着的恒星发出的光，虽然有一部分会落入黑洞中消失，可另一部分光线会通过弯曲的空间绕过黑洞而到达地球。所以，我们可以毫不费力地观察到黑洞背面的星空，就像黑洞不存在一样，这就是黑洞的隐身术。

宇宙中有"白洞"吗

根据爱因斯坦的广义相对论，人们由黑洞推测出来了另一种奇特

的天体，叫做白洞。黑洞的基本特征是任何物质只能进入它的边界，而不能从中跑出来。和黑洞截然相反，白洞内部的物质可以流出边界，而边界的物质却不能进入白洞。换句话说，白洞拒绝任何外来者，只允许自己的物质和能量向外辐射。

一直以来，科学家们对白洞的形成有着种种猜测。有人认为，白洞是黑洞的"物极必反"，由黑洞演化而来的。白洞中的超密度物质是由原先因引力坍缩而形成黑洞时造成的。"质本洁来还洁去"，通过白洞的形式将它在身为黑洞的时候搜刮来的"不义之财"全部施舍殆尽。还有人认为，在宇宙最初的大爆炸中，由于爆炸不是均匀的，有些密度极高的物质没有立即膨胀开来，它们过了很长时间才开始膨胀，就形成了新的膨胀中心，源源不断地向外界散发物质和能量。

银河系的直径是多少

银河不是天上的河。天文学家告诉我们，晴朗的夜晚，我们会经常看到一条狭长的闪光的带，像一条大河流过，其实那是由无数密集的小星星聚集起来形成的。

所谓小星星，只不过是我们看起来小，实际上有很多都比太阳还大，因为这些星星离我们很远，所以看起来才很小。天文学家把银河所围绕成的空间叫做银河系。就像地球是太阳系中的一员一样，太阳和别的恒星都不过是银河系中的一颗小星星。银河系像一个扁平的车轮，直径约8万多光年，而且一直像车轮一样在旋转着，因此其他星都以不同的速度绕着银河系的中心在移动。太阳并不在这个大车轮的中心，与中心的距离大约2.8万光年，所以它和邻近的恒星都以每秒钟约220千米的速度绕着银河系的中心在转动。以这样的速度，也得2.5亿年才能转一周。

为什么太阳系中只有地球上存在生命

到目前为止，在太阳系的八大行星中，只有地球上有生命，这是为什么呢？达尔文的进化论告诉我们，生命的进化是从低等到高等、从水生到陆生、从单细胞到多细胞逐步演化来的，产生生命的先决条件是具备从无机物到有机物、从有机物到大分子结构有机物、从大分子结构有机物到生命形成的各种条件，产生生命以后还要有生命赖以生存的环境。

在太阳系的八大行星中，只有地球符合条件，而其余的七大行星既没有符合生命产生的条件，也没有适合生命存在的环境。

金星比地球离太阳更近一些，所以它的表面温度达到450℃以上，即使是在晚上也足可以把岩石熔化。这样的高温生命当然是无论如何也不可能会生存的。至于比地球远离太阳的火星，它的表面温度比地球低得多，且火星上还没有生命赖以生存的水。

最大的星和最小的星是什么星

我们肉眼看到的，天上最大的星体可能要数太阳了。虽然它的体积是地球体积的130万倍。但是它在宇宙中，还是当不了"大哥"的。目前，我们所知道的最大的星星叫"柱六"，它是御夫座中的一颗恒星，体积比太阳大200亿倍。而最小的恒星直径只有20千米，它是蟹状星云中的一颗中子星。

"新星"是什么星

有时候，天空中忽然出现一颗新的星星，我国古代把它叫做客星，在天文学上它的名字是新星。所谓新星并不是新诞生的星星，而是原来就有的，只是原来它很暗，混在满天的繁星当中，没有被人发现。由于某种原因，突然之间爆发增加亮度，在几天之内，它的亮度增加了千万倍甚至几亿倍，才被人们发现。过一段时间以后，它就慢慢暗下去，恢复了原态。

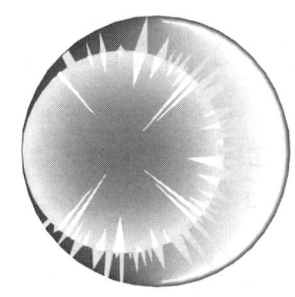

当恒星的外部结构以爆炸的方式向四周抛射物质时，本身迅速发亮，看起来好像天空中诞生了一颗新星。科学家们认为新星可能是双星，一个子星是冷的红星，抛出富氢物质，另一个子星是热的白矮星，它吸收抛出物质，在表面上形成了气壳层。当压力越来越大的时候，使氢发生热核反应，就会导致星体爆发。

为什么叫"中国新星"

中国是世界上天文学发展最早的国家之一，几千年来积累了大量的宝贵资料，为后世的天文学研究提供了很多依据，比如著名的蟹状星云的祖先——"中国新星"的存在依据就是我国古代的天文记载。

蟹状星云是英国的罗斯在1731年发现的,因为它的外形像螃蟹,于是它就有了"蟹状星云"这个名字。1928年,美国天文学家哈勃提出,这个星云是900多年前的一颗超新星爆炸产生的。这种推测在中国古代的天文记载中得到了证实。《宋会要》中记载,公元1054年7月4日,当时有一颗超新星在现在的蟹状星云位置出现,它非常亮,甚至在白天也可以模糊见到。这种现象持续了大约2年的时间。因为这颗星出现在中国的历史记载里,所以这颗星就被称为"中国新星"。

什么是超新星

根据我国史书《宋会要》记载,公元1054年7月4日,金牛座天关星附近出现了一颗客星,在最初的23天内,它比金星还亮,甚至白天也能观测到,以后逐渐暗淡下来,到1056年4月6日消失。这是世界上最早的关于超新星爆炸的记载。

天文学家奥尔特认为位于金牛座的蟹状星云就是这次超新星爆炸的抛出物,并把它称之为超新星遗迹。

当一颗恒星演化到最后阶段,其核心部分的核能源已经消耗殆尽,恒星就会发生坍缩并引起恒星的大爆炸,抛出大量的物质,形成一个高速向外膨胀的气壳。恒星坍缩后形成的致密天体,由于其质量的大小不同,会形成黑洞、中子星、白矮星。超新星爆炸时,恒星的亮度会增加几千万倍甚至上亿倍。

超新星和新星很相似,都是恒星爆炸抛出的物质,使星体膨胀并突然增亮,只是超新星比新星更加猛烈,星体膨胀和增亮更多。

每一颗星星都有名字吗

天空中的星星密密麻麻,数也数不清。天文工作者为了研究的方便,将星空划分为许多区域,这些区域叫做星座。

在很早以前,古人们就对星座进行了研究,但是各国划分的角度和位置是不同的。由于各国划分星座的系统不统一,星座数也不一样,界线也不规范,妨碍国际间的科学交流。于是1928年,国际天文学联合会根据天体上的赤经圈和赤纬圈,将星空划分为88个星座。在这88个星座中,有29个在天球赤道以北,46个在天球赤道以南,跨天球赤道南北的有13个。

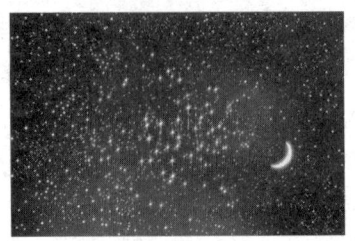

这88个星座的名字，大约一半是以动物命名的，如大熊座、狮子座、天蝎座、天鹅座等。四分之一是以希腊神话中的人物名字命名的，如仙后座、仙女座、英仙座等。其余四分之一是以用具命名的，如显微镜座、望远镜座、时钟座、绘架座等。虽然古人划分星座的办法不科学，但很多星座的名称仍沿用到今天。我国古代划分的星座系统虽已不再使用，但一些古老的恒星名称，仍然保留着，如织女星、牛郎星等。

怎样正确看星图识星星

星图是将天体的球面视位置投影到平面上，表示它们的位置、高度和形态的图形，是天文观测的基本工具之一。星图上用赤经和赤纬来表示星星的位置，用星等来表示星星的亮度。人们把肉眼可以看见的星星分为六个等级，最亮的叫1等星，大约20颗，其次是2等星，再暗的是3等、4等、5等星，肉眼勉强能看见的是6等星。每相差一个等级，亮度就相差2.5倍，所以，1等星就比6等星亮100倍。

星图和地图一样也是有方向的，北在上、南在下、东在左、西在右。古人为了辨别方向，就把天上的星星分为一群一群的，并用一些想象中的线条连接起来，就构成了一个一个的星座。全天共有88个星座，每一个星座都有一定的形状和名字，如大熊座、小熊座、猎户座等。

在3月份的半夜前后观察星空，就会发现头顶上方有7颗明亮的星星，它们是北斗七星。北斗七星是大熊座的主星，顺着北斗七星的斗柄弧线向东南方向弯过去，从斗柄上的最后一颗星星开始，大约有一个北斗七星的长度有一颗橙红色的很明亮的星星，就是牧夫座的大角星。沿着这个方向继续往南，在离大角星有一个北斗七星的距离的地方有一个蓝白色的星星，就是仙女座中最亮的角宿一。

这样按照星图上表示的位置一一予以辨认，很快就会看星图认星星了。

北斗七星有什么变化

北斗七星是大熊星座的一部分,位于大熊的背部和尾巴上,像一个大勺子。但是北斗七星的位置并不是固定不变的。在宇宙中,没有绝对的静止,只有绝对的运动,所有静止都是相对的,因此宇宙中的一切事物都不是静止不动的,而是处于永恒的运动变化之中。北斗七星也不例外,这七颗星都在各自运动着,而且它们的运动速度和方向各不相同。天文学家们指出北斗七星在10万年前和10万年后所组成的图形,和今天我们看到的样子都有很大的不同,也就是说10万年以后的人类再看到的北斗七星极有可能不再是今天的勺状。

为什么北极星总是指向正北方

地球的自转轴在天空中的位置是很稳定的,人们就把地球自转轴在空中所指的方向定为南和北。北极星恰恰就在地球自转轴的方向,所以古时人们在大海中航行,在沙漠、森林、旷野上跋涉,总是求助于它来指示方向。因此人们非常敬仰它,我国古时甚至将它视为帝王的象征。就是在科技高度发达的今天,北极星在天文测量、定位等许多方面仍然有着非常重要的应用。

其实,北极星并不正好在北极点上,它和北极点还有1°的距离,只不过再没有别的星比它更接近北极点了,所以它就近似地被人们视为北极点。如果我们站在地球的北极,这时北极星就在我们头顶的正上方。在北半球其他地方,人们看到北极星永远在正北方的那个位置上不动。而且,由于地球的自转和公转,北天的星座看上去每天、每年都绕北极星转一圈。尤其是北斗七星,勺口指向北极星,并绕着它旋转,不知倦怠,永不停歇。

为什么没有南极星

在南极天空有一个南极星座,南极星座里有一颗叫做σ的星,它和北极星离北天极的距离几乎差不多。但是,这颗σ星的亮度仅是北极星亮度的1/3左右。即使视力最好的人,也只有在没有云没有月亮的夜空里细心寻找,才可能看到它。很明显,一颗亮度不够的星星,是不能作为标志的。可是,在南极星座中,即

使是最亮的星也要比北极星暗一半,更何况它还离南天极较远,一颗不可能指示正南方向的星星,这样的星星是不能称为南极星的。但是,全天空第二亮的星星——老人星,正在逐渐靠近南天极。有朝一日,老人星或许将登上"南极星"的宝座。只是,现在还没有真正达到南极星标准的星星。

第一个测出地球质量的人是谁

地球对我们生活在它上面的人类来说,是个很大的星球。如何求得地球的质量,在牛顿发现万有引力之前,是一个大难题。然而到了1798年,这个难题被英国物理学家卡文迪许解决了。我们无法直接测量地球的质量,只能借助间接推算的方法,求出它的质量。卡文迪许就是通过万有引力定律,首先求出地球质量的。卡文迪许用扭秤试验巧妙地计算出了万有引力常数G为$6.67×10^{-11}$牛·米^2/千克^2。他将这个常数代入万有引力公式,就得出了地球的质量。他算出的地球质量为$6.6×10^{24}$千克。现在,我们经过更精确的测量和计算,得出地球准确质量为$5.98×10^{24}$千克。不过,人们仍然认为卡文迪许是第一个测出地球质量的人。

天文台为什么都设在山上

天文台是进行天文观测和研究的机构,主要工作是用天文望远镜观测星星。地球被一层大气包围着,天上星星所发出的光,必须穿过大气层才能到达天文望远镜内,而大气中的烟雾、尘埃、气体分子等,都会对天文观测产生影响。尤其在大城市附近,城市中的灯光,会照亮空气中的微粒,使天空带有亮光,妨碍天文学家观测较暗的星星,因而使得观测更加困难。

在远离城市的地方,尘埃和烟雾较少,对观测的影响将减少,可是影响依然还是不能避免的。但是,越高的地方,空气越稀薄,尘埃和水蒸气越少,影响就越小。除此之外,高山上建筑物少,视线角度大,气温比地面低,使空气下沉从而减少了空气的密度,观看星空时产生的光的折射就少,增加精确率。而且精密的仪器在气温低的情况下保养更好,观测更准确。所以,世界各国的天文台大多设在山上。

哈勃空间望远镜有什么作用

哈勃望远镜是目前世界上最有效的宇宙观测工具,也是送入太空最大的望远镜。哈勃望远镜有两块反光镜,最大的反光镜有2.4米宽,

30厘米厚，它的视力是超级的，我们通过它可以看见距离地球130亿光年的天体。

哈勃望远镜在刚刚进入太空的时候，由于制造、发射和宇宙环境等原因，患上了"近视"。后来宇航员乘坐"奋进号"航天飞机，用了35个小时，给哈勃望远镜戴上了一个相当于近视眼镜的矫正仪器，并且换下了严重受损的太阳能电子板，改进了它的计算机，更换了两个用于瞄准和稳定镜身的陀螺仪，才为它治好了近视。

由于哈勃望远镜在距离地面600千米的天体轨道上运行，所以没有地球大气层的阻拦，能拍摄到非常清晰的照片，甚至能够分辨出1万千米以外相距不到2米的两只萤火虫。

天文台的屋顶为何做成半圆形

天文台的半圆形屋顶实际上是天文台的观测室，这半圆形的设计是为了便于观测。在天文台里，人们是通过天文望远镜来观察太空的，天文望远镜往往做得非常庞大，不能随便移动。而天文望远镜观测的目标，又分布在天空的各个方向。如果采用普通的屋顶，就很难使望远镜随意指向任何方向上的目标。

天文台的屋顶造成圆球形，并且在圆顶和墙壁的接合部位装置了由计算机控制的机械旋转系统，使观测研究十分方便。这样，用天文望远镜进行观测时，只要转动圆形屋顶，把天窗转到要观测的方向，望远镜也随之转到同一方向，再上下调整天文望远镜的镜头，就可以使望远镜指向天空中的任何目标了。在不用时，只要把圆形屋顶上的天窗关起来，就可以保护天文望远镜不受风雨的侵袭。当然，并不是所有的天文台的观测室都要做成圆形屋顶，有些天文观测只是对准某一方向进行，观测室就可以造成长方形或方形的，在屋顶中央开一条长条形天窗，天文望远镜就可以进行工作了。

什么是星盘

星盘并不是测星相的工具，而是古代用于测量天体高度的一种仪器。可能诞生于公元前3世纪的古希腊。最古老的星盘是有吊环的木质圆盘，边缘刻有圆弧的度数。后来的星盘往往改为金属的。盘的一面装有一根可绕中心旋转的窥管，观测时将盘垂直悬挂，人目从窥管对准太阳或恒星，从圆盘边缘的刻度上可得到所测天体的高度。盘的另一面绘刻有星图、地平坐标网以及与黄道、赤道有关的网格，通过对太阳等天体的观测以及进行某些换算，还可求出观测时间、观测地纬度等数据。星盘可用于教学、航海和测量等方面，曾长期流行于欧洲和伊斯兰各国。18世纪中叶后，星盘才被六分仪所代替。

恒星是由什么组成的

恒星是由大片的尘埃气体云形成的。恒星的生命开始于尘埃气体

云中间密度较高的一部分。由于受到某种震波的影响，尘埃云开始慢慢坍缩，形成一个扁平、密集、像薄饼那样的圆盘，圆盘不断地收缩，密度高的中心开始高速旋转，形成不少团块，团块中密度高的部分就形成恒星。密度低的外部星云就收缩形成行星。恒星内部进行着强烈的氢氦反应，产生大量的光和热。

在这些能量衰竭的时候，恒星也就慢慢地收缩变成白矮星。最后当恒星没有任何能量的时候，恒星就死亡了，不断地坍缩形成旋涡状的黑洞。

为什么恒星有不同的颜色

恒星并不只有白色，还有红色、蓝色等。恒星的不同颜色是由它本身的质地和温度所决定的。恒星发光是因为恒星内部在发生着激烈的氢氦反应。因为各个恒星的密度、质量和所含的元素都不尽相同，所以在它们进行化学反应的时候就会发出不一样的颜色。而且由于温度不同，恒星发出光的颜色也不同。比如发白色光的星星表面温度很高，可达11500°C以上；发红色光的星星表面温度达2600～3600°C；发蓝色光的星星表面温度达25000～40000°C。而太阳表面温度是6000°C，看上去是黄颜色的。

我们之所以用肉眼看不到星星五颜六色的光，是因为我们距离星星非常遥远，加之大气的折射作用，所以我们看到恒星的颜色都是白色的。

日食是怎么回事

我们知道，月亮围绕地球转动，而地球是围绕太阳转动的。地球和

月亮都是不发光的球体，它们在太阳的照射下，背向太阳的一面必然发生黑影。当月亮运行到太阳和地球之间时，如果太阳、月亮和地球正好位于或接近同一直线，月影延伸到了地球的表面，被月影扫过的地带以及区域，就形成日食的现象。月球在农历的每月初一运行到太阳和地球之间，因此日食肯定会发生在朔日（即农历初一）。

不过并非每逢朔日都会有日食现象的发生。由于月球与地球两者的轨道之间有5度左右的夹角，导致在大多数的朔日里，月球尽管处在太阳和地球之间，可是这三个天体并没有处在一条直线上。日食可分为日全食、日偏食以及日环食三种。不同类型的日食主要和日、地、月三者的距离以及近似成一线的程度有关系。

月食是怎么回事

月食是月亮运动到了地球背对着太阳的阴影区内的时候，月亮被地球的阴影遮掩时产生的天文现象。出现月食的时候地球位于太阳与月亮之间，所以，月食肯定会发生在望月的位置附近，就是每个月的农历十五、十六。不过因为地球公转轨道面与月亮公转轨道面并不在同一个平面上，月亮并非每个望月都会进入地球的阴影区域，在一般情况下，月亮不是从地球本影的上方通过，就是在下方离去，很少穿过或部分通过地球本影，所以不可能每个望月都出现月食。每年月食最多发生3次，有时一次也不发生。

月食分为月全食和月偏食两种。月食出现的时间比日食长，月食的全食阶段比日全食要长许多。日全食的全食阶段仅为7分半（全过程多达2小时），可是月全食的全食阶段时间为1小时以上（全过程多达3个小时）。

日冕是什么

当日全食发生的时候，原本金灿灿的太阳虽然被月球遮住了，但是在它的周围仍然可以看见相当于满月亮度的光辉，好像是一顶大帽子，这就是日冕。

日冕是太阳大气的最外层，可以延伸到几个太阳半径，甚至更远处。日冕的主要成分是质子、离子和高速自由电子。日冕在太阳活动极盛的时候，接近圆形，也特别大。而在太阳活动平静的时候就向赤道区延伸，比较扁。日冕的温度异常高，随着高度的增加，温度会从几万摄氏度，猛然升到几十万摄氏度。

日冕的亮度只是相当于光球的百万分之一，所以在平时，日冕的微弱的光，总是被光球的强光给淹没了。甚至在日偏食、日环食的时候也不能看见，只有在日全食的时候，人们才能看见它的真面目。后来人们发明了日冕仪，天文学家们就是通过它来观测日冕的。

季节为什么会变化

一年四季，春夏秋冬，周而复始地变化着。其中的玄机和奥妙，就在于我们的地球在围绕太阳公转的同时，也在绕自身的地轴自转，不过地轴并不垂直于公转轨道面，而是有一个23度27分的倾角。

大家知道，地球围绕着太阳转动，当太阳光直射到地球表面的时候，温度升高，地球表面就表现为炎热的夏季。当地球围绕着太阳转动，地球表面只受到太阳光的斜射时，地球表面接受到的热量减少，就表现为冬季。

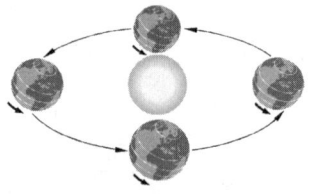

当北半球接受太阳光的直射而处在盛夏时，南半球则面对太阳光的斜照而正值隆冬。北半球的春天又对应着南半球的秋天，两半球得到了同样多的阳光。这便是四季的由来。我们把北纬23度27分的纬圈叫北回归线，南纬23度27分的纬圈叫南回归线，意思是太阳的直射到此为止，然后便开始掉头转向，打道返回了。而北极圈、南极圈则会有半年时间照耀着不落的太阳，另外半年陷入漫长的黑夜。由于地球绕日轨道不是一个标准的正圆，因此南半球比北半球的夏天更热，冬天更冷。

太阳系里都有哪些星球

在18世纪以前，古代天文学家

只知道有六大行星。1781年，美国的天文学家威廉·赫歇尔发现了天王星，后来在对天王星进行研究时发现其运行规律有些不正常，似乎受到另外一颗行星的影响，在1846年发现了海王星。海王星的发现是在对天王星的轨道进行计算以后才找到的。太阳系中有八大行星，分别是水星、金星、地球、火星、木星、土星、天王星和海王星。

太阳是如何从东方升起来的

说太阳是从东方升起来的，就像说树向你走来一样，是错误的。很明显，走动的是你，而不是树。同样，对于地球和太阳来说，走动的是地球，而不是太阳，因此正确的说法是：地球向东转去，迎向太阳。

大家之所以说太阳从东方升起来，是有原因的。古时候，科学不发达，人们对自然现象只能作表面解释，比方认为地是平而方的，有海角，也有天涯；还说地如棋盘，天如圆盖。所以人们看到太阳从东方升起，就相信这就是真理。直到15世纪的波兰天文学家哥白尼发现了地球是绕着太阳在运动的，提出了他的新见解"日心地动学说"，证明了"地球向东方去，迎向太阳"的真理。

不过，"地球向东方去，迎向太阳"这么长的句子说起来或者写在文章里很别扭，听起来或读起来又很不自然，所以"太阳是从东方升起来"，虽然并不科学，但是我们借用一下也还是可以的，只要大家知道这是地球运转的结果就可以了。

什么是陨石

陨石是一种行星际物质碎片，从地球以外其他星球上来到地球的。它们大小不一，有的灰尘般大小，有的直径达数千米，轨道极不稳定，每天有无数颗砸到地球表面。陨石由直径大约为1毫米的硅酸盐橄榄石聚集而成。硅酸盐是球粒结构，在地球上至今没有发现这种结构的物质。著名的陨石有中国吉林陨石、中国新疆大陨铁、美国巴林杰陨石、澳大利亚默其逊碳质陨石等。

陨石包含着大量丰富的太阳系天体形成演化的信息，人类对它们的实验分析结果有助于探求太阳系演化的奥秘。陨石是由地球上已知的化学元素组成的，在一些陨石中

找到了水和多种有机物。这成为"是陨石将生命的种子传播到地球的"这一生命起源假说的一个依据。同时，通过对陨石中各种元素的同位素含量测定，可以推算出陨石的年龄，从而推算太阳系开始形成的时期。因为陨石可能是小行星、行星、大的卫星或彗星分裂后产生的碎块，它能携带来这些天体的原始信息。

最大的石陨石是什么样的

陨石也叫陨星，俗称天落石。根据它的成分可分为铁陨石、石陨石和石铁陨石三类。根据天文学家估计，每天进入地球大气层的这些流星体不少于5万吨。陨石属于落入人类手中的小天体样品，而小天体内部的温度一般都不高，很多小天体都一直处于"冷藏"状态。它们自形成以来，就未曾变质或变质很小，保存着很多早期的信息。因此研究陨石，对于探讨太阳系、地球及其上面的原始生命组成、起源、演化，有着重要的意义。

1976年3月8日下午，我国吉林地区上空，突然出现了向四周发射的耀眼的光球，紧接着发出强烈的爆炸声，"石雨"纷纷落下，范围广达500多平方千米，这是20世纪人们看到的最壮观的"陨石雨"。地质人员从中收集到的陨石有100多块，其中3块的重量超过100千克，最大的一块重1770千克，超过了美国收藏的1078千克的"世界之最"陨石，成为世界上最大的陨石。

织女星是什么样子的

织女星在中国人的心中是一个美丽的星星，它代表着爱情与智慧，但是真正的织女星只是一颗普通的恒星。

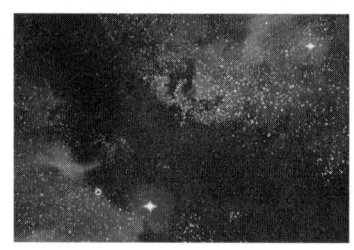

织女星呈白色，被称为"夏夜的女王"，它位于天琴座中，是夏夜天空中最著名的亮星之一。它离我们的距离为26光年，比太阳远170万倍。织女星的光度等于太阳的50倍，直径等于太阳直径的2.76倍，质量差不多等于太阳的3倍。它位于银河西岸，与河东的牛郎隔河相望。在织女星旁有四颗暗星，组成一个小菱形。

美国、英国和荷兰联合研制了地球轨道红外线天文望远镜，1983年8月9日，在这架望远镜的帮助下，科学家发现织女星的行星环，这就意味着织女星可能有生命。但是后来的研究不容乐观，织女星的年龄只有10亿年，如果织女星周围的行星存在着生命，那也是最原始、简单的生命。这些生命演变成人类这样的智慧生命，至少还需要36亿年。再说，织女星的温度比太阳高得多，能源消耗得快，也许过了36亿年后，织女星自己的生命已经终结了，它周围的行星也就永远不可能有生命。

牛郎星是什么样子的

与织女星遥遥相对的就是银河东岸的一等亮星，学名天鹰座α，俗称"牛郎星"。它与织女星一样，是夏季夜空中十分著名的亮星。

牛郎星距离地球大约16光年，比太阳远100万倍。它的直径为太阳直径的1.6倍，表面温度在7000℃左右，呈银白色，发光本领比太阳大8倍。牛郎星的自转速度很快，约7小时自转一周，所以它的形状呈扁圆形。古希腊人把它想象为一只在夜空中展翅翱翔的苍鹰，牛郎星就是鹰的心。据推算，它的赤道半径为极半径的1.5倍。牛郎星的两侧各有一颗较暗的星。在夏季的星空中，牛郎星、织女星和天津四三颗亮星，构成一个醒目的大三角形，称为"夏季大三角形"。牛郎星位于大三

角形的南端。这个大三角形是寻找夏季星座的重要标志。到了夏末，在上半夜，大三角形及其附近的银河一起升到天顶附近。在夏秋季的上半夜，牛郎星和织女星在天空中的位置较高，这时是观测它们的好季节。

"通古斯大爆炸"是怎么回事

1908年6月30日7时左右，在西伯利亚中部通古斯河畔的一个小镇上，人们突然发现在东方天空的一角，出现了一个比太阳还要明亮的"天火"，它发出噼里啪啦的声音，还拖着长尾巴向西北方向飞去，在即将落在一片密林里时发出了一声惊天动地的巨响，升起一股黑色的烟云，经久不散，还引起了一次不同寻常的地震，强烈的冲击波毁灭了大片森林。小镇上的许多人都被击倒在地，还有人失去知觉。

有科学家认为这是一场陨石撞击地球的事件。陨石受到地球引力的影响，进入地球的大气层，与大气摩擦以后产生高温，形成人们看

到的"天火"。强大的冲击波又使陨石深埋地下。然而在通古斯大爆炸的现场,人们并没有发现陨石撞击引起的地貌变化,也没有搜集到任何陨石碎片。

后来天文学家们认为,这次陨石坠落的并不是一般的石陨石或铁陨石,而是一大块彗星冰核的碎片。它由于受到强烈的摩擦,产生了上万度的高温,还没有到达地面就发生了爆炸,最后烟消云散,没有留下任何碎片。

金星是怎样一个星球

金星是离地球最近的行星,它的大小、质量、密度和地球都差不多,也有一层稠密的大气,所以,人们就把金星看成是地球的"孪生姐妹"。

当我们抬头仰望星空的时候,除了月亮,最亮的那颗星星就是金星了,甚至在白天也能看见它。前苏联"金星"号宇宙飞船探测到金星的表面温度达到477℃。这么高的温度就是铅锡之类的金属也会熔化的,即使在深夜的两极地区,那里的高温照样把岩石烤得很热。金星的表面有许多火山,到处都是从火山中喷发出来的岩浆。

金星的表面包裹着一层厚厚的浓云,就好像蒙着面纱一样,让人们看不到金星的地表面。这层"面纱"允许太阳光经过,照到金星的表面,使金星的表面变得很热,但是却不允许反射的热量透过并散发到太空中去,金星的温度当然不会低了。

海王星上有海洋吗

海王星的大小、质量和天王星很相近,从天文望远镜中看去,就像一个蔚蓝色的大圆球,表面似乎被茫茫的大海覆盖着,所以西方人用罗马神话中海神的名字来命名它。

其实海王星上面根本就没有海洋,甚至连一滴水也没有。但是海王星上有着无比强烈的旋风,风速达到每小时 2000 千米,比普通的超音速飞机的速度还快。海王星上的大气层中能看见深蓝色的大圆斑,就是刮猛烈旋风的中心。

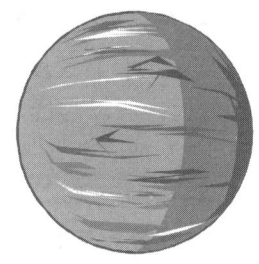

EARTH DIAMETER

人们在1781年发现天王星以后,经过一段时间的观察,发现它的运动轨迹并不稳定。于是，科学家们设想到在天王星的外侧一定还有另外一颗人类没有发现的行星，在影响着天王星的运行。终于在1846年找到了海王星。

1989年，"旅行者"2号宇宙飞船飞抵海王星附近的时候，发现海王星上有4个光环，但是到目前为止还没有弄明白这些光环是什么东西。

太空垃圾场开设的必要性有多大

人类向天空发射了很多人造卫星、航天飞机、宇宙飞船等飞行物，这些飞行物有的还没有达到目的地就因为故障而自毁成碎片，有的因完成了使命而自然报废，可是这些飞行物并不会消失，它们在不同的位置绕地球旋转就成为太空垃圾。

太空垃圾中可以说是无奇不有，小的东西有螺丝帽、螺栓，以及宇航员抛入太空的各种废弃物；大的有报废的卫星、用过的火箭推进器、卫星太阳能反光板等；更多的则是火箭爆炸、卫星相撞炸成的碎片。有关专家估计，现在抛在太空的垃圾已经超过7万吨，能给人类的太空活动带来危险的、直径在1毫米以上的垃圾已有数百万个。太空垃圾已经引起各国科学家的重视，他们不断地探索开设太空垃圾场的可行性，以用来收回太空的垃圾。而且随着航天器的不断成功发射，太空垃圾也将越来越多，开设太空垃圾场是势在必行的。

为什么会出现狮子座流星雨

1833年11月17日，盛大的狮子座流星雨的景象非常壮观。流星像暴风雨一样持续不断地从狮子座向四面八方辐射开来，一连几个小时，最多的时候每小时出现10万颗流星。

1998年11月17日，在大西洋加那利群岛的拉帕尔马天文站，人们观测到了狮子座流星雨的大爆发，看到了2000多颗流星。在青岛的观象台，人们看到流星此起彼伏，像闪电划过长空，在空中的停留时间长达9分30秒。

历史上，狮子座流星雨出现的年份是公元902年、931年、934年、1002年、1101年、1202年、1366年、1533年、1602年、1698年、1766年、1799年、1833年、1866年、1966年以及1998年。从中可以估算出狮子座流星雨极盛周期基本上是33～35年，当然也有不按规律

的例子。

狮子座流星雨的周期与一颗叫做坦普尔—特塔尔的彗星有关,这颗彗星的运行周期平均是32.9年。这颗彗星除了将残余物质散布在轨道各处形成狮子座流星群以外,还特别将残余物质密集散布在其轨道的一个比较狭窄的地带。地球在每年的11月中旬穿过这颗彗星和狮子座流星群的轨道,但是并不是每年都能碰见那个密集群,而是每隔33年左右遭遇一次。

为什么说哈雷彗星会爆炸

1986年哈雷彗星回归的时候,由于它黯淡无光,竟然使无数人难以看见它的真面目。然而,在1991年2月,当它距离地球20多亿千米时,竟然在几天内亮度突然增加了几百倍,并且长出了直径达20万千米的彗发。这个现象引起天文学家的关注,因为这几乎是哈雷彗星的一次大爆炸。

对于这次哈雷彗星的爆炸,天文学家们进行了种种推测。英国的天文学家休斯认为,这是由于一颗直径为2.6~60米的小行星横向冲击了哈雷彗星。如果这个猜测正确的话,等到哈雷彗星2061年再度回归的时候,人们就可以发现它身上有一个近2千米的伤痕。

美国的两位天文学家则以为,这也许是因为1991年1月31日爆发的太阳特大耀斑引发的。太阳的这次特大耀斑爆发产生的巨大能量的冲击波,在两个星期之后到达哈雷彗星,震破了哈雷彗星薄弱的外壳,使大量的尘埃外溢。

而英国夏威夷大学的天文学家米次则不同意上述的观点,他认为组成彗星的成分除了冰以外,还有一氧化碳冰。如果固态的一氧化碳的压力聚集到足够大的时候,就能在表层的薄弱处冲开缺口,喷开大量的冰、尘埃而引发爆炸。我国紫金山天文台的专家就于1986年12月10日拍到类似哈雷彗星爆炸时的照片。

为什么太阳能发出光和热

这是人们一直在探索的重要问题。但是由于受到科技研究手段的局限,虽然各种各样的有关太阳能源的猜测相继提出,却总是找不出足够的科学依据。直到1938年发现了原子核反应后,终于解开了太阳能源之谜,太阳的光和热是氢核聚变后发出的,也就是靠原子能来发光发热的。

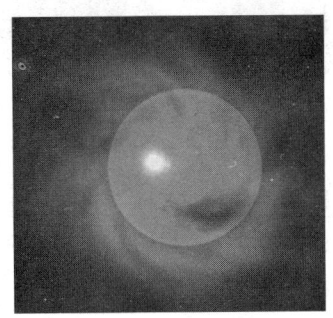

太阳发光时，利用自身的重力把氢拉向中心，由氢核聚变成氦核的热核反应产生巨大的能量，以辐射的方式，由内部转移到表面，再发射到宇宙空间。实际上我们能看到的太阳光是太阳产生的能量中的红外线的颜色，其他的光波几乎都是不可见的。太阳能以同样的比例不断地、轻松地进行这种反应。而太阳所含的氢，至少可供太阳继续这样发光50多亿年。

银河系的核心在哪里

地球不是太阳系的中心，太阳系也不是银河系的中心，我们能够用肉眼看到的只是银河系的侧影，它的中心在南天的人马座。

银河系的中心离我们约有 3 光年，不算是很远。但是由于星际尘埃对可见光有阻碍作用，我们就不能看到银河系中心的庐山真面目了。天文学家们借助射电、红外、X 射线和 γ 射线，才能看见银河系的中心。

离银河系中心 1 万多光年的地方，有两条膨胀着的氢气臂，每一条的质量都是太阳的 1000 万倍，一条向着太阳的方向，速度是 53 千米/秒，另一条背着太阳的方向，速度是 153 千米/秒。在银河系的中心区域还发现了 8 个强射电源，以"人马 A"最强，分为东、西两侧。西侧有一个点状的射电源，由于它的存在我们才知道银河系中心的所在。在"人马 A"的旁边，还有一个极强的红外源，它的亮度竟然是太阳的千百万倍，可能是一些老年恒星。

你见过绿色的太阳吗

1979 年，波兰的一位快艇运动员驾着帆船从太平洋向旧金山驶去的时候，不断地看到绿色的太阳。原来在日出和日落时，当太阳只有一小部分在水平线之上，而空气又十分清新的话，绿太阳便会出现，维持仅仅数秒。

我们知道，太阳光通过大气层时会被折射，正如三棱镜一样，把太阳光的白光折射为彩虹七色。波长较短的光线会被折射得较多，所

以在日出或日落的时刻，我们最先或最后所看见的都应该是蓝光。但是，蓝色的光在空气中较易被散射，不易看见，而往往我们看见的，是比蓝光波长稍长的绿光，这便是绿太阳的由来。可是如果空气中有太多灰尘的话，就连绿光也会被散射开，我们就看不见绿太阳了。假如你有机会在天气好的时候到海边看日出，说不定你能看到绿色的太阳。

太阳风为什么会有那么高的速度

太阳风是一种连续存在，来自太阳并以超音速运动的等离子体流。太阳风的存在，给我们研究太阳以及太阳与地球的关系提供了方便。为了能够清楚地表述太阳风是怎样形成的，我们先来了解一下太阳大气的分层情况。

一般情况下，我们把太阳大气分为六层，由内往外依次命名为：日核，辐射区，对流层，光球，色球，日冕。日核的半径占太阳半径的1/4左右，它集中了太阳质量的大部分，并且是太阳99%以上的能量的发生地。光球是我们平常所见的明亮的太阳圆面，太阳的可见光全部是由光球面发出的。

而日冕位于太阳的最外层，属于太阳的外层大气。太阳风就是在这里形成并发射出去的。冕洞是太阳磁场的开放区域，这里的磁力线向宇宙空间扩散，大量的等离子体顺着磁力线跑出去，形成高速运动的粒子流。粒子流在冕洞底部速度为每秒16千米左右，当到达地球轨道附近时，速度可达每秒800千米以上。这种高速运动的等离子体流也就是我们所说的太阳风。

为什么说太阳刚到"中年"

"万物生长靠太阳"，太阳给地球带来了光和热，没有太阳，人类也就没有了生存的基本条件。那么，太阳到底还能"活"多少年呢？天文学家告诉我们，太阳已经活了50亿年，还可以继续活50亿年，现在的太阳正处于它的"中年"时期。

天文学家们是怎么得到这个结论的呢？太阳是一个硕大的燃烧着的火球，它燃烧的是什么东西，是木材、煤炭、汽油？显然，通过计算很容易就会把它们都排除了，因为如果太阳的燃料是它们的话，太阳的寿命分别为2076年、5504年和7544年，显然与事实不符。

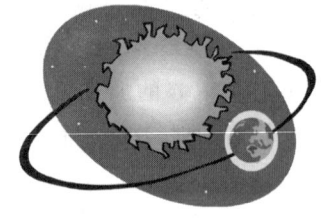

一直到20世纪30年代末，核物理学家提出了4个氢原子核聚变成1个氦原子核的"热核反应"原理，解决了这个问题。太阳燃烧的材料是氢。但是太阳的这种燃烧不是化学中氢气燃烧的变化，而是整个原子核的变化。据估计，每燃烧1千克氢产生的能量就相当于1.9万吨煤所产生的能量。这样算来，太阳还可以稳定地燃烧50亿年。

你知道"大陆漂移学说"吗

打开世界地图，就会发现南美洲的东海岸与非洲的西海岸是彼此吻合的，好像是一块大陆分裂后，南美洲漂过去形成的。

20世纪初的一天，德国30岁的气象学家、探险家魏格纳在看世界地图的时候，也发现了这个情况。他马上就被这个奇特的现象吸引了。

南美洲的巴西的一块凸出部分和非洲的喀麦隆海岸凹进去的部分，形状十分相似。如果移动这两个大陆，使它们靠拢，不正好吻合了吗？"莫非是太古的时候，这两个大陆本来就是一个？"这确实是一个前无古人的设想。因为从来人们都认为大陆是不动而又不变的。大陆会裂开，又会漂移，岂不成了奇谈怪论？

魏格纳是一个百折不挠的人，他为了证实自己的想法，开始大量搜集证据，埋头钻研。事实在不断地告诉他，各大洲边缘不但地形相似，而且动物相似，这种情况不但存在于南美洲和非洲之间，而且存在于亚洲和欧洲、大洋洲、南极洲之间。经过两年的潜心研究，使魏格纳确信，地球的大陆原先是一个整块，大约距今3亿年以前开始分裂，向东西南北移动，后来才成了这个样子，于是他正式提出了"大陆漂移学说"。

1915年，魏格纳发表了《大陆及海洋的起源》，充分论述了大陆漂移的证据。在当时，魏格纳的学说当然不能被正统派接受。然而，在他死后几十年的科学新发现中，却进一步证明了他那个大胆的学说是有科学根据的可靠理论。

太阳光最多的地方是哪里

"万物生长靠太阳"，正是由于太阳的照耀，地球上才有了疾风劲吹、江水奔流、花开果熟，万物才能生生不息。太阳是一个取之不尽的能源。

为了利用太阳能，人们在寻找

世界上太阳光最多的地方。20世纪60年代的时候，人们认为南美洲的波多黎各是世界上阳光最多的城市。在那里连续观测了6年，只有17个阴天，每年有362天阳光普照。70年代，又发现撒哈拉沙漠东部阳光最多，那里年平均日照数达4300小时，也就是说，每天大约有11小时45分钟的时间能见到太阳。这是因为撒哈拉沙漠是世界上最干燥的地方，没有能遮住阳光的云层，加上这里的纬度较低，因而就成了世界上阳光最多的地方。

早晨和傍晚的太阳为什么是红色的

在早晨和傍晚的时候，我们看到太阳是红色的。为什么早晨和傍晚的太阳是红色的呢？

因为在这时候阳光斜射地面，需要穿过靠近地面的较长一段空气。接近地面的空气中，大粒的尘埃比较多，它们能使红光散射，这时我们看到的太阳就是红色的。而到中午时，太阳光能直接照在地面上，不像早晚要受地面上如高山、林木、楼房，以及混浊空气的阻挡，所以，它仍然是原来的白色光，刺得人不敢睁眼睛。

太阳刚升起时，光线要穿过好多空气层。但有的地方空气密，有的地方空气稀，这样，太阳的光线就不能直线走了。因此，太阳看上去就成了扁圆形的了。

朝阳为什么比夕阳耀眼

生活中我们会有这样的体验，早上起来，看到初升的太阳，感觉特别刺眼。在晚上，感觉夕阳却是那么温柔，完全没有晃眼的感觉。

气象学中，朝阳和夕阳在同种气象状态下，亮度是一样的，给人的感觉也应该是一样的。我们之所以感觉不一样，主要是因为经过一晚上的休息，我们能够在晚上适应夜的黑暗，看东西的时候总会睁大眼睛，而当朝阳升起，阳光突然进入我们的眼帘时，感觉十分晃眼。当太阳逐渐落山的时候，我们已经适应了白天强烈的阳光，对于夕阳的照射，我们就感觉不到晃眼了。

为什么天上会产生雷电

雷电是一种常见的大气放电现象。雷电的产生实际上是带电的积雨云发出的声音和强光。

地面的热空气携带大量的水汽不断地上升到高空，形成大范围的积雨云，积雨云的不同部位聚集着大量的正电荷或负电荷，形成雷雨云，而地面因受到近地面雷雨云的电荷感应，也会带上与云底相反符号的电荷。当聚集的电荷达到一定数量时，在云内不同部位之间或云与地面之间就形成了很强的电场。电场达到一定强度时，就会把空气击穿，打开一条狭窄的通道强行放电。当云层放电时，由于云中的电流很强，通道上的空气瞬间被烧得灼热，温度高达6000～20000℃，所以发出耀眼的强光，这就是闪电，而闪电的高温会使空气急剧膨胀，同时也会使水滴汽化膨胀，从而产生冲击波，这种强烈的冲击波活动形成了强烈的轰鸣声，这就是雷声。

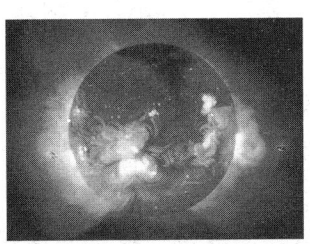

雷电发生放电现象，产生巨大的电火花，可以产生永生态氧原子。永生态氧具有强氧化作用，能起到净化空气与杀菌的作用。因此雷雨后人们感到空气特别新鲜。

地球会被太阳烧掉吗

太阳一直不停地燃烧自己，发出光和热，科学家计算过，如果太阳按照现在的速度继续"燃烧"下去，至少还可以发50亿年的光和热。当太阳的能量消耗尽时，太阳燃烧过的中心部分将发生塌陷，散发出的大量能量进一步加速内部的热核反应，并且使太阳向外急剧膨胀，成为比现在更大、更热、更红的红巨星，因而会把其附近的几个行星，如水星、金星和我们的地球都吞没掉。

等太阳"燃烧"完了之后，科学家目前设想的对策有三种：一种是移民，人类移居到其他适宜生存的星球，或是减轻地球质量，使它脱离现在的轨道从而远离太阳的危害；一种是提前对太阳进行改造，使它可以存在更长的时间；还有一种就是制造一个人工的太阳。当然，这三种设想要实现起来都很困难，不过，人类还有50多亿年的时间探索，一定可以想出一个可以保护地球和地球上生命的万全之计。

地球将会有怎样的归宿

在太空中看去，地球是一个深蓝色的美丽星球，表面的2/3以上都是海洋、湖泊或河流。地球是人类的摇篮，它有着适宜的温度，理想的大气，丰富的物质。地球已经有50亿年的年龄了，人类都开始关心地球的归宿问题。

地球将会以什么样的方式走到生命的尽头呢？有些人认为，由于太阳像其他炽热的天体一样不断地向空间散发着能量，这种巨大的能量终究会有枯竭的一天。地球就会逐渐冷却，寒冷的地区就会不断地扩大范围，地球上的生命相继灭绝，地球最终将会变成一个巨大的冰球。

核物理学家们不同意上述的观点，他们在对太阳和其他恒星发射核反应进行研究的时候发现，太阳在冷却之前将会经历一个温度极高的时期。太阳的一部分氢燃料消耗殆尽的时候，其他的核反应就会发生，太阳变热急剧膨胀。这个时候，地球有可能先被焙成灰烬，然后挥发掉。这个情况发生大概是在50亿年以后了。

人类何时能向太空移民

随着人口的不断增加，面对有限的土地和资源，很多人都提出向太空移民的设想。在选择地点时，目前呼声最高的就是火星。

有些科学家甚至想象了人类移民火星的4个阶段：第一步是在火星的隐蔽处，使用有效降低辐射的建筑材料造房屋，试种作物，所有穿着要使用防辐射材料。第二步是在火星上建造化工厂和核电站，形成温室效应，使火星上摄氏零下几十度的温度，上升到摄氏零下几度。第三步是当火星上的温度达到摄氏零下几度时，有植物生长和形成，大气层逐渐加厚。人类可以不穿防护服，但仍需戴呼吸器进行呼吸。第四步是火星大气层形成，气温平均在摄氏零度，可以正常种植和收获庄稼，空气也足够人们呼吸，火星上开始形成城市，这时就可以成规模地向火星移民了。但移民火星要解决的问题太多了，这些仅仅是设想，而且过程漫长，迄今为止还没有付诸实施。

人在太空中怎样洗澡和睡觉

人在太空睡觉是一件很简单的事情，在太空中因为失重的原因，一切东西都处于漂浮的状态，人也不例外，因此就没有了前后左右之分。不管是哪种睡觉姿势，感觉都是一样。但是宇航员不喜欢这种睡觉方式，一般是把睡袋固定在舱壁上，宇航员躺在里面休息。这样可以避免航天飞船在发射升空时，宇航员撞击舱壁。

对于宇航员在太空中睡觉而言，宇航员洗澡也是一件很麻烦的事情。宇航员洗澡的卫生间是用特殊工艺制成的大气囊，宇航员要洗澡的时候，先进入气囊把双脚放入固定在地板上的拖鞋里，然后从气囊的顶部取出特制的淋浴喷头和呼吸管，把呼吸管套在身上，再用特制的夹子夹住鼻子，以免污水和灰尘从鼻子进入身体。在做完这一切工作后，宇航员才可以洗澡。

宇航员从太空中看到的地球是怎样的

宇航员们在太空飞行中最大的乐趣就是观看太空的景观，由于没有地球大气层的阻挡，他们看到的星星，从来没有闪烁的现象，个个星座也都十分清晰。他们经常看到日出和日落，当日落的时候，就可以看见发白的光，能看到日落的准确的位置。他们在白天也能看见月亮，那时的月亮是浅蓝色，很漂亮，晚上的月亮只能看见一部分，但是比地球上看见的月亮亮得多。

当然，宇航员们最喜欢看的就是人类的摇篮——地球了，虽然每个人都有自己的描述和见解，但是他们都由衷地感叹"地球漂亮极了"。在太空中看地球，粗看起来是一个蓝色球体，细看起来，地球白天大部分是浅蓝色，唯一的绿色带是中国的青藏高原地区，一些高山湖泊很明亮，是橄榄绿色，撒哈拉大沙漠呈现出特别的褐色。在地球温度比较低又没有云层的地区，比如喜马拉雅山那样的高山地区，可以看清楚地貌，甚至可以看到那里的森林、平原、道路、溪流和湖泊，还有几幢房屋及烟囱里冒出的白烟。

人们是怎么知道地球的年龄的

地球有多大岁数？从人类的老祖先起，人们就一直在苦苦思索着这个问题。

作为太阳系唯一有生命的星球，地球并不是从来就有的，地球是在太阳系的形成过程中形成的。科学家认为，太阳系是从一团巨大的星云演化而来的，这一星云中的物质在引力的作用下高速旋转，聚集成一团团的物质，最大的一团形成了太阳，其他比较大的团块则形成了包括地球在内的行星。

地球的地质年龄，现在一般都是根据放射性的元素的衰变规律来估算的。科学家通过这种方法测得了地球上许多古老岩石的年龄。近年来，科学家测得落到地球上的陨石年龄是 44 至 48 亿年，从月球取回的岩石样品的年龄是 46 亿年左右。

经过大量测算和必要的校正，现在国际上普遍以 45.5 亿年作为地球的地质年龄。

地理奇观

我们需要全面认识地球，
奇伟多姿的地貌是地球成长的足迹，
当海洋不断变化，岛屿、陆地被不断雕琢，
风、雨、雷、电，极大地影响了我们的生活，
人类历史的进程终会占据一方属于自己的位置，
……
也许这里面吸引我们的，只有亲眼见到才能深深理解，
那些伟大的地理奇观。

地球为什么是球形的

人们对地球形状的认识经历了一个漫长的过程。早期人们凭直觉认为天是圆的地是方的，就是所谓的"天圆地方"。公元1522年，麦哲伦及其伙伴完成绕地球一周的航行以后，才确立了地球为球体的认识。随着科学技术的日益发展，人们对地球有了更明确的认识。今天，通过地球卫星拍摄的照片，我们可以清楚地看到圆球状的地球。

地球的形状跟它的成因、重力和自转有关。地球在形成过程中外部先冷却固化，地幔以下仍处于高温熔融状态，在重力作用下，重元素下沉，轻元素上浮，从地心向各个方向扩展至地表，呈现同心圈状结构。距地心相同距离处基本上由同一种物质构成，因此重力也一致。而只有圆球形才能保证各个方向上的重力平衡。同时由于地球自转，赤道上的离心力比其他地方大，而两极为零。所以物质相对向赤道集中，赤道相对鼓起，形成了近似圆形的扁球体。

现在，科学家们通过实际测量，测得地球从地心到赤道的半径长6378.245千米，从地心到两极的半径长6356.863千米，二者相差21千米。

地球那一面的人为什么不会掉下去

地球是个大圆球，住在下面的人为什么都不会掉下去呢？他们会不会是头朝下生活啊？

其实不要担心，由于地球具有强大的万有引力，可以把人们紧紧地吸在地球上生活，地球哪一面的人都不会掉下去。这个原理，早在1300多年前就被牛顿发现了。

我们说的下方，是指地心的方面，上面是指天空的方向。我们任何时候站着，都是脚向着地下，头向着天空。和苹果向地下落，而不会向天上飞的道理一样，我们也只会被地下的引力向下吸着，而不会"掉"到天空中去。

地球的形状在发生变化吗

地球是一个没有生命的东西，理论上讲，没有生命的东西是不会发生大小变化的。可是对地球来说，并不是这样的，沧海桑田就是很好的例子。所以说地球虽然没有生命，但是它却一刻也没有停止过变化。

对于地球是在变大，还是在变小的问题，目前说法还是不一致的。有人认为，地球在不断地缩小，并对阿尔卑斯山作了调查研究，推算出地球半径比2亿年前阿尔卑斯山刚形成时缩短了2千米；也有人认为，根据阿尔卑斯山的情况，不足以给整个地球的发展作出结论，而且现在发现在赤道一带，地球半径有加长的现象。还有人认为，由于地球有很强的引力会将地球附近的宇宙尘埃不断地吸引到地球上，科学家估计，一昼夜进入地球大气层的宇宙尘埃约有10万吨。

为什么只有南北极，没有东西极

地球上的人类很早就发现太阳每天都要升起、落下，人们把太阳升起的方向叫做东，日落的方向叫做西。后来，人们发现太阳东升西落的现象，并不是由于太阳绕着地球旋转，而是因为地球本身在旋转。地球上的方向是根据地球自转的方向来确定的。顺着地球自转的方向是东，逆着地球自转的方向是西。

地球的自转是绕着地轴的，地轴的两端叫做两极。如果在地轴一端的上空，看到地球自转的方向是逆时针的，那么，这一端就是北极；如果看到地球的自转的方向是顺时针的，那么，这一端就是南极。这样，人们就有了东、西、南、北四个基本的方向了，就可以方便地定出东北、东南、西北、西南等其他方向了。

由于地球是个球体，所以东方和西方是没有尽头的，就不可能有东极和西极了。如果我们从地球的某个地方（两极除外）出发，一直向西走，可以绕地球一圈，仍然回到原来出发的地方，而且还可以继续向西，永远没有尽头。同样的道理，向东出发，也会得出同样的结论。但是，南方和北方却是有尽头的。如果你从北极以外的任何地方向北走，最后都会到达北极。北极是北方的尽头，在这里，四面八方都是南方，既没有东方，也没有西方，甚至没有北方。南极的情况与此相反。所以说，在地球上东西是没有尽头的，而南北是有尽头的。

为什么南极大陆是世界上最高的大陆

地球上最高的大陆不是拥有"世界屋脊"的亚洲大陆，而是南极大陆。地球上几个大陆的平均海拔高度分别是：亚洲950米，北美洲700米，南美洲600米，非洲560

米，欧洲最低，只有300米，大洋洲的平均高度还不甚清楚，估计也不过几百米。然而，南极大陆，就其自然表面来说，其平均海拔高度为2350米，比其他几个大陆中最高的亚洲还要高得多。

南极大陆为什么比其他的大陆高这么多呢？这是因为南极大陆95%以上的面积被巨大的冰川所覆盖，只有在南极大陆边缘区域有季节性的岩石露出，其余的绝大部分都覆盖着常年冰雪。冰的平均厚度为2000米左右，最厚的地方达4800米，形成了一个巨大的"冰被"。

所以，如果把覆盖在南极大陆上的冰盖剥离，它的平均高度仅有410米，比整个地球上陆地的平均高度要低得多。

南极比北极冷吗

大家知道，在地球的两极覆盖着大量的冰川，那里是地球上最冷的地方。但是北极比南极相对暖和，因为南极巨大的冰盖是地球上第一大"冷源"，终日散发着寒气，使空气迅速冷却。由于纬度高，太阳入射角低，斜射的阳光热量很弱。地面吸收到的太阳辐射能量本来就很少，而白色冰盖又把吸收到的少量热能的绝大部分反射回空中，这是南极天气寒冷的一个主要因素。

在南极夏季太阳24小时不落的白昼期间，地面吸收的太阳辐射能较多，有人认为天气可能会暖和很多。实际情况是，南极夏季月平均气温确实比冬季要高一些，但是，南极夏季的天空云量大，太阳辐射能量的大部分被云层反射回去，所以，夏季还是比较冷的。

围绕着南极洲的南大洋的封冻海冰，有些常年不化，阻碍了海水同空气之间的热量交换，使南极四周的海面始终保持低温。南大洋洋面上，终年刮着强劲的西风，它覆盖了南极大陆，影响着来自北方的暖湿空气顺利到达南极洲。

实际上，南极地区比北极地区的年平均气温要低12℃。一个重要因素就是南极和北极的海陆分布不同。南极地区是海洋包围着大陆，北极却是陆地包围着大洋。

为什么夏天北极的太阳总不落山

北极夏天的景色是十分奇妙的。它每天二十四小时始终是白天，要是碰上晴天，即使是午夜时刻也是阳光灿烂，像大白天一样明朗。这就是极昼现象。

产生这种现象的原因是：地球环绕太阳旋转（公转）的轨道是一个椭圆，太阳位于这个椭圆的中心上。由于地球总是侧着身子环绕太阳旋转，即地球自转轴与公转平面之间有一个 66°33′ 的夹角，而且这个夹角在地球运行过程中是不变的。这样就造成了地球上的阳光直射点并不是固定不动，而是南北移动的。在一年中的春分和秋分，太阳光直射在赤道上，这时地球上各地昼夜长短都相等。春分以后，阳光直射点逐渐向北移动。直到夏至日时，太阳光直射在北回归线上，整个北极圈内都能看到极昼现象；而整个南极圈内则正好相反，一片漆黑，就是极夜现象。

二十四节气划分的依据是什么

节气就是把一年内地球围绕太阳公转在轨道上的位置变化，以及其引起的地面气候演变次序分为 24 段，每段约隔半个月时间，分列在十二个月里，然后定出各段名称。二十四节气依次为：立春、雨水、惊蛰、春分、清明、谷雨、立夏、小满、芒种、夏至、小暑、大暑、立秋、处暑、白露、秋分、寒露、霜降、立冬、小雪、大雪、冬至、小寒、大寒。

节气是华夏祖先历经千百年的实践创造出来的宝贵科学遗产，是反映气候和物候变化、掌握农事季节的工具。

二十四节气是根据地球在黄道（即地球绕太阳公转的轨道）上的位置来划分的。地球绕太阳公转一周是 360 度，以春分为起点定为 0 度，每前进 15 度是一个节气，例如清明、谷雨、立夏、小满分别对应 15 度、30 度、45 度、60 度。这样运行一周又回到春分点，为一回归年，总共 360 度，因此分为 24 个节气。

白天黑夜为什么会交替

我们的地球像一只陀螺，绕着地轴不停地自西向东旋转，这就是地球的自转。地球自转一周需要 23 小时 56 分 4 秒。虽然太阳一直都在照耀着地球，但是因为地球是个不透明的球体，阳光就只能照亮半个球的面积，被阳光照到的一面为白天，而阳光照不到的一面为黑夜。

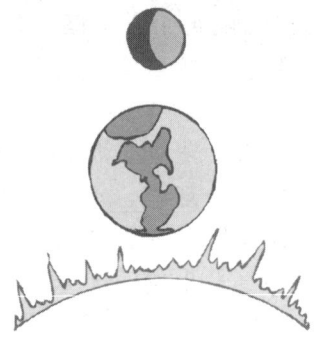

也就是说，地球总有一面是向着太阳，另一面背着太阳，于是就有了北半球和南半球的昼夜恰好相反。而昼夜交替的产生就是由于地球的自转使原本照到阳光的一面渐渐背离阳光，直到不再被阳光所照射而变成黑夜；而原本没有阳光照射的一面则渐渐接近阳光，直到被阳光照射而成为白天。于是，我们便有了白天黑夜的轮番交替。

地球上的一天一直都是 24 个小时吗

一天是 24 个小时，这是没有人会怀疑的，但是美国航天局研究发现，现在地球上的白天时间平均延长了 1/1400 秒，1 昼夜平均延长了 1/700 秒。这样累积起来，每年延长了半秒钟，过 120 年每天就会长 1 分钟，若干世纪以后，一天的时间就会超过 24 个小时了。

其实地球的运动是变化的，而且极不稳定。科学家分析了许多珊瑚虫化石，从上面的年轮和生长线得知，在 3.7 亿年前，地球上的一年是 395 天，当时一天的时间仅为 23 小时。4 亿年前，一年有 405 天，一天只有 21.5 小时，6 亿年前，一年不少于 425 天，一天仅为 20 小时。

科学家们认为 1 昼夜的时间变长是由于地球自转速度变慢造成的。大多数的学者认为是由于涨潮产生摩擦力，使得地球自转的速度逐渐变慢。日本学者认为，涨潮的摩擦力的大小与大陆分布有关，5 亿年前至 3 亿年前的大陆是沿赤道方向排列的，涨潮产生的摩擦力较大，地球的自转减慢较为迅速；2 亿年前以后，大陆按照南北方向排列，涨潮产生的摩擦力相对减少，地球自转的速度就变缓了。

地心温度有多高

地球作为一个整体是由同心圈构成的，从外到里依次为地壳、地幔、地核。它们的温度都不相同，越往地心，温度越高。

最外层是地壳，平均厚度33千米，地壳的底部温度能达到摄氏1000℃左右。地壳往下是地幔，地幔为固体层，厚度2900千米左右。地幔再往里就是地核，它的半径约3500千米，成分主要是铁。地核可分为"外地核"和"内地核"两层。处在地表以下2900—4980千米的部分叫外地核，是液体状态。从4980千米直到地心则为内地核，是固体状态。

科学家通过模拟的方法来推测地心的温度。由于地球中心是熔融状态的铁，通过建立与地球内部相同的压力条件，在此条件下测出铁熔化的温度就可以测出地球中心的温度。经过500次试验，得到铁在这种高压条件下的熔化温度是7300℃，但由于地心还存在硫等其他元素，会降低铁的熔化温度，因此最终结论是地心温度约为6800℃。

地球上最热的地方为什么不是赤道

地球上什么地方最热？很多人肯定以为是赤道地区，因为赤道地区的太阳一年到头高高地挂在天空。其实，地球上最热的地方不是赤道。赤道上最热的纪录，很少超过35℃，而非洲撒哈拉沙漠，白天最高气温竟达到55℃，一般也在40℃以上，

阿拉伯大沙漠的白天最高气温达到45～50℃。我国的戈壁沙漠的白天最高气温也达到45℃左右。

赤道地区获得太阳的光热最多，为什么不是气温最高的地方，而一些沙漠离赤道很远，为什么夏季反而比赤道热呢？

地球赤道圈区域大多被海洋占据，有太平洋、大西洋、印度洋，广阔的赤道洋面能把太阳给它的热量传向深处，同时大海的海水蒸发又要耗去大量的热量，再加上海水的热容量大，水温升高比陆地慢，因此，白天温度并不会急剧地升高。而大沙漠的热容量小，升温快，再加上沙地又缺乏水的蒸发耗热作用，所以当太阳一出地平线，沙漠里的温度就直线上升。另外，赤道上的云层和降雨都比沙漠地方多得多，所以温度一般不会升得太高。这样，地球上最热的地区大多在低纬度的沙漠里。

地球上的氧气会用完吗

氧气是人和动植物呼吸所必需的气体，他们不能离开空气。地球上的氧气会有用完的一天吗？

从科学的角度讲，地球上的氧气在短期内是不会缺乏的，因为氧气是可以再生的。大自然中，森林及其绿色植物就是制造氧气的工厂，

这些植物通过光合作用，吸收大气中的二氧化碳、土壤中的水分和溶解在土壤溶液中的无机矿物养料，制造有机物，储存太阳能，同时释放出新鲜的氧气。每天，当阳光照射在植物叶子上时，这种光合作用就开始了。这样的制氧工厂源源不断地供应新鲜氧气。

但是，人们也不无忧虑，因为我们周围的空气在不停地老化。空气老化的标志就是空气中的氧气含量及其质量下降。科学家忠告人们，应加强危机意识，不要人为地破坏生态环境，要大力植树造林，增加绿化面积，治理"三废"，减少大气污染，保护好我们的生存环境。

我国是多地震的国家吗

我国是一个多地震的国家。从公元前1831年我国最早的地震记载开始，至今共有地震记载9000多次，其中六级以上的破坏性的地震就有800多次。仅1901年至1969年我国就有六级以上的地震476次，平均每年达6～7次。如1966年3月河北邢台地震，1969年7月渤海湾地震，1970年1月云南通海地震，1972年1月台湾地震，1973年2月四川甘孜地震，1974年5月云南昭通地震，1975年2月辽南营口和海城地震，特别是1976年，先后在云南龙陵潞西一带、河北唐山丰南地区以及四川松潘平武地区，发生六次七级以上的大地震。

我们知道，地震区域的分布受一定地质构造条件的控制。从世界范围来看，地震主要是集中分布在两个地震带：环太平洋地震带，包括堪察加半岛、日本、我国台湾地区、菲律宾、印度尼西亚、新西兰、美国西海岸、墨西哥、秘鲁、智利等地，这是一个强烈的地震带，地震次数约占全世界地震总次数的80％，很多大地震都发生在这里；喜马拉雅、中亚以及地中海地震带，包括我国西南和新疆地区、印度北部、巴基斯坦、阿富汗、伊朗、高加索地区、土耳其至地中海地区，这一带的地震约占全世界地震总数的15％。其余分布在东非大裂谷地区和大西洋、印度洋等地。

我国正处于世界上两大地震带的中间，被两大地震带所包围，地壳运动十分活跃。构造带就是在一定单位内有着共同成因和内在联系的断层、褶皱等地质构造现象。世界范围的两个地震带在地质上就是两个地壳运动活跃的地质构造带。

我国地质上有很多构造带，有的相对比较稳定，有的活动比较频繁。在我国东部，受太平洋一带地壳构造运动的强烈影响，形成了东北—西南方向延伸的构造带，台湾山脉、武夷山脉、大兴安岭、太行山等主要山脉，是这个构造带的隆起区。黄海、东海、东北平原、华北平原、江淮平原等是这个构造带的沉降区。因此地壳运动活跃，地震频繁，而且台湾地区本身就是环太平洋地震带的一部分。

我国西部和西南边界是喜马拉雅、中亚及地中海地震带所经过的地方，这是欧亚大陆最主要的地震带，使我国广大西部及西南地区地壳活动十分活跃，形成了西北—东南方向延伸的构造带，其南端转向近似南北方向，喜马拉雅山脉和横断山脉等山系都属于这个构造带，因此地震强烈。

我国的地震活动主要集中在以下地区：台湾及其附近海域；西北地区，包括河西走廊、宁夏六盘山一带和天山南北麓等地；西南地区，包括云南中部、西部、四川西部和西藏东南部等地；华北地区，包括汾渭河谷、京津唐地区、河北平原、山东中部至渤海及其周围等地区；东南沿海地区。其中，台湾地区的地震最多。

大地震为什么多发生在夜间

1976年7月28日3时42分，我国唐山地区发生了7.8级大地震，当时大多数人还处在梦乡中，这次地震给当地人带来了惨重灾难。当时有人说："要是地震发生在白天就不会死那么多人。"但地震往往就是地夜间、甚至是人们熟睡的时候发生。这是为什么呢？

地震的发生与太阳和月球引力有很大关系。当地球内部在孕育地震的过程，且地下的岩石受力的作用接近于破裂时，如果此时正好又受到太阳和月球的引力作用，这样

已经准备好的地震能量就会一下子迸发出来。地震其实随时都会发生，多发生在夜间是因为在夜间受太阳和月球的引力比白天要大得多。

地震不仅多发生在夜间，而且还常发生在农历初一、十五或十六前后。因为农历初一、十五或十六前后是太阳和月球引力最大的时候。

地球上哪里最冷哪里最热

冬天气温低，天气很冷，夏天气温高，天气热。但是你知道地球上最冷的地方和最热的地方在哪里吗？

世界上最冷的地方在南极洲，那里迄今为止还没有人类居住，积雪覆盖全岛，终年不化，年平均气温在零下25℃以下，绝对最低气温在零下88.3℃，并且曾经出现过零下94.5℃的纪录。在有人居住的大陆上，最冷的要数俄罗斯的上扬克斯和奥伊米娅康，那里全年平均气温在零下15℃左右，奥伊米娅康的最低气温甚至低至零下78℃。

世界上最热的地方在非洲埃塞俄比亚的马萨瓦，马萨瓦地处红海边上，全年平均气温为30.2℃，几乎每天都是炎热的夏季。而绝对最高温度出现在非洲的索马里，在阴影下测到的最高气温竟然达到63℃。

地球转动为何我们感觉不到

大家知道，地球在永不停息地自西向东自转，在赤道上，物体随地球自转的运动速度每秒钟能达到465米，一天大约移动4万千米。而地球绕太阳公转的速度则每秒可达30千米。但是我们人类就生活在地球上，为什么感觉不到呢？

其实，这是由于缺少参照物的缘故。我们乘车的时候能感觉到车的前进，我们是以路边的树或建筑为参照物；我们乘船在江河里航行能感觉到船开得快还是慢，我们是以两岸的景物为参照物来判断的。而在茫茫的大海中，几乎没有参照物，所以很难感觉到船前进的速度和路程。

日月星辰的东升西落也说明了地球是在不停地自转的。这也如同我们乘车时看到路旁景物飞快朝后移动一样，这是汽车快速前进的结果。

世界上最大的裂谷在哪里

裂谷是由于在地壳的不停运动中，两个断层间的陆地产生下沉而形成的。世界上的裂谷很多，其中，东非大裂谷是世界上最长的裂谷带，被称为地球的"伤疤"。

东非大裂谷纵贯整个东非高原，南北延伸7000千米以上，宽约50千米～80千米，底部是一条宽带状的低地，夹嵌在两侧高原之间，裂谷底部比两侧高原表面平均要低500～800米。

东非大裂谷为什么会成为世界上最长的裂谷呢？

原来，那里是个断层陷落带，是在地壳运动过程中，由巨大的断裂作用形成的。而地壳断裂，则是由于地幔上层的热对流引起的，地壳受到张力而断裂。于是地壳出现两条大致平行的大断裂，然后，裂缝中间的地面渐渐下沉。同时，断裂的两翼相对抬高，形成裂谷的两壁和一条深陷下去的宽带状低地。那些低洼的地方渐渐积水，形成了湖泊。在东非大裂谷地带里，沿裂谷带分布着大大小小30多个湖泊，如颗颗明珠点缀着非洲大陆，展现出多姿的风采。

河流的入海口为什么都呈三角形

欧洲一位科学家在研究非洲尼罗河入海口的形状时，发现入海口居然很像大写的希腊字母Δ。于是他把Δ作为尼罗河流入地中海口段的代名词。后来人们发现河流入海口段的形态都好像Δ形，于是Δ变成了所有河流入海口段的代名词了。中国的翻译家将Δ翻译为三角洲。此后，我们中国人便称河流入海口处为三角洲。

仔细地观察世界地图我们会发现，在世界各大河的入海处，大都有一个三角洲。如埃及尼罗河（世界第二大河）入海处，就有一个巨大的三角洲，面积达2.4万平方千米；我国的长江（世界第三大河）、黄河（世界第五大河）以及珠江入海处，也都有面积很大的三角洲。

这些三角洲是河口地区的冲积平原，是河流入海时所夹带的泥沙沉积而成的。世界上每年约有160亿立方米的泥沙被河流搬入海中。这些混在河水里的泥沙从上游流到下游时，由于河床逐渐扩大，在河流注入大海时，水速减慢，再加上潮水不时涌入有阻滞河水的作用，于是，泥沙就在河口处越积越多，最后露出水面。这时，河流只得绕过沙堆从两边流过去。由于沙堆的迎水面不断受到流水的侵蚀，往往形成尖端状，而另一面却比较宽大，使沙堆成为一个三角形，人们就给它们命名为"三角洲"。

三江平原在哪里

三江平原位于黑龙江、松花江、乌苏里江汇流处，由于长期的构造下陷和三江的泥沙堆积，形成了低洼平坦的平原。横亘于中部的完达山脉将平原分为南北两部分：北部是沼泽化低平原，面积4万多平方千米，即狭义的三江平原或合江平原；南部是乌苏里江及其支流与兴凯湖共同形成的冲积—湖积沼泽化平原，面积8800平方千米，亦称穆棱—兴凯平原。合江平原三面环山，西为小兴安岭支脉青黑山，南为完达山支脉分水岗，东为完达山主脉那丹哈达岭。

有的火山为什么喷的是冰

在我们生活的地球上，经常会有火山爆发。每当火山爆发，从火山口喷出来的滚烫的岩浆会到处流

淌，毁坏了庄稼和房屋。然而，在冰天雪地的北极，由于覆盖在火山顶上的冰层比较深厚，埋在冰层下面的火山一旦苏醒就会揭开冰盖，将大量的冰块喷发出来，造成奇特的"喷冰"现象。

在冰岛北部的格利姆斯维特火山，就有一次十分壮观的场面：从火山口喷射出来的不是灰砾，也不是岩浆，而是大量的冰块。这次爆发持续了两周，每秒钟喷发出来的冰块大约有420立方米。在特大爆发时达到2000立方米。这次爆发所抛出来的冰块总共有1.3万立方千米。据记载，在古代也有冰岛喷发冰块的类似情形，这是高纬度冰层广布地区火山爆发时特有的现象之一。

地球上的淡水有多少

地球上水的储量很大，约140亿亿立方米，其中94%分布在海洋中，不可能直接为人类生活和生产使用。据联合国1977年的统计，全球的淡水储量仅为3.5亿亿立方米。但是淡水资源在地球上的地理分布极不平衡。多水的地区如东亚、南亚，大

量的雨水转化为地表径流，流入大海。而干旱地区如埃塞俄比亚、苏丹、南非、肯尼亚等地区极度缺水。我国内蒙古及大西北是极度干旱地区，黄淮海地区也是十分缺水资源。况且现代工业的发展和城市人口的不断增加，饮用水大幅度增加，致使全世界有60％的地区供水不足，许多国家和地区都在闹水荒。

我国水资源也分布不均匀，内蒙古及大西北是十分干旱的地区，那里到处是沙漠和戈壁滩，水资源相当缺乏。而在南方的大部分地区，水量充足，因此我国正在实施南水北调工程。

节约用水是当务之急，在1973年3月召开的联合国水资源会议，曾向全世界发出了郑重的警告："水，不久将成为一个深刻的社会危机，世界上的石油危机之后的下一个危机就是水的危机。"因此，必须充分重视合理开发利用水资源的问题，必须节约水资源，无论办什么事情都要考虑到保护水资源这个问题。

为什么说海洋是人类未来的希望

在地球上，陆地面积仅占总面积的29％，而海洋则占71％，广阔无垠的大海是大自然赐给人类的宝库。海洋可以为人类提供食物、能源、矿物、水源、化工原料甚至广阔的生存空间。

当今人们面临着许多严重的环境问题，其中最严重的是世界人口剧增，资源相对短缺问题。显而易见，能否妥善地解决好这个问题，将直接关系到人类未来的生死存亡。资源短缺，可耕地不足，粮食生产的增长赶不上人口的增长。正是由于这样的困境，有些人认为，虽然陆地上可耕地的开发已经接近极限了，但是地球上还有广阔的海洋可供开发，大海完全可以成为人类未来的粮仓。

这个"粮仓"与传统意义上的粮食不同，它不是指玉米、小麦、水稻，而是其他更广泛的能提供人类营养需要的食物。有的海洋学家指出，位于近海水域的藻类，年产相当于目前世界上小麦总产量的15倍以上。如果把这些藻类加工成食品，就能够提供人们需要的蛋白质。其实，把藻类作为食品已经进入了人们的生活。我国沿海比较熟悉的海带、裙带菜、羊栖菜、紫菜、鹧鸪菜、石莼等，都是在精心的人工养殖下产量不断增加，光海带的产量就比野生的提高了2000倍！在国外，还培育出一种藻类新品种，据说在一公顷水面上生产这种藻类，经加工后可获得20吨蛋白质和多种维生素，以及人体需要的矿物质。相当于地面上40公顷土地产出的土豆提供的同类营养物。至于海洋中众多的鱼虾，更是人们熟悉的食物。所以说，海洋是人类未来的希望。

"海"与"洋"是一回事吗

陆地和海洋都与人类的生存和发展密切相关。所谓海洋是指地球上广大而连续的咸水域的总称，总面积约为3.6亿平方千米，约占地球表面积的71%。

海洋分为海和洋。通常海洋的中心主体部分叫洋，边缘附属部分称海。海与洋之间彼此通连，共同形成统一的海洋整体。

海与洋之间有四个明显的区别：大洋的面积大，约占海洋总面积的89%；深度大，平均水深一般都在3000米以上；大洋有独立的洋流和潮汐系统；受陆地影响小，水温、盐度等要素比较稳定，海水的透明度大。

海的面积小，只占海洋总面积的11%；海平均水深较浅，一般在2000米以下，有的甚至只有几十米深；海受大洋流系和潮汐的支配；海与陆地接边，受大陆影响大，海水透明度较差。

海水为什么又咸又苦

有在海里游泳经验的人都知道，如果不小心喝了口海水，会觉得海水又咸又苦，和我们日常生活所用的自来水、河水味道完全不一样。海水为什么是咸的呢？

这是因为海水里溶解了许多的盐类。海水中有3.5%左右的盐。其中大部分是食盐，学名氯化钠，还有少量的氯化镁、硫酸钾、碳酸钙等。正是这些盐类使海水变得又苦又涩，难以入口。那么这些盐类究竟来自何方？大多数科学家认为，在地球形成的初期，刚开始形成的水都是淡水。后来由于水流冲刷侵蚀了地表岩石，岩石中的盐分不断地溶于水中。这些水流又不断地汇成大河奔腾入海，随着海水不断蒸发，盐分逐渐沉积，天长日久，盐类越积越多，于是海水就变成咸的了。而且在大洋底部随着海底火山喷发，海底岩浆溢出，也会不断地给海洋增加盐类。

海水能不能直接饮用

这个问题其实不小心喝过海水的人都明白，海水很苦，非常难喝。为什么会这样呢？海水中含有大量的氯化钠，氯化钠就是每天做菜用的食盐，所以海水的第一种味道就是咸，另外在海水中还含有大量的氯化镁，氯化镁也是一种盐，它的味道是苦的。所以海水综合这两种味道，你该知道能不能直接喝了吧！

黑海里的水为什么呈黑色

黑海是亚欧大陆的一个内海，由于海水相对于地中海水色比较深，所以被称为黑海。

黑海是一个很大的、乏氧的海洋系统，面积约42.4万平方千米，流入黑海的重要河流有多瑙河和第聂伯河。黑海通过伊斯坦布尔海峡与地中海相连。由于海峡很窄，导致黑海海水不能大量及时地和地中海中的海水进行交换。黑海本身很深，从河流和地中海流入的水含盐度比较小，因此比较轻，它们浮在含盐度高的海水上，深水和浅水之间得不到交流。据推测，两层水之间彻底交流一次需要上千年之久。

海水之间的交流慢，海底的生物尸体腐化分解时消耗的氧气就得不到补充。在这个严重缺氧的环境中，只有厌氧微生物可以生存。它们的新陈代谢释放有毒的硫化氢和二氧化碳，将海底淤泥染得黝黑，黑色的海底将各色阳光吸收，就使海水呈现一片黑色了。

白洋淀会再次干涸吗

白洋淀是华北平原上最大的一个天然湖泊。白洋淀位于河北省中部，共有大小淀泊143个，白洋淀的物产十分丰富。凭借着得天独厚的自然条件，它的鱼、苇、粮、禽早已驰名中外，成为华北平原大地上一颗灿烂的明珠。

古老的白洋淀，已走过了它一生最为光辉的时期，正步入衰老时期。而人类的活动却又加速了这一过程。由于人口不断增长，人们向白洋淀争夺土地，围湖造田，筑堤围田，疏沟排水。从北宋的戎马屯田到清朝的大规模围垦，白洋淀的面积不断减小。

从明朝万历年间以来，人们开

始在白洋淀四周大规模建筑堤坝。1664年至1881年，白洋淀的水域面积缩小了9％。近代，由于上游太行山地区的天然植被被破坏，水土流失严重，流入白洋淀的泥沙骤增，1966年与1924年相比，马棚淀、藻淀平均淤高了0.4米，白洋淀的淀水容量减少了1/3。

自1984年以来，白洋淀已连续干涸达5年之久。波光粼粼的蓝色湖面变成了黄沙飞扬的荒滩，舟楫穿梭的航道成了汽车、拖拉机的坦途，干裂的苇田上已见不到一望无际的芦苇，大大小小的船只却像鱼干似的翻晒在旧日的堤坝之上。白洋淀的生命脉搏在干涸的紧逼下，逐渐微弱，微弱……

水利部门指出，若要白洋淀不干涸，首先在雨水充足的年份要多蓄水；其次在平水年的时候上游水库要适当放水；最后，要加强对水的管理，限制灌溉用水并减少浪费。

水资源的短缺在威胁着白洋淀的生命，而白洋淀的命运又是整个华北水危机的缩影。白洋淀的危机告诫我们，如果再不珍惜我们的水资源，白洋淀乃至整个华北都迟早会面临干涸的灾难。

罗布泊湖为什么死而复生

位于塔里木盆地东部的罗布泊，是一个典型的内流湖。在地质历史时期，由于受气候变化的影响，它曾几度死而复生。

罗布泊最初形成于上新世，是一个构造断陷湖。当时气候湿热，雨水充沛。但到了上新世晚期，气候转向干热，罗布泊第一次干涸消失。等到早更新世，气候转为温凉多水，周围山地也继续上升，罗布泊死而复生，面积达到2万平方千米。从晚更新世晚期到全新世初期，气候又趋干燥，罗布泊第二次干涸消失。中全新世是一个多水期，罗布泊再度充水成湖。进入人类历史时期，罗布泊仍有"广袤三百里"之说。在汉代，罗布泊周围水草丰盛，农牧业兴旺发达，楼兰古国位于湖泊的西部。后来，由于气候变化，湖泊逐渐退缩，繁荣昌盛的楼兰古国也因缺水和其他社会原因而成为一片废墟。新中国成立后，由于塔里木河与孔雀河流域的农牧业不断发展，两河的径流几乎全被拦截耗尽。因此，到了1964年，罗布泊由于水量入不敷出，第三次彻底干涸了。

此时我们不仅要问，罗布泊湖还能死而复生吗？科学家告诉我们，那要看人类对它的影响了。

最咸的海是红海吗

红海位于亚洲阿拉伯半岛与非洲大陆之间。那里的气候炎热干燥，海水蒸发比较快，使红海成为世界上含盐度和水温最高的海。红海的

海水比较适合蓝绿藻类大量繁殖，而蓝绿藻类为红色，从而将海水映成一片红色。况且，撒哈拉大沙漠的红沙经过狂风的席卷，使红海的上空形成万丈红波，在布满红沙的天空的掩映下，形成一片奇特的红色世界，很是壮观。

红海的含盐度高达41‰，深海的个别地方高达270‰，几乎达到饱和的浓度，是海水平均含盐度35‰的8倍，居世界之首。

红海含盐度高的主要原因是，红海地处热带和亚热带，气温高，蒸发量大，降雨量少，年平均降雨量不到200毫米。两岸又没有大河可以注入。海底的"热洞"使水温增高，进一步加速了海水蒸发。此外，红海出口不畅，不易与含盐度低的海水交流。

冰川是什么

冰川存在于极寒之地。所以地球上只有南极和北极以及其他高海拔的山上才有冰川。

形成冰川的山峰不能过于陡峭，降落的雪才不会顺坡而下，形成积雪。

雪花落到地上就会发生变化，随着外界条件和时间的变化，雪花会变成完全丧失晶体特征的圆球状雪，称之为粒雪。

积雪变成粒雪后，随着时间的推移，粒雪的硬度和它们之间的紧密度不断增加，大大小小的粒雪相互挤压，紧密地镶嵌在一起，其间的孔隙不断缩小，以致消失，雪层的亮度和透明度逐渐减弱，一些空气也被封闭在里面，这样就形成了冰川冰。冰川冰最初形成时是乳白色的，经过漫长的岁月，冰川冰变得更加致密坚硬，里面的气泡也逐渐减少，慢慢地变成晶莹透彻，带有蓝色的水晶一样光泽的老冰川冰。

冰川冰在重力作用下，沿着山坡慢慢流下，就形成了冰川。

赤潮是什么

赤潮是生活在海洋中的某些生物，遇到合适的环境条件而出现急剧繁殖或大量地聚集在一起，使大面积的海水颜色发生改变的一种现象。在赤潮来临时，由于海洋生物的呼吸器官被大量繁殖的浮游生物"堵塞"，引起海洋生物大量死亡；同时，浮游生物的急剧繁殖和海洋生物的死亡，又消耗了海水中大量的氧气，使海水变成生物无法生存的"死水"。赤潮还会产生有毒物质，对环境和人类的危害也相当严重。

近年来，我国沿海地区经常出现大面积的赤潮。受赤潮影响，这些海域中的鱼虾、贝类大量死亡，经济损失十分惨重。更严重的是，当赤潮发生时，还有大批居民因食用海产品而出现腹痛、恶心等中毒症状，危及生命。

赤潮发生主要有两个原因：一是由于人类经济与生活发展，引起河流及人工排污量增加，使许多海域中的营养物质大量过剩；二是大量人工养殖池废水排放，引起局部区域自身污染严重。另外，近年来海洋自然环境与世界气候条件的变化，如海水流动性差、全球气温上升等，也会对赤潮的形成产生影响。

海市蜃楼是什么

海市蜃楼通常发生在沿海。夏天，在平静无风的海面上，有时能看到山峰、楼台、亭阁、集市等景象出现在远方的空中。沙漠中也能看到这种景象。古人不明白产生这种景象的科学原因，根据想象认为是海中蛟龙（即蜃）吐出的气结成的，因而叫做"海市蜃楼"。

海市蜃楼是光在密度分布不均匀的空气中传播时发生全反射而形成的。夏天，海面上的下层空气温度比上层低，密度比上层大，折射率也比上层大。我们可以把海面上的空气看做是由折射率不同的许多水平气层组成的。远处的山峰、船舶、楼房、人等发出的光线射向空中时，由于不断被折射，就越来越偏离原来的方向，以致发生全反射，光线反射回地面，人们逆着光线看去，就会看到远方的景物悬在空中，就发生了"海市蜃楼"的奇妙景象。

潮汐是什么

海水每天都在有规律地涨落着，就好像是大海宽阔的胸膛在起伏、呼吸。白天海水上涨，叫做潮，晚上海水上涨，叫做汐。潮汐的名称就是这么来的。

众所周知，月亮和地球是一对相互吸引的天体，地球吸引着月亮，使月亮绕着地球不断地旋转。月亮对地球的吸引，使地球上对着月亮的这面的海水鼓起，而背对着月亮的那面的海水凹进去。海水的鼓和凹，就是人们常见的海水的涨和落。

海水的涨落，一天两次，需要24小时50分钟。所以在某一个海面，每天涨潮的时间总是后推50分钟。

海啸是什么

海啸是一种严重的自然灾害，海水以排山倒海之势侵入滨海地区，严重威胁着人类的生存。2004年发生的印度洋大海啸就造成了9000多人丧生，6000多人失踪，数十万人流离失所，给印度人民带来了深重灾难。

产生海啸的最主要原因是地震，当地震在深海海底或者海洋附近发生时，地壳运动造成海底板块变形，板块之间出现滑移，这就造成海水大量的逆流，并引发海水大规模运动，形成海啸。2004年的印度洋海啸就是印度洋大地震引发的。

海底山崩塌方、滑坡或海底火山爆发也会引起海啸发生，山崩塌方落下的沉积物和岩石也会导致大规模海水的运动，产生巨大的海浪，从而引发海啸。

另外，宇宙天体也是引发海啸的原因之一，当陨石落入海洋激起的波浪冲击力足够大时，就会引起海啸。不过这种情况极其少见。

岛屿是怎么形成的

在浩瀚无际的海洋中，散布着大大小小5万多个岛屿，如无数颗珍珠镶嵌在蔚蓝的海面上。这些岛屿是怎样形成的呢？

岛屿按其成因，有大陆岛、火山岛、珊瑚岛三大类。

大陆岛本来是大陆的一部分，由于地壳发生运动，它们和大陆之间出现了断裂沉陷地带，因而变成了和大陆隔海相望的岛屿，如我国的台湾岛、海南岛，非洲的马达加斯加岛等，就是这样形成的。

还有许多岛屿，原来不是陆地，它们是海底火山喷出的熔岩和碎屑物质在海底积聚而成的。如太平洋中的夏威夷群岛就是一群火山露出海面而形成的。这些岛屿被称为火山岛。

生活在温暖的海水里的珊瑚虫也是岛屿的积极建设者。珊瑚虫能不断分泌出一种石灰质特质，数以亿计的珊瑚虫分泌出的石灰质特质连同它们的遗骸，形成了珊瑚岛。如我国南海诸岛中的大部分岛屿都属于珊瑚岛。

山是怎样形成的

在地球上，山地面积大概占陆地面积的28％以上。地球上之所以多山，是地壳运动的结果。

形成山的主要动力是地壳的水平挤压。一种是由于地球自转速度的变化而造成的东西方向的水平挤压；另一种是由于在不同纬度上受地球自转的线速度不同，而造成的地壳向赤道方向的挤压。这两种挤压再加上地壳受力不均所造成的扭曲，就形成了各种走向的山脉。

一般来说，地壳中比较坚实刚硬的部分，在地壳发生运动的时候，往往发生断裂，在断裂的两侧相对上升或下降，有时也能突出地面成为高山。在地壳中一些柔弱地带往往较易受地壳运动剧烈而产生褶皱隆起，而造成绵亘的山脉，世界上许多山脉都是这样形成的。

地壳运动造成了地面的凹凸不平后，再经过气候、流水以及冰川的侵蚀冲刷，于是就有了如今这样的崇山峻岭。

世界上最高的山是哪座

在我国与印度半岛之间，耸立着一条东西延伸2400多千米的山脉，它就是世界上最高的喜马拉雅山。

"喜马拉雅"是"雪的故乡"的意思。这里山峦起伏，高峰林立，平均高度在6000米以上，地球上14个8000米以上的高峰，有10个在这里。

喜马拉雅山是一条年轻的山脉，大约在20亿年至6亿年前，这里还是一片汪洋大海，到了大约3000多万年前，喜马拉雅山脉开始从海底隆起。大约1000万年前，山脉全部露出海面，一跃成为世界上最高的山脉。

喜马拉雅山脉形成以后，一直呈上升趋势。科学家经过研究发现，喜马拉雅山在300万年前,已上升到3500米,而近10万年以来,上升更快,平均高度已达到6000米以上,现在还在继续上升。

世界上第一高峰是什么样的

珠穆朗玛峰是世界上最高的山峰,海拔8848米。它高高耸立在"世界屋脊"喜马拉雅山的群峰之中,在距它200千米的地方,就能望见它那巍峨挺拔的雄姿。

在人们的想象中,珠峰是个冰天雪地的世界,根本就不会有什么动植物,事实上,每年的5月份,披着白色绒毛的雪莲、色彩鲜艳的龙胆花、点地梅在雪地上竞相开放,一些甲虫、蜂、蛾等昆虫在到处飞翔,野鼠窜来窜去,还会有美丽的雪鸡突然从花丛中飞起,到处都充满了生机。

珠穆朗玛峰终年冰封,面积达200平方千米,有的冰层的厚度超过100米。在珠峰的北坡,有一个巨大的冰塔林,这是由于冰面吸热不均匀,参差不齐地融化而形成的。冰塔林里有各种各样的冰塔,晶莹的冰塔直插云霄,有的冰塔顶部还顶着大石头,形同巨大的蘑菇。冰塔林沐浴在阳光下,闪耀着金色的光芒。

每年的冬末初春季节,珠峰顶上白云缭绕,就像一面面白色的旗子在迎风招展,因此人们称它为"旗云",也有人叫它"圣母的面纱"。

珠峰绚丽多姿,神秘莫测,一直以来都吸引着全世界无数的登山家、冒险家和科学家,人们还把它同南极、北极并提,称为"世界第三极"。

海底为什么会有古城遗址

在那不勒斯湾沿岸,在公元4世纪时建造的一座神庙后来同整座古城一同沉到海底,后来,又升了起来,露出了海面。现在这个古庙的三个石柱上还有被海洋生物剥蚀的痕迹。

1692年,美洲中部的牙买加岛发生了一次由地壳运动产生的大地震,首府罗耶尔港有四分之三沉入海底。多年以后,当船只行驶到这里的时候,人们还能看见淹没在水下的城市的房屋。地壳的运动有时是突然而剧烈的,能把建筑物"搬"到海里去。

一个城镇沉入海底的现象是存在的,这就是地壳运动的结果。荷兰的海岸每年下沉2～3毫米,而陆地下沉得就更快了,只是人们感觉不到罢了。

考古学家和地理学家对水下的古城遗址非常感兴趣,因为从中可以发掘出当时的物品,从而推断当时的文明情况,甚至地壳的运动情况。

海洋中为什么也有"飞碟"

如果告诉你,海洋中也有"飞碟",你一定会感到奇怪。海洋中的"飞碟"的确存在,而且很多,已发现的就有300多个。

海中飞碟与空中飞碟不一样,它是由一种特殊的水组成的。这种水的温度、密度、含盐量及所含化学物质与周围的海水不同,因而呈现出一个边缘分明的"独立体",并且随着海流和旋涡,一边前进,一边高速旋转。另外,海中飞碟要比空中飞碟大得多,大西洋发现的一枚飞碟直径达80千米,它在飞速旋转时,"吞进"了难以计数的鱼虾。

海中飞碟大多诞生于大江、大河、大湖的入海处,当这些淡水和海水相遇时,由于比重和性质不同,互不相融,于是在肉眼看不到的海洋深处,快速旋转着。据说这种海中"飞碟"长达10年不解体,仍不知疲倦地转个不停。

最早进行环球航行的是谁

14、15世纪的西欧国家,如葡萄牙、西班牙、法国、英国先后发展成为中央集权的国家,比封建主义进步的资本主义也在这些国家形成和发展起来。资本主义的发展,使这些国家国内的市场和原料远远不能满足需要,促使他们向海外寻求新的市场和原料产地。而东方的中国和印度在当时欧洲人的眼里是非常富有国家,曾经到过中国的马可·波罗在《马可·波罗游记》中夸张的描写,更加激起了欧洲人对东方的向往和冒险的热情。

但是从7世纪至15世纪末,通往东方的一些商旅要道,长期以来一直控制在阿拉伯人和奥斯曼土耳其人的手中。因此,欧洲商人和航海家不得不绕道开辟一条通往东方的新航道。再加上当时已经能够建造适合远洋航行的船只,中国的罗盘针在海船上也得到了应用,地理知识的增加和地圆学说的广泛流传等,使探索新航线成为可行的事情。

1519年,葡萄牙人麦哲伦在西班牙王室的支持下,率领五艘船踏上探求从欧洲经过美洲通往亚洲的航路。他们从西班牙的塞维利亚港出发,横渡大西洋,沿着今天巴西的海岸南下,穿过南美洲的太平洋,折向西北后到达了关岛和菲律宾群岛。由于麦哲伦在与当地土著居民的械斗中受重伤死亡,他的助手埃里·卡诺便带领剩下的两艘船沿着葡萄牙人开辟的贸易航路,经过印度洋和好望角,于1522年回到西班牙的塞维利亚港,这就是人类著名的第一次环球航行。

瀑布是如何形成的

我国著名的贵州黄果树大瀑布在夏季洪峰到来时宽达80多米,从高达70多米的悬崖上飞流直下,飞落犀牛潭中,发出惊心动魄的轰鸣,溅起的浪花和水雾弥漫成蒙蒙细雨,十分壮观。瀑布为什么能飞流直下呢?

原来,这是地壳运动的结果。地壳运动时发生断裂或错动,会造成陡壁。由于受地球重力的作用,水流从这种落差很大的峭壁上突然跌下,就形成了瀑布,自然就能飞流直下了。另外,由于火山爆发或地震,产生的泥沙、岩石阻挡了原

来的河道,河水水位升高从别的地方溢出也能形成瀑布。再者,在海岸边上由于海浪的侵袭,海岸边怪石嶙峋,河水流经这样的海岸而落入海中时也会形成瀑布。还有,石灰岩地区常有暗河涌动,这些暗河流出地面,落差大的也能够产生瀑布。

我国有哪些瀑布比较著名

我国的瀑布数量众多,其中位于贵州西南部镇宁县境内的黄果树瀑布,是我国最大的瀑布,也是世界上著名的瀑布之一。黄果树瀑布位于北盘江支流打帮河上源的白水河上。这里石灰岩地形广布,河宽水急,山峦重叠,地势险要,白水河在流经黄果树附近地段时,河床

断落，成为九级大瀑布。黄果树上游有三级小瀑布，下游有五级小瀑布，而以黄果树一级瀑布水势浩大，气势磅礴，雄伟壮观，驰名中外。黄果树瀑布夏季水大时最宽可达80多米，瀑布落差近70多米。这时，飞瀑倾泻，水流汹涌澎湃，如万马奔腾。

"源出昆仑衍大溜，玉关九转一壶收"，黄河行至壶口地带，河床宽度急剧收缩，迫使奔流的河水也随之猛烈地收缩，并跌进幽深的狭槽内。真的好像一把巨大的水壶向外倾倒壶水一样，"壶口"瀑布因此而得名。壶口瀑布是我国著名的瀑布，由于瀑布的存在，使得过往的船只难以行进。大约是几千万年前，由于地壳运动，强烈的岩石断裂形成断层带，黄河下游龙门一带的河床受到黄河水猛烈的冲刷，坚硬的岩石不断地被冲蚀，瀑布节节后退至今日的壶口，成为"瀑布垂帘，水雾云腾"的壶口瀑布。

"不到三叠泉，不算庐山客"，三叠泉是庐山的第一大瀑布，有人形容它"上级如飘雪抛练，中级如碎玉摧冰，下级如飞龙走潭"，如果你站在铁壁峰观望，三叠泉瀑布如万斛明珠，千姿百态，令人叫绝。

此外，我国有名的瀑布还有大龙湫瀑布、九寨沟瀑布群、闽东的九龙祭瀑布群、湖北的笔架飞瀑、山东崂山的龙潭瀑布等。

我国第一个国家森林公园在哪里

张家界国家森林公园位于湖南省西北部张家界市境内，是1982年由国务院委托国家计委批准成立的中国第一个国家森林公园。它与天子山、索溪峪自然保护区连成一体，构成武陵源风景名胜区。1992年12月，联合国教科文组织世界遗产委员会正式批准把以森林公园为主体的武陵源列入《世界遗产名录》。

张家界国家森林公园面积4810公顷。最高处兔儿望月峰海拔1334米，最低处水绕四门海拔426米。年平均气温12.8℃，年平均降水量1228.5毫米，属于亚热带北部气候区，森林公园小气候明显。

公园景区森林覆盖率达98%，木本植物93科517种，比整个欧洲所有的木本植物种数多一倍以上，其中属国家一级保护的珍稀树种7种。这里鸟类、兽类丰富，而且很珍贵，其中属国家保护珍稀动物的

有7种，有"天然动物园"之称。

张家界有四奇——奇风、奇光、奇月、奇影。

奇风：海堂湾深不见底，神秘莫测。走近它，身边便会隐约听到锣鼓齐鸣、人喊马嘶，如千军万马在作战一般。

奇光：在神堂湾与贺龙公园之间，有一根高达200米的石柱，石柱顶部的两个石峰之间嵌着一块小石头。这根柱子和小石头每年发一次光，亮光如电焊时发出的光，光芒四射，可照亮神堂湾一带。奇光最长可持续三四分钟，然后慢慢消失。

奇月：春夏季节的农历月半，大雨初晴的晚上八九点，在天子山月亮垭，看到的圆月是红色的，像初升的朝阳一样。月亮的红色光环，把贺龙公园、神堂湾一带照得通红。这种景象会持续一个多小时呢。

奇影：在秋高气爽、晴空万里的天气，你沿着金鞭溪溯源而上时，会发现你的影子是三个，不管你怎么动，始终是三个影子。

神农架为什么比较神奇

神农架是传说中神农氏定居耕田、遍尝百草、医治百病的地方，由于山峰陡峭，山谷幽深，神农氏只好上下搭架采药，所以称为神农架。

神农架在湖北省西部，三峡以北的长江、汉水之间，是一片莽莽苍苍的原始森林，这里传说有野人出没。独特的地理环境和立体小气候，使神农架拥有植物3700多种，有动物1050多种。神农架地区几乎囊括了北自漠河，南至西双版纳，东到日本中部，西至喜马拉雅山的所有动植物物种，是当之无愧的"天然动植物园"。

神农架茂密的深林和幽深的山谷，为动物的繁衍生息创造了良好的条件。生活在这里的动物有黑熊、豪猪、灵猫、云豹等，还有珍奇的小白熊、白色苏门羚、白獐、白麝、白猴和白蛇，最受人喜爱的要数金丝猴了。

更为神秘的是关于野人的种种传说，不少人声称在神农架亲眼看到过野人。有人说，野人浑身长毛，身材高大。他们见到人后，有的很想"交流"，而有的则飞快逃跑。科学家曾发现野人的脚印，形状和人的相似，但特别大，不过，至今没有找到真正的野人。神农架是否存在着野人，还是一个难解之谜。

世界上最高的瀑布在哪里

1935年，一位名叫吉米·安赫尔的飞行员为了寻找黄金，驾机飞越了南美洲委内瑞拉高地。当飞越

德弗尔山时,他发现了一些瀑布。两年后,吉米·安赫尔又飞回来,作一次更接近瀑布的观察,但他的

飞机不幸坠毁,陷入了一片沼泽地。他和同伴花了11天时间奋力穿过热带丛林到达瀑布处。安赫尔没有找到黄金,却意外地发现了世界上最高的瀑布,这个瀑布后来即用安赫尔的名字来命名。

安赫尔瀑布从德弗尔山长满青草的平坦山顶向下跌落979米,大约是尼亚加拉瀑布高度的18倍。瀑布先泻下807米,落到一个岩架上,然后再跌落172米,落在山脚下一个宽152米的池内。

德弗尔地区属于热带,这里的雨林非常茂密,步行无法抵达瀑布的底部。雨季时,河流因多雨而变深,人们可以乘船去那里。在一年中的其他时间里,人们只能从空中欣赏这个瀑布的壮丽景色。

"间歇泉"是什么

在自然界中有许多喷泉,其中有一些能喷出高达数十米的热水柱和蒸汽柱,而且总是每隔一定的时间喷出一次,所以称为间歇喷泉。每个喷泉隔多长时间喷一次,大体有一定的规律,有的间歇几分钟,也有的长达几天,甚至有几个月才喷一次的。在我国西藏雅鲁藏布江河谷一带,以及冰岛、堪察加半岛、新西兰等国家和地区,都有世界著名的喷泉。

喷泉的泉水都来自地下。是什么力量迫使它从地下喷出来呢?是蒸汽的压力。原来这些喷泉都是热的,它们在地下受到岩浆的加热,温度逐渐升高,如果涌出地面的通道又长又狭窄,下面的水不易和上面较凉的水对流,温度就会达到100摄氏度以上,有时会形成蒸汽;有时则因为受到的压力太大,沸点升高,成为高热泉水,但当它上升到离地面较近的地方,因压力减轻、也会变成蒸汽。当地下蒸汽愈聚愈多,力量愈来愈大,到了足以使堵塞通道的水喷起来的时候,喷泉就出现了。

那么为什么一会儿喷,一会儿不喷了呢?

这是因为当喷泉一次喷出以后,大量的蒸汽也同时逃逸出来,这时原来聚集在地下的蒸汽一下子减少了许多,于是又重新平静下来,水依然堵塞了泉水涌出的通道;等到

蒸汽又聚集得很多时，就再一次喷出来。这就是喷泉为什么喷一下就要歇一会儿的秘密。

溶洞是如何形成的

自然的景观千奇百怪，奇妙多姿，溶洞就是其中之一。到过溶洞的人都不会忘记那千姿百态的石钟乳、石笋和石柱，不会忘记那宽敞高大的洞穴、曲折迂回的通道。那么这些引人入胜、宛如地下龙宫的溶洞是怎么形成的呢？

溶洞的形成是石灰岩地区地下水长期溶蚀的结果，石灰岩里不溶性的碳酸钙受水和二氧化碳的作用能转化为微溶性的碳酸氢钙。溶有碳酸氢钙的水，当从溶洞顶滴到洞底时，由于水分蒸发或压力减少，加上温度的变化都会使二氧化碳溶解度减小而析出碳酸钙的沉淀。这些沉淀经过千百万年的积聚，渐渐形成了钟乳石、石笋等。如果溶有碳酸氢钙的水从溶洞顶上滴落，随着水分和二氧化碳的挥发，则析出的碳酸钙就会积聚成钟乳石、石幔、石花。洞顶的钟乳石与地面的石笋连接起来了，就会形成奇特的石柱。

湖泊是怎么形成的

地球上的湖泊成千上万，千姿百态，那么，这些湖泊都是怎么形成的呢？

构造湖是由地壳内力的作用，包括地质构造运动所产生的断陷、拗陷和沉陷等所产生的构造湖盆，经过贮水而形成的。

火口湖是由岩浆大量喷发并堆积在喷火口周围，形成高耸的锥状山体。喷火口内由于大量浮石被喷出和挥发性物质的散失，引起颈部塌陷形成漏斗状洼地，之后经积水而形成火口湖。

河成湖的形成与河流的发育和河道的变迁有关，这类湖泊主要分布在平原地区，由于受到地形和水量的影响，河道经常迁徙，因此就形成了河成湖。湖泊岸线曲折，湖底较平，水深较浅。

牛轭湖也是一种河成湖，由于它的平面形态比较独特，深受人们的关注。平原上流淌的河流随着时间的流逝，流水对河面的冲刷和侵蚀，河流就越来越弯曲，最后导致河流自然裁弯取直，河水从取直的部位径直流去，原来弯曲的河道就这样被放弃了，形成湖泊。由于这样形成的湖泊的形状和牛轭相似，就命名为牛轭湖。我国内蒙古的乌梁素海就是有名的牛轭湖。

堰塞湖是由火山岩流堵截河谷，或者是地震活动等原因引起山体滑坡堵截河谷后，河床贮水而形成。其中由于火山岩流堵截河谷形成的湖泊又叫做熔岩堰塞湖，我国东北的五大连池就是有名的熔岩堰塞湖。

冰川湖是由冰川侵蚀成的洼坑和水碛物堵塞冰川槽谷积水而成的。

岩溶湖是由碳酸盐类地层被流水的长期溶蚀所产生的岩溶洼地、岩溶漏斗或落水洞等被堵，经过汇水而形成的湖泊。

海成湖原来是海湾，后湾口处由于泥沙沉积，将海湾与海洋隔开而形成的湖泊。宁波的东钱湖和杭州的西湖就属于此类情况。

风成湖是由于沙漠的沙丘间的洼地低于潜水面，由四周沙丘汇集洼地形成的。

人工湖就是水库，是一种具有特殊形式的人工和自然相结合的贮水体，在水利工程上面具有很大的作用，通常称为"人工湖泊"。

沥青湖是怎么回事

在加勒比海的特立尼达岛上，有一个非常奇特的湖，这个湖中没有水，而是蓄着很多沥青，因此就叫做沥青湖。

沥青湖的面积只有0.44平方千米，湖的深度却达到90米，湖中沥青的储量达1200万吨，是世界上最大的沥青天然产地。

沥青湖的湖面漆黑闪亮，就像一个巨大的漆盆。更加奇特的是湖中的沥青似乎取之不尽，用之不竭。自从1870年起，已经在这里开采了100多年，每年都要运走几万吨沥青，可是湖面却没有下降。原来，湖底有一块很软的地方，沥青就是从那里源源不断地往上冒的。人们把它叫做"湖的母亲"。

令人惊奇的是，在开采的过程中，还曾挖出过动物的骨骼、牙齿、鸟类的化石，还有古代印第安人使用过的武器等用具。因此，沥青湖又被叫做"天然的历史博物馆"。

为什么物种会灭绝

1987年6月6日，最后一只黑海雀死去后，这种南美洲特有的雀科鸣鸟就此灭绝——在地球上永远消失了。

从地球诞生之日起，地球上出现了大约10亿个物种，而现在留存下来的只有1%，大约有1000万个物种。99%的物种都在漫长的生物进化过程中灭绝了。在生物的发展过程中，由于火山爆发、地壳运动、冰河期出现等自然灾难，导致生物生存环境极端恶化，这是引起生物物种大量灭绝的主要原因。

人类出现以后，改变了生物之间的生存竞争法则，使生物灭绝的速度越来越快。从1800年到1950年，地球上的鸟类和兽类物种灭绝了78种。而20世纪80年代以来，每过一个小时就有一种生物灭绝。物种灭绝的原因，主要是由于生态环境的破坏，人类不合理的开发利用、环境的污染和外来物种的引入。物种灭绝直接影响人类的生产、生活和自然界的生态平衡。防止物种灭绝已成为全球性的紧迫任务。

生命是从哪里来的

地球上的生命是从哪里来的？在人类几千年的发展过程中，这个问题一直困扰着我们。

有的科学家认为，地球生命源自火星，也可能诞生于空中。大多数科学家认为，生命起源于一个类似现代的细菌那样的"先祖"，它后来进化成植物、动物和人类等各种生命形式。然而，一些欧美的天文学家最近提出，火星早在地球冷却之前，就已经适合人类居住了，我们的祖先很可能是某种形式的"火星人"。

如果地球生命真的起源于火星，那么，这种生命形式是很容易到达地球的。科学家认为，火星陨石是由彗星或小行星撞击火星表面造成的。这种撞击足以将火星表面携带微生物的岩石抛到火星引力鞭长莫及的地方。他们估计，即使只有不到1%的这类岩石到达了地球，它们也已经足以将生命的种子传到地球上了。

还有的科学家认为，地球的高层大气中的微小水滴具备形式复杂有机分子的条件，生命也可能诞生于这些水滴之中。

我国最早的人类遗址在哪里

1965年，云南的元谋县那蚌村的附近发现了猿人的左、右上内侧门齿两颗，这两颗门齿属于同一个青年的，"元谋猿人"就被发现了。后来，在元谋猿人化石所在的褐色黏土层中，发现了用石英石打造的刮削器共4件，而且在这里还采集到其他石制品十几件。另外，发现在厚约3米的三个地层中零星散布着碳屑，这些是否是人工用火的遗迹，现在尚不能确认。和元谋猿人化石一起发现的还有很多种哺乳动物的化石。这些哺乳动物有许多是食草类的，据估计，元谋猿人距今约170万年左右，是我国距今为止发现的最早的人类。

谁发现了楼兰古城遗址

楼兰是我国古代西北地区的一个城国，在汉武帝时期并入西汉版图，然后摆脱东汉的统治，征服了周围许多小国家。楼兰最强盛的时期，人口达到8万以上，十分繁荣。可是，经过了几个世纪的繁荣，这个古国忽然消失了，从东晋到现代的一千多年中，史书上再也找不到它的名字，古楼兰去哪里了呢？

几十年前，瑞典的探险家斯文·海定来到塔里木盆地东部，在一片荒原上发现了一座被风沙吞没的古城。在长宽各三百多米近乎方形的城垣中，残垣断壁触目皆是，城中有高大的佛塔和佛殿，有豪华的官邸和大量的平民住宅。斯文·海定在挖掘时，无意中发现了一张纸片，上面清楚地写着"楼兰"两个汉字。楼兰古城终于找到了。此后，这里出土了大量的珍贵文物：有记载着当地政治、经济、文化的木简和文书，图案精美的丝绸，贵重精巧的金玉首饰，中原和西域的各种钱币等。

那么，楼兰为什么会变成一片废墟呢？

许多学者认为，楼兰地区历来气候干旱，雨水极少，要发展农牧业生产，供应城内居民，必须引水灌溉，因此，水源是楼兰的命根子。当年，源远流长的塔里木河和孔雀河就在楼兰附近流过，它们汇聚成罗布泊湖。清清的湖水和浩瀚的湖面给楼兰带来了无限生机。后来，随着河流的改道，罗布泊逐渐缩小、干涸。水源的断绝使这里的人们无法生存，只得远走他乡。从此，楼兰文明就衰亡了。

化石有什么作用

动植物死亡以后,埋在泥沙里,渐渐地被埋到了地球的深处。由于压力大、气温高,泥沙就渐渐变成岩石,在地质学上叫做"地层"。动植物坚硬的部位,如牙齿、骨骼、树干等随着泥沙逐渐也变成地层,而那些柔软的部位如叶子、皮毛等,也可能在地层中留下印迹。这种随着地层的形成而形成的有动植物印迹的石头,就是"化石"。

化石是由地质历史时期生物的遗体或其他生物活动的遗迹被沉积物埋藏之后,在沉积物的压实、固结成岩过程中,经过化石作用形成的。

化石的形成是一个艰难的历程,它必须依靠一系列的有利环境。性质稳定的、硬体的生物保存为化石的可能性较大;生物死亡后遗体能够被迅速而长期埋藏,才不致很快腐烂、分解,那就比较容易形成化石;生物遗体或遗迹所在环境的物理、化学条件也很重要,潮湿、酸性或有氧的环境也不利于化石的形成。沉积物的类型对化石的形成和保存也有重要影响;如果生物遗体被化学沉积物或生物成因的沉积物所掩埋,形成化石的可能性比较大。这样,在适宜的条件下,埋藏于地下的生物遗体或遗迹经过漫长的地质作用,就形成了化石。

科学家把化石称为"最伟大的百科全书",这个称呼一点都不过分。因为化石在形成后,不论地球发生多大的变化,它几乎是不会再改变的。所以,化石就是记录地球历史的特殊文字。根据这些"文字",人们就能够了解地层的年龄和当时的情况了。

每个国家的日历都是一样的吗

我们在表述年限时间时,一般会说"公元某年某月某日","公元"也叫公历纪元,相传耶稣基督诞生之年为公元第一年。这种计算年份的方法叫做公元纪年法。现在大多数国家都是采用这种日历。但是,有些国家,除了用公元之外,还有自己独特的历法。比如,阿拉伯国家大多信奉伊斯兰教,沿用回历。它从伊斯兰教创始人穆罕默德带领教徒迁往圣地麦地那建立政权算起,起始日相当于公元622年7月16日，回历以354天为一年。

还有泰国、斯里兰卡等国家信奉佛教，沿用佛历。佛历从佛祖释迦牟尼逝世时算起，比公历早543年。

什么是闰月、闰年

中国农历有两个七月，就是闰月，那么闰月是怎么回事呢？

闰，本义就是余数。指历法纪年和地球环绕太阳一周运行时间的差数，多余出来的叫"闰"。

凡阳历中有闰日（二月为二十九日）的年，或阴历中有闰月（一年有十三个月）的年，叫做闰年。阳历的平年只有365日，与回归年比较，每年相差5时48分46秒，所以每四年积成1日，加于2月成29日，这一天称为闰日，这一年称为闰年。

阴历以月球绕地球定历法，每年和回归年的365日5时48分46秒相差约10日21时，积以置闰，所以每三年要闰一个月，每五年闰两个月，每十九年闰七个月。这样每逢闰年所加的一个月，称为闰月。闰月加在某月之后，就叫闰某月。

科技之光

科学技术已成为第一生产力,
信息时代凸显了人类在航天、生活中的主体地位,
我们的生活再也遮挡不住科技的光辉,
注意观察身边的每一件新鲜事,
里面都有科学的真理,
……

牛顿的时代结束了,爱因斯坦的时代正在热烈燃烧,下一个时代属于谁呢?

世界上第一台计算机是什么样的

世界上第一台计算机"埃尼阿克（ENIAC）"经过3年的研究后，于1946年诞生在美国宾夕法尼亚大学。1946年2月14日在费城试运行。它的计算速度很快，每秒可从事5000次的加法运算，运作了9年之久。据说需要100多名工程师花费一年才能解决的问题，ENIAC只需两小时便能求出答案。

虽然ENIAC很能干，但它吃电也特别多，耗电为150千瓦/时，据传每次一开机，整个费城西区的电灯都为之黯然失色。

这台计算机的造价高达48万美元，体积也相当庞大——占地170平方米，重达30吨，组成部件有1.88万个电子管、7万个电阻、1万个电容器、1500个继电器。

在世界上第一台电子计算机问世50周年之际，1996年2月14日，美国副总统戈尔曾亲自启动了这台计算机，以纪念信息时代的到来。

你知道电脑上的触摸屏吗

我们在银行和图书馆里，经常能看到显示屏上显示着各种信息，只要用手指点一下屏幕，屏幕就会显示你所需要的信息。这种屏幕就叫触摸屏。它是连接计算机系统的一种外部设备，既是输入设备，也是输出设备。

触摸屏的工作原理是什么呢？首先了解一下最简单的电阻式触摸屏。它是在屏幕上贴了一层透明薄膜，用手指点一下薄膜，薄膜上的电阻就发生变化，计算机就会感知你的要求，于是输入你的命令。电容式、压感式的工作原理和电阻式的基本相同，都是手指触摸屏幕后，相应的电容或电感会发生变化。

还有一种更先进的超声波式触摸屏，它是在屏幕上掠过一束超声波，当你的手指触摸到屏幕上时，就阻断了那一处的超声波，计算机感知后，就输入你的命令。

可以把电脑穿在身上吗

从固定电话到手机，从台式电脑到笔记本电脑，都说明了科技应用越来越方便，越来越贴近生活。未来的科技是什么样子呢？可能会有数字化的服装面料，包括具有记忆能力的丝绸，具有计算能力的牛仔布，具有太阳能充电功能的扣子，具有接收信号的毛线等等。到了那个时代，一体化电视、电话都可以戴在手腕上，电脑也可以穿在身上了。

人脑和电脑能不能相连

自从有了电脑后，人们就在想，电脑和人脑能不能连在一起呢？

人脑和电脑一旦相连，电脑将能直接接收人脑的意念，或解除病人的痛苦，或让人通过意念来操纵机器，从而使人脑具有不可思议的高智商。因此有的科学家打算将两块超微型硅片与盲人神经连接起来，一片硅片捕捉射入眼睛的光线，另一片输送到神经细胞，绕过破损的视网膜帮助盲人看见东西。

虽然这样的设想非常好，但也有人反对，这些人认为，如果把电脑和人脑连接起来，将会带给人类许多意想不到的问题。

什么是电子商务

电子商务是通过互联网，在全球范围内实现消费者的网上购物、商户之间的网上交易和在线电子支付的一种新型的商业运营模式。用户可以联机订购货品，如购买服饰、食品，享受娱乐服务，使用电子信息服务，还可以在网上参与股票交易等。电子商务可以分为三个基本系统：信息服务、交易和支付。

电子商务不但能够大量减少人力、物力，降低成本，还突破了时间和空间的限制，使交易活动可以在任何时间、任何地点进行，从而大大提高了效率。

电脑为什么会感染病毒

计算机病毒是人为编制的一种有害程序，能够影响电脑正常运作，搅乱、改变或摧毁电脑中的软件。

电脑病毒发作所造成的破坏程度大小不同，其影响小至对屏幕的显示造成干扰，大至电脑失灵、内存资料受到破坏。

1986年，可以使电脑操作受到影响的电脑病毒首次被人发现。此后，电脑病毒的数目不断上升。1988年11月2日，美国康奈尔大学的学生莫里斯将自己设计的电脑病毒侵入美军电脑系统，使6000多台电脑瘫痪24小时，损失1亿多美元。1989年9月，"耶路撒冷"病毒使荷兰10万台电脑失灵。据统计，北美的电脑病毒种类每4个月就翻一番。

对付病毒应该以预防为主。电脑专家们会针对各种病毒类型设计防病毒程序，该程序会自动识别带有病毒的程序，一旦发现，就会阻止病毒进入电脑。

什么是宽带

宽带是指在同一个传输介质上，可以利用不同的频道进行多重传输，并且传输速度在1.5M比特/秒以上的接入技术。与传统的互联网接入技术相比，宽带接入技术的最大优势就是接入的宽带大大拓展，一般是普通拨号上网的30倍以上。

使用宽带上网的时候，需要安装防火墙。防火墙是阻挡外来火势，保护自身安全的一种建筑物。在互联网上，人们采用类似的方法，保护网络资源不受病毒和"黑客"的侵害，具有这种功能的设备也称为"防火墙"。防火墙插在内部网与互联网之间，作为两者之间的阻塞关卡，起到加强网络安全与审计的作用。

目前主要有两种不同的防火墙安全策略：一种是拒绝一切未被特许的东西进入；另一种是允许一切未被拒绝的东西进入。

什么是缓存

缓存是硬盘控制器上的一块内存芯片，具有极快的存取速度，它是硬盘内部存储和外界接口之间的缓冲器。由于硬盘的内部数据传输速度和外部界面传输速度不同，缓存在其中起到一个缓冲的作用。缓存的大小与速度是直接关系到硬盘的传输速度的重要因素，能够大幅度地提高硬盘整体性能。当硬盘存取零碎数据时需要不断地在硬盘与内存之间交换数据，如果有大缓存，则可以将那些零碎数据暂存在缓存中，减小外系统的负荷，也提高了数据的传输速度。

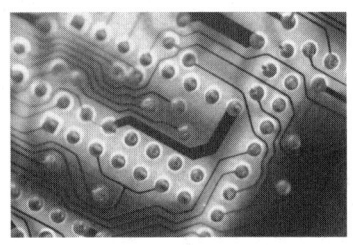

硬盘的缓存主要起三种作用：

一是预读取。当硬盘收到CPU指令控制开始读取数据时，硬盘上的控制芯片会控制磁头把正在读取的簇的下一个或者几个簇中的数据读到缓存中（由于硬盘上数据存储时是比较连续的，所以读取命中率较高），当需要读取下一个或者几个簇中的数据的时候，硬盘则不需要再次读取数据,直接把缓存中的数据传输到内存中就可以了,由于缓存的速度远远高于磁头读写的速度,所以能够达到明显改善性能的目的。

二是对写入动作进行缓存。当硬盘接到写入数据的指令之后,并不会马上将数据写入到盘片上,而是先暂时存储在缓存里,然后发送一个"数据已写入"的信号给系统,这时系统就会认为数据已经写入,并继续执行下面的工作,而硬盘则在空闲(不进行读取或写入的时候)

时再将缓存中的数据写入到盘片上。虽然对于写入数据的性能有一定提升,但也不可避免地带来了安全隐患——如果数据还在缓存里的时候突然断电,那么这些数据就会丢失。对于这个问题,硬盘厂商们自然也有解决办法:断电时,磁头会借助惯性将缓存中的数据写入零磁道以外的暂存区域,等到下次启动时再将这些数据写入目的地。

第三个作用就是临时存储最近访问过的数据。有时候,某些数据是会经常需要访问的,硬盘内部的缓存会将读取比较频繁的一些数据

存储在缓存中,再次读取时就可以直接从缓存中直接传输。

缓存容量的大小,不同品牌、不同型号的产品各不相同,早期的硬盘缓存基本都很小,只有几百KB,已无法满足用户的需求。2MB和8MB缓存是现今主流硬盘所采用,而在服务器或特殊应用领域中还有缓存容量更大的产品,甚至达到了16MB、64MB等。

大容量的缓存虽然可以在硬盘进行读写工作状态下,让更多的数据存储在缓存中,以提高硬盘的访问速度,但并不意味着缓存越大就越出众。缓存的应用存在一个算法的问题,即便缓存容量很大,而没有一个高效率的算法,那将导致应用中缓存数据的命中率偏低,无法有效发挥出大容量缓存的优势。算法是和缓存容量相辅相成,大容量的缓存需要更为有效率的算法,否则性能会大打折扣,从技术角度上说,高容量缓存的算法是直接影响到硬盘性能发挥的重要因素。更大容量缓存是未来硬盘发展的必然趋势。

为什么要用因特网

因特网有两个重要的特点:一是大。据1998年7月的统计,因特网已覆盖212个国家和地区,目前我

国因特网的用户已经有一亿多人。二是规范统一。因特网统一使用"TCP/IP"网络协议,为各种应用的开发提供统一的平台,因而已经有了许多标准的应用。例如:万维网浏览、文件传输、电子邮件、远程登录、新闻组等。

当传送一个大文件时,因特网先把它分成一个个较小的信息块,每一块(称为IP分组或包)都标明发送方和接受方的地址单独传送。待所有的信息块到达目的地后,再根据传输控制协议重新整理、排序、合并,恢复为原来的文件交给用户。

科学家们利用因特网传播迅速的特性,已创建了一种电脑空间免疫系统:当局域网中的一台计算机检测到一个文件或一些程序代码中有可能包含病毒时,它就会将其复制并传递给"管理员计算机",这台计算机把收到的信息通过因特网转发到病毒分析实验室,这个实验室自动鉴别出文件中所含的病毒,并分析出这种病毒是怎样感染其他计算机的,然后再把指令传给"管理员计算机",这样,"管理员计算机"就可以在局域网中消灭这种病毒。

为什么计算机能战胜国际象棋世界冠军

1997年5月国际象棋冠军卡斯帕洛夫被计算机"深蓝"打败。此后人们就担心有一天计算机会超过人脑,计算机会控制人类。其实,如果我们知道了计算机为什么能打败卡斯帕洛夫我们就不会担心了。

我们知道,每一个下象棋或围棋的人都有自己的战术和棋路风格。计算机"深蓝"在和卡斯帕洛夫对弈时,使用了一种软件。这个软件是编制计算机程序的工作人员,把卡斯帕洛夫成功的经验和各种战术加以整理后制作的。在卡斯帕洛夫

和"深蓝"比赛时,软件在计算机内部运行。由于计算机快速、准确的运行特点,在下每一步棋的时候,它都会快速地计算出卡斯帕洛夫会怎么走。这样它就能先一步走在卡斯帕洛夫的前面。这不是一对一的比赛而是卡斯帕洛夫和很多人比赛,因此"深蓝"能够战胜卡斯帕洛夫。所以我们担心计算机会取代人类是不必要的,因为人类的思想是在不断变化的。

什么是纳米材料

纳米是长度单位,10万纳米加

起来的长度才相当于头发丝的直径。纳米材料是用晶粒尺寸为纳米级的微小颗粒制成的各种材料，其纳米颗粒的大小不等，通常是1～10纳米，最多不能超过100纳米，所以纳米材料人眼是看不到的。

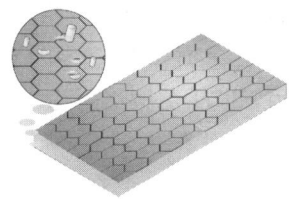

纳米材料包括金属、非金属、有机、无机和生物等多种粉末材料。

纳米材料是纳米技术应用的基础，而纳米技术则被世界公认为21世纪最有前途的科研领域。纳米铁材料的韧性比一般铁高12倍，气体在纳米材料中的扩散速度比在普通材料中快几千倍，纳米磁性材料的磁性也比普通的磁性材料高10倍。

第三代移动电话会怎么样

第三代移动电话（3G）即可视移动电话，机壳内安装着一个高清晰的彩色显示屏和摄像头，功能包括图像、音乐、网页浏览、看电视、电话会议、电子商务及其他信息服务，可以称作"个人袖珍信息处理器"。

3G的概念早在1985年就被提出来了。世界电信巨头经过长达14年的研究讨论，直到1999年才部分达成了3G通信系统的一些技术协议。

3G的特点：第一，较高的通信速度和质量，能达到与固定通信网相比拟的高质量通信业务的要求。第二，永久在线。不管是否使用，手机都是在线的，计费不是以时间为标准，而是以信息流量为准。第三，有一个超大的显示屏，一般是触摸式的，触摸显示屏上可以直接写字、绘图，还能将其信息传送给另一台手机或其他外部设备，如电脑。第四，使用消耗的功率较低，一次充电后可以使用的时间比现在可以长很多。第五，袖珍、美观和个性化。形式多样，外观不仅仅拘泥于电话形式。

传真机是怎样发送和接受书面资料的

只要拨通对方的电话号码，对方马上可以看到你提供的图文资料，这就是神奇的传真机。

传真机有两种功能，一是发送资料，二是接收资料。传真机发送材料时，对书面资料直接进行扫描，

并把扫描的信息转变成电信号,通过电话线把电信号传到另一台传真机上;传真机接受材料时,把收到的电信号经过信号转变,再将书面资料复制出来就可以了。

传真机进行信号转变,主要是由传真机的发送机和接收机来完成的。传真机的发送机是由一种具有光电转换作用的光电管组成的。光电管能够识别书面资料各部分的颜色及深浅,并把这些信息转变成强度不同的电信号,再经过电子电路的整形、放大、调制、编码之后,通过电话线路传输出去。传真机的接收机收到从电话线上传来的电信号后,立即对这些电信号进行放大、解调等处理,把电信号转换成图像信号,通过打印机把书面材料还原出来。这样就完成了传真机的主要工作。

测谎仪是怎么回事

20世纪20年代,美国心理学家马斯顿发明了能够同时记录多个生理参数的仪器,也就是所谓的测谎仪。

现代使用的测谎仪一般包括呼吸传感器、皮电传感器、血容量传感器和血压传感器。一个人在说谎时,不管他是否经过特殊训练,其生理上都会产生不正常的运行状况,比如:呼吸急促或故意屏气,心率加快,体表微微出汗,血压升高等,这些现象在表面很难看出来,但是通过四种传感器则很容易检测出来。

据有关材料表明,我国自主研制的PJ-1型测谎仪准确率高达99%。测谎仪除了运用到特工、军事方面,还在刑事侦查中发挥了独特的作用,减少冤案的发生率。

为了人们在生活中少受欺骗,目前,国外科学家正在研制将测谎仪装在太阳镜上。

航天器在太空中如何实现对接

太空对接是指两个或两个以上的航天器(包括载人和不载人的航天器)太空飞行过程中在预定的时间和轨道位置相会,并在结构上连接成一个整体,形成更大的航天器复合体,去完成特定任务。它主要由航天器控制系统和对接机构完成。

太空对接是实现航天站、航天飞机、

太空平台和空间运输系统的太空装配、回收、补给、维修、航天员交换及营救等在轨道上服务的先决条件。两个航天器要实现对接不是一件易事，它涉及很多方面。

对接飞行操作，根据航天员介入的程度和智能控制水平，可分为手控、遥控和自主三种方式。1965年12月15日，美国"双子星座"6号和7号飞船在航天员参与下，实现了世界上第一次有人太空交会。1995年6月29日，美国"阿特兰蒂斯"号航天飞机顺利地与太空运行的俄罗斯"和平"号航天站对接成功。这次对接具有规模大、时间长，而且合作的项目多等特点，促进了国际航天站的建立，推动了航天技术的发展。

飞机失事后为什么要寻找"黑匣子"

黑匣子又叫自动记录器，它能自动记录飞机失事前30分钟内的多种数据资料，包括飞行速度、高度、航向、俯仰姿态、机内对话等等。黑匣子通常有两个，一个是座舱通话器，另一个是飞行记录器。

黑匣子一般安装在不易被火烧，也不易摔坏的飞机尾部，它能承受100倍于本身重量的载荷冲击和1吨的断裂载荷，而且经过一个月以上的海水、淡水和其他任何液体的浸泡而不受影响。

当飞机失事后，黑匣子每秒钟会发出一次讯号，一般讯号期有30天，但一般在20天后，讯号就会减弱，有时电池电力不足时，减弱时间也可能提早。

黑匣子是为飞机事故的分析提供重要情报的依据，有时候也是唯一的依据，所以失事后必须寻找它。

人造卫星是如何回收的

人造卫星的回收，一般就是指卫星回收舱的回收，主要通过地面控制中心用遥感系统来操作。人造卫星在天空中是按一定的轨道来运行的，当它运行到轨道最低点也就是它最接近地球的地方，地面控制中心的工作人员通过特定的遥控装置，点燃连接卫星和回收舱之间的爆炸螺栓。爆炸后，螺栓就被炸开，卫星和回收舱就分离了。这时，地面控制中心就会用遥控点燃和回收舱装在一起的制动火箭，迫使回收舱的运行速度减慢，最终脱离轨道并返回,进入地球的大气层。回收舱进入大气层后,借助空气阻力继续减速,当它的速度减到每秒200米左右时,就会自动打开降落伞,进一步减速至每秒10米即可安全着陆。回收舱着陆后,会立即发出信号,让人们很快找到它。当然,回收舱的自动行为都是科学家预先设置好的程序。

人造卫星为什么要向东发射

地球是由西向东旋转的,将人造卫星向东发射,就可以利用地球的惯性,好像"顺水推舟"一样,节省推力,从而节省燃料。地球运动的速度,随着纬度的不同是不一样的。一般说来,地球的运动速度随着纬度的增加而减小,赤道上的速度最大,南北两极为零。所以发射地点的纬度越高,火箭需要的推力也就越大。当然,卫星发射最理想的效果,就是顺着地球自转的方向,在赤道附近以倾角为0度发射。

由于各国的地理纬度不同以及不同需要,火箭不可能全在赤道附近发射,发射方向也不能全都正好由西向东,比如偏向东南或东北,但总不能离开这个"东"字。这都是为了要尽量利用地球的自转惯性,节省推力。

导弹和火箭有什么区别

什么是导弹?什么是火箭?可能许多人都不明白两者之间有什么区别。其实,简单地说,导弹都是火箭,但火箭却不一定是导弹。也就是说,导弹只是火箭中的一种。

在军事上,把依靠火箭发动机推动的飞行器称为火箭,因为绝大多数导弹都是用火箭发动机推动的,

所以,导弹也属于火箭。火箭根据能否对其飞行施加控制而分为有控火箭和无控火箭。携带爆炸火药的军用有控火箭就叫做导弹。

发射人造卫星和宇宙飞船的火箭也是可以控制的,那么,为什么它们不是导弹呢?这是因为它们并不携带炸药,没有破坏力,不属于武器,当然不能称其为导弹了。

一箭多星是怎么发射的

一箭多星指的是用一枚火箭将两颗以上的卫星送入太空。1960年,美国首次用一枚火箭发射了2颗卫

星，1961年，又实现了用一枚火箭发射3颗卫星。前苏联多次用1枚火箭发射8颗卫星。欧洲空间局在我国成功发射一箭三星之前，把一颗气象卫星和一颗试验卫星用一枚火箭送到了太空。

我国首次成功地发射一箭多星是在1981年9月20日，我国成功地用一枚运载火箭把3颗卫星同时送入地球轨道。这就标志着我国是世界上第四个掌握一箭多星技术的国家。一箭多星是比较先进的技术，因为准备一次火箭发射，需要消耗大量的资金和人力，一箭多星能够降低成本，节省了人力物力，取得较多的收益。况且在近地的同一轨道上，需要2颗以上的卫星在绕地运行的过程中互相配合地进行探测，一箭多星就是比较好的方式了。

为什么飞机上不能用手机

飞机在空中是沿着规定的航线飞行，整个过程都要受地面航空管理人员的控制和指挥，而管理人员的一切操作都要利用无线电波。而移动电话也是利用无线电波传递信息的，由于两者频率接近，会相互干扰，为了飞机的安全着想，必须关机。

移动电话业界也表示，他们无法营造特殊的信号塔，使信号能够在3.3万英尺的高空传播600英里远。因此，飞行中不得使用手机的禁令也就无法解除。

不过，现在飞机上已经有专用的固定电话了，它与普通的手机不同，信号是被屏蔽和控制的，由卫星系统进行控制。

航天器在火星是怎样着陆的

火星上的大气极为稀薄，仅相当于地球大气的1%。所以航天器要在火星上着陆，还需要配备巨大的降落伞。

1971年12月2日，前苏联"火星"3号探测器成功地在火星上着陆，这是人类发送的第一个在火星上着陆的航天器。只是它着陆后只向地球发送了不到一个小时的信息，就再也没有信息了。

它着陆时是它的轨道舱和着陆舱先分离。轨道舱进入绕火星轨道运行，而着陆舱则点燃离轨发动机下降，进入稀薄的火星大气层，然后利用制动火箭展开减速伞，拉出大面积主伞，稳定下降至一定高度，点燃缓冲火箭使主伞脱开，着陆舱进一步减速，触及火星表面，实现软着陆。随后美国发射的"海盗"1号、"海盗"2号和"火星探路者"成功在火星着陆的过程与"火星"3号大致相同。

第一颗人造地球卫星是怎样的

人造卫星就是人类"人工制造的卫星",科学家把它发射到预定的轨道上,使它环绕地球或其他行星运行,以进行探测或科学研究。世界上第一颗人造卫星是前苏联于1957年发射成功的。

1955年4月15日,前苏联宣布科学院天文研究所成立空间科学组,后来又建立了国家宇宙探测委员会。

1956年,前苏联导弹USSR—1发射成功。1957年10月4日,世界上第一颗人造地球卫星"旅行者号"在前苏联的拜科努尔发射场由USSR—1三级火箭送上轨道。这个直径22.8英寸、重184磅的金属球体,每96.2分钟绕地球一周。它带有测量温度、压力的仪器,并利用两台无线电发射器发射信号,来研究电离层的结构。

一个月后,前苏联又将第二颗卫星"旅行者二号"送上轨道,这可比第一颗重,而且还将一条叫做"莱卡伊"的狗连同科学仪器送上太空。

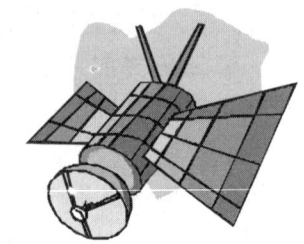

发射成功一颗人造卫星就相当于人类在太空设立了一个实验室或通讯、情报站。地面上的人类通过遥控这颗人造卫星来完成宇宙观测、广播通信等工作。

谁是第一个到太空探险的人

世界上第一个太空探险者,是前苏联的宇航员尤里·加加林。他是人类第一个进入太空的使者,实现了人类飞向宇宙的愿望。

1961年4月21日清晨,在前苏联中部的拜科努尔宇航中心,加加林怀着激动的心情,登上了"东方"1号飞船。9时零7分,飞船起飞了。在飞船达到最高速度时,加加林已经适应了失重的环境。他在飞船里吃着食物,并观察舱内的仪表,认真地作记录,并拍照。在飞船的生活舱内,温度比较适宜,只有20℃左右,气压和地面上的一样。加加林在轨道上飞行了一圈,准备返回地面。在返航的时候,加加林启动了装在机械舱内的制动火箭,使飞船减速,然后控制火箭喷射气体的方向,使飞船脱离轨道,飞回地球。飞船在北非上空进入大气层的时候,加加林把机械舱甩掉,使它坠入大海,剩下生活舱用高速降落。在距离地面7700米时,加加林和他的坐椅一起被弹射出来,3顶彩色降落伞慢慢张开。当下降到4400米的时候,加加林脱离开坐椅,慢慢地飘落到地面上。

随着加加林的升空,开创了人类征服月球、征服宇宙的新纪元。太空探险已成为令全世界瞩目的头等大事。十分不幸的是,1968年3月27日,年仅34岁的加加林在一次飞行中不幸遇难身亡。他的名字将永远记载在人类征服宇宙的史册上。

我国共有多少颗卫星在天上

据了解,我国至今已自行研制并成功发射了65颗卫星,其中目前仍在天上的通讯、气象、遥感、科学实验等卫星,共有20多颗。

人造卫星为什么不会掉下来

人造卫星有很多是用肉眼完全能看到的,由于它们离地球只有数百或数千千米,地球的阴影很容易遮住它们,所以,只能在黄昏和黎明时看到它们。

人造卫星是不会掉下来的。因为如果物体运行速度达到每秒7.9千米以上,就不会被地球的引力拉回地面。成功发射的人造卫星进入轨道时的速度都在每秒7.9千米以上,如果不再受外力的影响,是不会掉下来的。

人造卫星的用途很广,勘探卫星能测量地形,调查地面资源,勘探地下矿藏;气象卫星能拍摄云图,观测风向和风速;间谍卫星能搜集军事情报;实验卫星能帮助科学家在太空中做许多地面不能做的实验;救援卫星能搜寻到遇难者发出的求救信号等。

在太空中怎么修理卫星

在卫星升空之前,航天专家在设计的时候就会尽可能地预见各种可能的意外情况,制定一系列相应的应急方案,以便万一卫星出现特殊情况时可以从容应对。

卫星升空以后,如果出现一些小毛病,是可以通过地面的遥控指令来进行补救的。1983年有一颗从航天飞机上面发射升空的卫星没有进入静止轨道,地面上的人员就巧妙地遥控了启动星上24个控制姿态的小火箭,经过39次点火,每一次都使它升高一点,历时58天,终于使它静止定位了。

如果卫星出现问题的部件比较关键，就需要宇航员上太空亲自修理了。1992年美国"奋进"号航天飞机的宇航员用手"擒获"了一颗失控2年多的通信卫星，给它换了一个发动机，使它进入轨道正常工作了。

还有一些卫星在太空中不能靠宇航员来修理，就只能运回地球返修了。1984年有一颗卫星被送上太空以后，发动机出现了故障，没有升上静止轨道。同年11月，用一架航天飞机把它接回了地面，经过整修，1990年4月在中国的西昌由火箭发射升空，就是"亚洲"1号通信卫星。

人类为什么要对月球进行探测

自古以来，月亮对于人类来说都是一个美丽而又神秘的世界，人们为它编出了无数个美丽的故事，有"嫦娥奔月""吴刚砍桂树"……人类渴望了解月亮的奥秘，希望有朝一日能飞到月球上去。

1969年7月16日，美国成功地发射了"阿波罗"11号载人宇宙飞船。7月21日胜利在月球表面着陆，终于实现了人类登上月球的愿望。出乎人们的想象，月球上是一片奇特荒凉的景象，天空中一片漆黑，月面上阳光灿烂，到处是尘土、岩石和坑洞，没有"嫦娥"，没有生命，是一个荒凉寂静的世界。

人类有着勇于探索的精神，从探索中认识自然、征服自然，这是人类向前发展的重要标志。人类还要扩大自身的生存空间，还要到其他星球上去取得自然资源，甚至某一天向别的星球移民。

对于人类而言，向太空移民的第一站就是月球，科学家们已经有了在月球上建筑一座永久性月球基地的设想。月球的自转速度比地球慢，月震也很微弱，没有人造的发光物体和无线电波的干扰，没有尘埃污染，没有雨雾遮挡，没有大气散射，这样优越的环境可以大大提高天文观测的能力和效果，也可以更好地观测到中微子、引力波等宇宙中的奇异现象，是天文学家理想的观测基地。

月球上没有有机物，在上面做实验不用担心混入和测定错误等方面的问题，并且在真空的环境中，细菌等试验用微生物不会到处扩散，十分安全，是一个绝妙的生命实验场所。

地球由于地壳变化、人类活动和气象销蚀的缘故，已经面目全非，月球则仍然保持着它本来的面貌，研究月球有利于我们了解地球的原始状态和发展状况。

人类是何时第一次登上月球的

自古以来，月球一直是一个神秘的星球。中国古代就有"嫦娥奔月"的传说，人们也一直梦想着登上神秘的月球。

终于，在美国东部夏令时间1969年7月20日，美国的宇宙飞船阿波罗11号登上了月球，宇航员尼尔·阿姆斯特朗走下太空舱，率先踏上月球那荒凉而沉寂的土地，成为第一个登上月球并在月球上行走的人。当时阿姆斯特朗说出了此后在无数场合常被引用的名言："这是个人迈出的一小步，但却是人类迈出的一大步。"

的确，这是人类有史以来第一次对月球做的最伟大的探险，人类完成了登月的梦想。从此，各国科学家都在进行研究，实现人类定居月球的计划。

宇航员在太空中如何"行走"

当第一批登月的宇航员阿姆斯特朗和奥尔德林走下登月舱开始在月球表面行走的时候，他们几乎每走一步都会摇摇晃晃，像个喝醉的酒鬼一样。经过一段时间的摸索和联系以后，他们才明白自己必须放弃在地球上两只脚交替行走的模式，而采用两脚同时用力的袋鼠式蹦跳方法，这才是最佳的行走姿势。奥尔德林对此总结道："你要非常小心记住自己的质量中心在什么地方，有时要走二三步才能弄清你身下还有两只脚。"

为什么在月球上要采用袋鼠蹦跳的方法来行走呢？这主要是地球和月球的重力不同而引起的。我们人类长期生活在重力较大的地球，两只脚交替行走时的力量、速度和重心的转移都已经习惯了，而在月球上，重力只是地球的1/6，而脚的蹬力却基本不变，致使重心在两脚先后迈步时改变过猛，身体不由自主地摇晃。采用蹦跳式行走，身体的重心不再摇摆，可以稳步前进。

宇航员在太空中穿什么衣服

宇航服主要对宇航员起保护作用,是宇航员进行舱外活动必需的生命保障系统。太空中没有空气,压力异常,太阳辐射非常厉害,宇宙间的微流星体会冷不防地向宇航员袭来,如果没有宇航服的保护,就会有生命危险。

宇航服由服装、头盔、手套和帽子四部分组成。服装又由三部分组成,最外层是防护服,它不怕火,能适应剧烈的温度变化,能阻挡宇宙射线的直接辐射,还能抵御宇宙中微流星体的撞击。中间层是气密服,它会产生压力,保持宇航员的身体不向外扩张。最里层是水冷式内衣,用以调节宇航员的体温。头盔是由透明的聚碳酸酯制成的,可以有效地保护宇航员的眼睛不受太阳紫外线的伤害。宇航员的手套耐热、耐磨,可以保持手套内部的一定压力。靴子同手套一样耐热、耐磨。

通常的宇航服重量为113千克,穿上这么厚重的宇航服在地面上行走肯定十分困难,但是在太空中却行走自如,因为在太空中人和物都会处于失重的状态。宇航服是专门为宇航员制作的,穿上宇航服不仅能够工作,而且对宇航员的安全起到可靠的保证作用。

宇航员在太空中怎么生活

太空是个充满魅力的神奇世界,太空的生活更是充满魅力、令人好奇的神奇地方。太空环境与地球环境大不相同,那里没有空气,没有重力,充满危险的太空辐射。当然在封闭的空间站或航天飞机舱内,有足够的空气供你呼吸,良好的航天器屏蔽材料可以有效地挡住太空辐射,只是"失重"会给生活带来一些麻烦。

如果用地球上的方式去太空生活,那肯定会闹出很多笑话。比如吃饭,你端着一碗米饭,那饭会一粒粒飘满你的座舱,你张着嘴可能一粒也吃不着;而你闭上嘴时,饭粒却可能飘进你的鼻孔呛着你。你想躺在床上睡个舒服觉,可是你会发现太空中找不到上下的界限,"躺"和"站"几乎没有什么区别……所以宇航员一般都把自己固定在睡袋里面休息。

航天飞机为什么要垂直升空、水平降落

航天飞机是世界上第一种也是目前唯一一种可重复利用的航天运载器。航天飞机一般由轨道飞行器、一个大型的外挂燃料箱和两台固体

火箭助推器三大部分组成。外挂燃料箱和固体火箭助推器都是很重的，它们足足有十几层楼那么高。

航天飞机挂了那么重的负担，当然无法像普通飞机那样水平滑跑起飞。它受到的空气阻力远远超过大型飞机，况且它携带的火箭发动机只能短时间工作。因此，航天飞机必须在最初一两分钟内垂直上升，尽快冲出稠密的低层大气。航天飞机先上升到几十千米高空，扔下两枚耗尽燃料的助推火箭。这些火箭用降落伞回收后可以重复使用。航天飞机再上升到100多千米的高度时，庞大的外燃料箱里的燃料也用完了，就会自动坠落。这时航天飞机本身的发动机足以把它送上几百千米高的轨道。当航天飞机返航时，早已摆脱了累赘的外挂物，就能像滑翔机一样飘然降落。

人在太空中为什么会增高

前苏联宇航员尤里·洛玛曼柯43岁的时候，在太空站生活了326天，回到地面上的时候，身体竟然长高了1厘米。这1厘米是在失重的状态下增加的。大家知道，人在20岁左右的时候，身高已经达到了极限，到了中年以后，一般是不会再长高的。那么，这位宇航员为什么会又长高了1厘米呢？

这要从人的骨骼说起了。人的脊椎骨是由33块骨头组合而成的，其中绝大多数骨头中间由椎间盘所分隔。椎间盘是一种坚韧的纤维状组织，起保护脊柱的作用。在太空的条件下，由于地球的地心引力不存在了，脊椎骨因为得到舒展而延伸，所以生活了一段时间以后，人就会长高了。

这种长高与人在正常情况下的长高是不一样的，正常的增高是由于人体内较大的骨头的两端长出新的骨膜，并不断积累的结果。而太空中宇航员的增高是在太空的特定条件下发生的，当他返回地球的时候，就很快会恢复原样了。

飞机里的新鲜空气从哪来

坐过飞机的人都知道，飞机虽然在万米高空飞行，机舱里面依旧空气新鲜。新鲜的空气从哪里来呢？原来在飞机上有一套设备，这套设备将外界低温低压的空气吸入后加压、增温、过滤，然后通过专门的通道送入机舱，舱内用过的空气，通过机舱中的空气压力系统,被迫流向脚踏的地板缝隙,沿着固定的管道排出机舱。

另外,机舱中还有单独的通风系统,直接通到每位乘员的座位上,需要时打开开关,空气就会源源不断地流出来,流量还可以自行调节。

在太空中宇航员采用什么保障系统

1961年4月12日,前苏联宇航员加加林乘坐"东方"1号宇宙飞船,绕地球飞行一周,历时108分钟,成为世界上第一位进入太空的宇航员。从那以后,进入太空的宇航员越来越多,在太空中停留的时间也越来越长,航天任务也越来越复杂。但是太空毕竟和宇航员在地球上的生活环境不同,为了使宇航员的生活一切正常,顺利完成各项任务,必须在载人航天器上设置生命保障系统。

生命保障系统分为固定式和便携式两种。固定式生命保障系统装在航天器的密闭舱内,它使密闭舱内的温度维持在20摄氏度左右,气压接近1个标准大气压,空气中氧气的成分为21%左右,氮气为78%左右,与地球上的大气接近。它还有净化空气的功能,要随时清除二氧化碳,并保证供应充足的水。载人航天器的生命保障系统除了包括压力、温度、湿度、供氧和空气分配等控制系统外,还设有宇航员的饮食、休息、睡眠、排泄等日常生活保障系统。它甚至还具有对生活废物的收集和处理功能。

宇航员在进行舱外作业时则需要使用便携式生命保障系统,也就是通常所说的宇航服。

什么样的人能成为宇航员

做一名航天员是无数人的梦想,世界上第一艘载人飞船"东方1号"的驾驶员加加林是人类历史上的第一位宇航员,被人们称为英雄。那么,怎样才能成为一名宇航员呢?职业宇航员必须年龄在40岁以下,身高在1.5米到1.9米之间,体重与身高协调,并且有1000小时以上飞机驾驶经验,学士学位以上学历,身体健康、意志坚强,有献身精神。

在太空飞行的过程中,还需要专门人才来做许多科学实验,所以宇航员除了具备出色的身体、心理、

思想和知识等素质以外，还必须具有特殊的耐力，经得起失重、超重、低气压和孤独的考验，而且还需要有丰富的科学知识。

世界上第一个宇航员是前苏联的加加林。1961年4月21日，他乘坐"东方1号"飞船进入太空，绕地球飞行一周，历时108分钟。

1969年7月20日，美国的阿姆斯特朗穿着舱外宇航服，走出登月舱，第一个在月球上留下了人类的足迹。

什么是太空电梯

太空电梯的理论很简单，其主要部件是一根钢缆，一头拴在大洋中的平台上，另一头则连在3.5万千米高空的卫星上。一旦投入使用，今后国际空间站需要的部件，以及"畅游太空"的人类，都将通过这条缆绳被拉上高空，然后再将其"弹射"进入太空轨道。这样将物体送入太空的成本只是目前各种运载工具开销的"零头"。

技术方面，美国专家说目前电梯模型已经完成，并初步锁定纳米材料。因为太空电梯要承受超强压力，专家认为采用石墨纳米管是最佳选择。美国某家公司已经成立了由科技界名流组成的技术顾问团，投入约1300万美元进行相关问题的研究，研究重点是石墨纳米管对太空环境的适应度，尤其是对太空垃圾的承受力。

人类能到太空去度假吗

在以前，到太空旅游还只是科幻小说中的情节，但是现在梦想很快就将成为现实。科学家甚至计划在月球上建造一个太空基地，欢迎地球人前去观光旅游。在2001年和2002年，美国人丹尼斯·蒂托和南非人马克·沙特尔沃思分别作为"游客"造访太空之后，2005年，60

岁的美国富翁格雷戈里·奥尔森成为地球上的第3位"太空游客"。目前，太空旅游并不是普通人能承受的，比如15天的绕月之旅报价就高达1亿美元。当然，旅客不仅要支付巨额的旅游费，而且为了适应太空环境，身体也接受了严格考验。也就是说，仅仅有钱是不够的，还要有一个健康的身体才能享受太空旅游。

不过，相信随着科技的迅速发展，普通人的太空旅游并不只是空谈。到那时，普通人也可以到太空去度假了。

飞行员为什么坐在火箭弹射坐椅上

1983年9月27日，前苏联的拜科努尔航天发射场上，"联盟T—10A"宇宙飞船即将升空，在起飞的瞬间，运载火箭的一级发动机发生了爆炸。就在这个时候，火箭顶端的救生塔突然打开，把两名宇航员弹射到1千米以外的安全区，宇航员死里逃生，这就是弹射坐椅的功劳。

载人航天是一项高风险的事业，从起飞、运行到返回地面，随时都可能出现意想不到的情况。从1961年第一名宇航员升入太空以来，前苏联和美国已经有14名宇航员在航天活动中不幸遇难了。因此，人们设计了一整套的应急救生装置，把拯救宇航员的生命作为最大的事情。弹射坐椅就是这些救生装置中的其中之一。载人航天器在上升飞行阶段，一般使用弹射坐椅或救生塔，在返回阶段一般采用弹射坐椅或分离座舱。

直升飞机为什么没有翅膀也能飞行

事物都是有重力的，所以高高抛起的重物总会落到地面，可是沉重的飞机却能在天空飞翔，这是有原因的。飞机的机翼很像两个巨大的风筝，上边是鼓起来的，下边是平的，当风迎着飞机吹时，机翼上面的空气流动快，压力小，会将机翼向上吸，而机翼下面的空气流动慢，压力大，会将机翼向上抬，飞机利用发动机的力量快速向前行驶，强劲的风吹到机翼上，飞机就飞起来了。

飞鸟为什么能把飞机撞下来

鸟的质量和体积虽然很小，在空中飞行的速度也不是很快，但是鸟能把飞行中的飞机撞坏。因为当鸟和飞行中的飞机相撞时，飞机的速度很快，而鸟是迎着飞机飞的，相对飞机来说，鸟的速度就是鸟本身的速度加上飞机的速度，这样相加，那相对于飞机来说，鸟的速度是非常大的。科学家们计算过，一只7.2千克的鸟和一架时速是960千米的飞机相撞，鸟对飞机的撞击力，绝不亚于一颗重型炸弹对飞机的威胁，所以一只小小的鸟也会撞坏飞机的。

隐形飞机为什么能隐形

现实生活中没有隐身人，隐形飞机倒是有的。在1991年的海湾战争中，美国出动1200多架飞机，竟没有一架被击落，引起世界的轰动。隐形飞机不是真的人眼看不见，而是针对雷达、红外电磁波和声波等探测系统来说的。

隐形飞机之所以能够隐形，首先是在飞机制造上选用了先进的隐形材料。它是用铁氧体和绝缘体烧成的一种复合材料。它既不反射雷达波，又能够吸收电磁波。电磁波碰到它以后，转化成热能被吸收了。雷达收不到反射波，也就发现不了它。其次，隐形飞机还采用了一系列高新技术，如降红外线辐射技术、降噪音技术、电子干扰技术等。

舰艇也能隐形，一是使用舰艇模拟器，以假乱真达到隐形的目的。二是在受到攻击时，释放烟雾隔阻潜艇的噪音，然后逃脱。三是发射大量黏胶金属颗粒，形成假潜艇目标进行逃脱。

收音机为什么能收到电台广播

电台广播是通过无线电波传送的。

当导体中电流迅速变化时，导体就会向四周空间发射电磁波，电磁波是向空间各个方向传播的，无线电通信中使用的电磁波通常叫做无线电波。

电台广播时，播音员的说话和各种广播节目的声音通过发射机和发射天线，就变成电磁波发射到空中，被家里收音机的接收天线收到后，收音机又把电磁波还原成声波，再由扬声器放大。这样，我们就听到电台的广播了。

雷雨时，打开的收音机听到的"咔咔嚓嚓"的声音比听到的雷声要超前，这是因为电磁波在空气中的传播速度大于声速。

洗衣机是怎么洗衣服的

洗衣机洗衣服的时候，机器的波轮转动，使洗涤剂与衣服之间，衣服与衣服之间，衣服和筒壁之间发生摩擦，起到手搓揉、拍打的作用，把衣服洗干净。那么洗衣机是分几步把衣服洗干净的呢？

首先，充满于波轮间的水，被高速甩向桶壁，并沿桶壁旋转，然后又流回到波轮附近。这样，在波轮附近形成了以波轮为中心的涡流。衣物在涡流的作用下，作螺旋式回转，吸入中心后又被甩向桶壁，不断地与桶壁发生摩擦，污垢被迫脱离衣物。

其次，当衣物被放进洗涤液后，由于惯性作用运动缓慢，在水流与衣物之间存在着速度差，使得两者发生相对运动，水流与衣物便发生相对摩擦，这种水流冲刷力同样有助于污垢离开衣物。

此外，由于洗衣桶形状不规则，当旋转着的水流碰到桶壁后，其速度和方向都发生了改变，形成湍流。在湍流的作用下，衣物无规则地翻滚，衣服里的纤维不断被弯曲、绞扭和拉长，衣物相互摩擦，增大了洗涤的有效面积，衣物洗得更均匀干净。

数码相机为什么不用胶卷

传统相机使用胶卷作为其记录信息的载体，而数码相机是用电子式的感光器件代替胶卷记录图片。感光器现在有两种，主要使用的是一种特殊的半导体材料，这类特殊的半导体叫做电荷耦合器，简称CCD。它能把景物反射的光线转变成电荷，通过模数转换器芯片转换成数字信号，数字信号经过压缩以后由相机内部的闪速存储器或内置硬盘卡保存，因此不用胶卷。

由于景物在数码相机里已经变成数字化信息，所以能轻而易举地把数据传输给计算机，并借助于计算机的处理手段，根据需要和想象来修改图像，也可以用激光或喷墨打印机打印出来。

隧道有什么用

我们坐火车经过山区时火车忽然变暗，不用害怕，那是火车在通过隧道呢！在上海可以坐火车过黄浦江，也没什么奇怪，那是因为火车走的是黄浦江下的江底隧道。在世界上，英吉利海峡的海底隧道和日本的青函海底隧道早就通车了。

不论是开山建隧道，还是潜海建隧道都是很巨大的工程，为什么人们要建隧道呢？

原因其实很简单，主要是因为隧道在交通运输中有巨大优势。在没有隧道时，火车经过高山时，或者绕道，或者走盘山路，不但不经济，而且还不安全。以前我们经过大江、大海只能坐船,而海上天气变幻莫测,安全性和准时性都很差,加上造船的成本很高,利用率低。人们一直在思索期望找到一条更好的交通道路。海底隧道建成以后,也向世人宣告再也没有什么高山大海能阻挡我们的去路了。

隧道除了交通功能外,还可以用于城市里地下的排水或给水、农村的灌溉引水以及铺设煤气和输电线路等。

赵州桥为什么历经千年而不毁

赵州桥是隋朝开皇年间建成的,到现在已经有1400年的历史了。但它现在仍然坚固如初,历经千年而不毁,是中华民族伟大智慧的结晶。

赵州桥是单孔石拱桥,它的主桥孔由28道排成拱形的巨大石块砌成。拱顶用9根铁拉杆横向扣牢拱券,拱石之间都用铁榫咬合成整体,桥外侧用6块钩联石拉紧。这是赵州桥坚固的主要原因。其次,赵州桥是一座"敞肩式"拱桥,即桥两端的"肩部"砌有几个小"桥洞"。敞肩式拱桥的优点是:敞肩使桥的自身重量减轻很多,减少了桥基所受的压力,减缓了桥基的下沉;敞肩结构又能在汛期使洪水快速通过,减轻洪水对桥的冲击力;同时这种结构还节省很多造桥材料,可以缩短工期。赵州桥的设计师李春采用"坦拱"形式,使赵州桥的坡度较小,上下桥的道路比较平坦。

建造于12~15世纪的几座欧洲著名的石拱桥早已毁损,而赵州桥至今仍十分坚固。

自行车会被淘汰吗

现在很多家庭有了轿车或者摩托车,那么靠人力前进的自行车会被淘汰吗?

自行车问世有200年了,从笨重木制自行车不断发展到现在。人们对自行车的最大期望是骑行轻便,牢固耐用,物美价廉。因此,超轻合金与轻金属是自行车的设计者首选的车体材料。现在用铝材制造的自行车重量仅有9.1千克。用新材料制造的轮胎不怕针刺石戳,骑车时再也没有漏气补胎的烦恼。更有人

设计出带有轻质流线型整流罩,将人体和车身罩入流线型车体内的自行车,没有空气阻力,骑着更轻松。此外,有的自行车生产商在自行车的前后轮上都装上减震器,这样即

使走在坑坑洼洼的路面上也不怕了。

虽然现在摩托车、轿车发展迅速，但是自行车以其便捷、价廉、无污染的优势，仍将长期受到人们的青睐。

皮球为什么能弹起来

物体在受到力的作用时，它的形态和体积会发生改变，这种改变，在物理学中称为"形变"。物体在发生形变时，会产生弹力，形变消失时，弹力也随之消失。

皮球落在地面上，由于自身的重力与地面的反作用力，使皮球发生形变，产生弹力，因此，皮球就从地面上弹了起来。皮球运动到一定高度，由于万有引力，皮球落回地面，再发生形变，又弹了起来。

物理学的研究已经表明：任何物体在受到任意小的力的作用时，都会发生形变，不发生形变的物体是不存在的。当然，由于物体的质地不同，受到的作用力的大小也不一样，所发生的形变大小也不一样，产生的弹力大小也不一样。有的物体形变比较明显，产生的弹力较大；有的物体形变不明显，产生的弹力较小，不容易为肉眼所察觉。

皮球是用橡皮做的，质地较软，里面又充满了气体，因此在受力后发生的形变明显，产生的弹力大，所以弹得很高，并可以连续弹跳多次；如果是铅球，它的形变和弹力就很小，几乎难以觉察到了。

为什么扇子扇炉火会越扇越旺，而扇蜡烛却能一下就扇灭

扇子扇炉火，会越扇越旺，而扇蜡烛却一扇就灭，这是有原因的。

用扇子扇风，会同时有两个作用，一个是补充氧气，帮助燃烧，一个是降低温度不利于燃烧。扇子扇炉火会越扇越旺，而扇蜡烛却能一下就扇灭，就是这两种作用产生的不同效果。

炉火热量大，温度高，远远超过煤炭的燃点，所以扇子给它扇风，虽然会带来一些冷空气，赶走一部

分热空气，但是这对炉火来说是微不足道的，而扇子带来的氧气，却能大大帮助炉火燃烧。对于蜡烛来说，火焰小，热量少，扇子一扇，带来的冷空气就可以把蜡烛那点热量都赶走了，烛火突然下降到蜡烛的燃点以下，蜡烛就立即灭了，扇子送来再多的氧气也没有用。

生活常识

衣、食、住、用、行,这是生活的全部,
每一个存在的物体和现象,
都有一个"为什么",
了解全世界的重大节日,学会在敬仰中生活,
民族风情和禁忌昭示着融合统一中的合理,
……
生活呈现给人的是五彩缤纷、奥秘无穷,
懂点常识,无忧行天下。

为什么要让房间保持通风

科学家们作了一项调查,在不开窗的一个房间内,一平方米的空间里有1.9万个细菌,开窗通气后就只有5800个了。室内空气新鲜,病菌的数量就减少,有些病菌在阴暗潮湿的环境中非常活跃,但是一到空气流通、阳光充足的环境里就跑得无影无踪了。

其实,在我们居住的房间里还存在很多污染。如烟尘、油漆涂料等挥发出来的物质,还有电冰箱、彩电开动后元件所挥发的物质。

随着人们生活水平的提高,空调、电风扇等通风设备正普及到千家万户,给人们带来夏日的凉爽和冬天的温暖。可是,如果长时间地生活在这样的环境中,就会使人感觉到头痛、头晕、疲劳无力、睡眠差、梦多等疾病。医学上称这种疾病为"风扇病"。

因此,有关专家建议,室内最好不要长时间转动空调机、电风扇等设备,使用电扇时,不要长时间地猛吹身体的某一部位,特别要注意,睡眠时不可继续使用电风扇。此外,使用电风扇时,最好先将室内打扫干净,或洒上一些水,以防止尘土扬起而污染空气。这样可防止或减少"风扇病"的发生。

小朋友一天中有一半时间是在家里度过的,所以要经常开窗,保持室内通风透气,经常开窗通风能保持室内空气新鲜,新鲜空气里含有充足的氧气,能促进人体新陈代谢,对小朋友整个身体的生长发育非常有利。

为什么要多晒被子

其实晒被子对我们的健康有不少好处。被子盖时间长了,它就"吸收"了各种空气和人体上的细菌、微生物、尘埃、汗渍等对人体有害的物质。把被子拿到阳光下晒一晒,紫外线有强力的杀菌作用,能让人更低程度地接触病毒,并有效抵御病毒的侵害,因为在阳光和空气流动的作用下,有害的病毒、细菌在很短时间内就会被杀灭。

不过,被子不是随便晒的,这里面也有学问。最重要的是不能长时间、频繁地晒,否则棉被的纤维会缩短并容易脱落。最好挑阳光最充足的中午时间晾晒,还可以在被子上盖一层薄布,既能保护被面不受损,还能防止温度过高烤坏了纤维。如果是合成棉的被子,只要晒一两个小时就行了,因为这种被子没有纤维膨胀,稍微晒晒就能去掉被子里的潮气。羽绒、合成纤维和羊毛的被子更不能长时间晒,因为高温会让羽毛和羊毛中的油分起变化,出现腐臭味,所以放在通风处晾晒1小时左右就可以了。另外,晒被子时别拍,容易破坏被子的纤维成分,还会影响保暖。

三个月以上不晒被子,被子里就会有600万只螨虫,但是光晒被子并不是有效除螨的方法。专家认为,螨虫在被子的表层里面生长,晒被子只会让螨虫往被子里面钻,如果再去拍,只会把螨虫的尸体和排泄物拍成粉末状,反而增加了过敏源。所以,被子不光要晒,还要经常清洗。清洗时别忘了加入一些消毒液,这样被阳光晒过的被子不仅干净卫生,还有一股淡淡的阳光味道。

发霉的花生为什么不能吃

花生如果存放不当,就会发霉。有的人把发霉的花生清洗、晾晒后仍然继续吃,这样做是非常危险的,因为发霉的花生带有大量的霉菌和霉菌分泌的毒素。

花生含有丰富的蛋白质、脂肪和碳水化合物,是霉菌生长的良好培养基。只要温度和湿度适宜,很容易被霉菌侵染,有的霉菌还会分泌出有毒的代谢产物。如果花生被这种有毒的菌种污染,它就会沾染上毒素,人们吃了这样的花生会危害自身的健康。

发霉的花生中含有大量的黄曲霉菌,据研究发现,黄曲霉菌在温度较高、相对湿度较大的条件下,就会在花生上大量繁殖,同时分泌黄曲霉素。黄曲霉素有很强的毒性,能对绝大多数动物起急性毒害作用,而且具有明显的致癌作用,对人畜的健康危害很大。

霉菌在生长繁殖的时候,需要大量的营养,花生正好成了霉菌的"营养基地"。因此,发霉的花生也就没有什么营养价值了,我们也就没必要吃了。

为什么不能吃发芽土豆

土豆是我们生活中经常吃的食物,可是发了芽的土豆不能吃。因为土豆芽眼附近,含有一种叫做龙葵素的物质,它有毒,进入人体会出现轻重不一的中毒症状。因此在吃土豆的时候,我们一定要挖掉芽

眼,并把芽眼周围也挖掉一部分,另外,吃土豆时一定要削皮,因为在土豆皮中富含龙葵素。做菜的时候,还要加点醋,醋能分解龙葵素。

怎样防止污染食品入口

谨防污染食品入口,是因为吃了污染食品对人体非常有害,有些污染食品吃了之后能够马上反应,我们会拉肚子、呕吐等。但有些污染食品吃了之后我们感觉不到它的危害,在我们的体内形成大量的化学残留,多年之后就会引发癌症等致命性疾病。

那食品究竟是怎么被污染的呢?首先,像花生、玉米之类的食品如果放得太久,加上高温、潮湿的环境,就会发霉,霉中便含有致癌的黄曲霉素,所以发霉的东西不能吃。其次,食品受到环境污染,比如排放到空中的工厂废气会影响动植物的发育,并使其中的有益物质变成有害物质。第三是农药的污染,好多蔬菜中都有农药残留,我们在吃的时候一定要多浸泡,然后再食用。另外,我们生活中要多食用绿色食品。

井水为什么冬暖夏凉

井,自古以来就有了。用过井水的人都知道井水"冬暖夏凉"。难道井水会自动调节温度?不是的,井水冬暖夏凉只是我们人的一种感觉,而不是井水本身真的冬天变暖,夏天变凉。如果用温度计分别测量冬天和夏天的井水温度,冬天的比夏天还低3~4℃。

其实,井水的温度在一年四季里变化并不大。原因主要是处在地底下的水受地面上气温变化的影响很小。

冬天,地面上的温度降得很低,而变化不大的井水,要比地面上的空气的温度高得多了,所以我们一摸上去,觉得是暖暖的。

反过来,到了夏天,地面上的温度升得很高的时候,井水却要比地面上空气的温度低得多了,所以我们一摸上去,觉得凉凉的。

不光是井水会给人冬暖夏凉的感觉。就是地下水、山洞、地窖,都是这样的。人们利用这一点,可在冬季把水果、蔬菜储藏在地窖里,以防冻坏,夏季则可防腐。

"宫爆鸡丁"名字的由来

很多人都以为宫爆鸡丁是川菜的一种，其实它真正的原产地是济南。那么为什么别的鲁菜都是油而不辣，却出了宫爆鸡丁这个异类呢，这还要从清朝说起。

同治六年，贵州平远州的进士丁宝桢，被朝廷任命为山东巡案，入住济南府。他刚直不阿，疾恶如仇，深受百姓爱戴。

丁公平素两袖清风，深居简出，最大的爱好就是美食。为官一处，必先微服出行，寻找地方名吃。一天近午时，他站在湖边高处，看见附近一农家篱笆围墙，院中有一老妇正在喂鸡，他为了了解民情，就带着仆人走了过去。

济南人素有好客之风，老妇察言观色，感觉来人非等闲之辈，就一面把丁公让进屋里坐，一面让人把湖边酒楼做大厨的儿子叫了回来。

丁公和老妇聊了半天家常，饿得肚子咕咕叫，也不见老妇做饭。正在这时，他闻到一股子香味飘了进来，只见一个浓眉大眼的汉子用四方托盘端着几个菜走了进来。九转大肠、红烧肘子、糖醋鲤鱼丁公都已尝过，唯有一道菜是丁公吃遍大江南北却是见所未见，闻所未闻的，偏又奇香无比。丁公夹起一方块状物放进嘴里，只觉舌尖微麻，轻轻一嚼，脆嫩可口，感觉似肉非肉，似鸡非鸡，妙不可言。汉子告诉他这是道菜是爆炒鸡丁。

丁公问："既为鸡丁，为何却这般鲜嫩？"汉子说："此乃取当地笨鸡鸡脯肉切丁，丁外薄裹淀粉糊，利于快熟且防味泄，后配以花生，胡椒，旺火油炒而成。"丁公微笑着点点头，又找出盘中一花生叨入口里，细细咂摸，果真是别有滋味。他马上重金把汉子聘为家厨，远方客到必以爆炒鸡丁为压轴菜，百吃不厌。

后来，丁公奉调任四川总督。已是家厨的汉子也携家眷一起随丁公进川，当然，他也把爆炒鸡丁带到了四川，他的后人通过把胡椒换成辣椒，做出了川味的爆炒鸡丁。

由于丁宝桢曾任山东巡抚，后封"太子少保"，以后又任四川总督，故当时人称"丁宫保"。后人为了纪念他，所以把他喜欢吃的这道菜称为"宫保鸡丁"，宫保鸡丁的制作需要旺火爆炒，所以有时也被称做"宫爆鸡丁"。

丁公去世后不久,宫爆鸡丁被四川当地官员作为贡菜献给皇帝,正式进军北京,发展成为御用的名菜之一。

为什么把樟脑丸放在衣柜里

樟脑丸会挥发,挥发出的物质会使小虫感到难受,使它们远离衣柜,保护你的衣服不被小虫咬坏。樟脑丸挥发完之后,你就应该买新的樟脑丸来赶走小虫了。

山上的公路为什么要螺旋形地盘上去

有些人觉得从山顶到山底修一条笔直的公路不是更好吗?让我们看看这样修好不好。如果这样修公路,势必坡度很大,从而使车辆下滑的力超过轮子对公路路面的附着力,造成的结果是连人带车摔下去,

出现严重交通事故,所以这种方法是行不通的。让公路在山坡上像螺旋一样盘上去,就能大大降低公路的坡度,这样行驶起来比较安全,汽车也不吃力。

为什么要造梯田

世界上许多地区都有梯田,沿着陡峭的山坡层层分布,就像是为巨人登天而建造的台阶。梯田是为种植庄稼而沿着山坡开辟的一级一级的农田,它是人类改造地形最令人惊叹的方式之一。

梯田最早出现在史前时期。起初人们清除森林或小山顶,以便种植一些粮食作物,或者作为防御工事。大致在同一时期,这类梯田开始出现在世界各地。

梯田要注意防止侵蚀,即防止雨水沿山坡冲走土壤。大多数梯田边缘都围有石墙,以防止土壤的流失。在没有石头的地方,梯田的边墙采用了长满草的土埂。在梯田"台阶"内的土壤能够保存雨水,确保植物得到足够的水分。

为什么从高处向下看时会感到很害怕

站在很高的地方往下看,会感到害怕是人的一种心理活动。假如你不知道这是很高的地方,站在那里绝对不会害怕,当你从很高的地方往下看的时候,潜意识中你就

会想到:"我掉下去怎么办?掉下去岂不是要摔得很惨?"于是强烈的心理暗示使你感到非常害怕,你明白了吗?

恐高症属于恐惧症的一种,只要坚持治疗,是可以治愈的。治疗恐高症的十二字原则是长时间、逐渐地、有规律、完全地。长时间:让患者站在能够引起恐怖情绪的高处,至少持续30~45分钟,尤其开始治疗时,要让患者坚持足够的时间,使恐怖程度减少50%。逐渐地:不要一下子给患者定很高的目标,从容易的目标开始,逐渐转向困难目标。有规律:一次练习不足以消除恐惧心理,因此每个过程都需要重复好多次,直至恐惧的感觉完全消失为止。完全地:在进行锻炼时,要求患者集中精力,不要想别的事情。

为什么米粥加糖变稀,加盐变稠

我们平时喝的米粥都是香香的、黏黏的,你知道用什么方法可以将这粥变稀或变稠吗?我告诉你一个简单的方法吧,如果你觉得米粥稠,就在里面放点糖,这样就变稀了;想喝稠的话,就在里面加点盐。不过,千万不要放得太多啊!你知道这是什么道理吗?

大米的主要成分是淀粉,当它煮成粥以后,大米中的部分淀粉细胞就会破裂,淀粉浆流了出来,米粥就显得黏糊了。但是有一部分淀粉细胞只是吸水膨胀,却没有破裂。

糖在化学上属于非电解质,它溶解在细胞外的水里,这时米粥里的水就变成浓度较高的高渗透压溶液,使细胞里的水向外渗出,于是米细胞就变小了,粥也就变稀了。

盐和糖在化学性质上完全相反,是电解质。把它加入粥中以后,盐分子就会进入米细胞中,使细胞内的溶液变成高渗透压溶液,这样,细胞外的水就会向细胞里渗透,于是,粥就变稠了。

你知道能治百病的温泉吗

曾经有人说他取到了圣水,这种水可以治疗疾病,以此来欺骗百姓,诈取钱财。究竟有没有这种圣水呢?答案是肯定的,不过不像有些人说的那样神奇。

圣水只不过是温泉而已。我国是世界上温泉最多的国家之一,约有2000多处,遍布全国各地。温泉可分为碳酸泉、硫磺泉、放射性泉、含盐泉、单纯泉和碱泉等。

温泉为什么能治病呢？因为温泉水中含有一些对人体有益的微量元素和少量放射性元素。它可以加速血液循环，促进消化，增进全身新陈代谢，有利于炎症渗出物的吸收等。总之，所有的温泉都有解除疲劳，舒畅身心，增强体质，促进健康，治疗多种疾病的功能。

交通信号灯都有什么含义

在繁忙的十字路口，几个方向来的车都汇集在这儿，有的要直行，有的要拐弯，到底让谁先走？这就要听从红绿灯指挥了。交通信号灯，它是不出声的"交通警察"。我们要保证自己的交通安全就必须注意交通信号灯，听从它的指挥。

让我来给朋友们讲一讲交通信号灯的含义吧：绿灯亮时，准许行人通行；黄灯亮时，不准行人通行，但已进入人行道的行人，可以继续通行；红灯亮时，不准行人通行；黄灯闪烁时，行人须在确保安全的原则下通行。

马路上的车辆为什么都要靠右行驶

在我国，车辆和行人靠马路的右边通行，是众所周知的交通规则。

这一规则由来已久。早在古代的欧洲大陆，就已经有了靠右边行走的规定。当时，军人们都是左手持盾牌，右手执矛或剑。如果迎面走来的两个人都靠右行走，双方就会在持盾牌的一边走过，这样可以避免冲突和误伤，于是就产生了靠右行走的规定。

法国大革命爆发后，革命党人发布命令，所有巴黎的马车和行人一律靠右通行。后来，凡是被拿破仑征服过的欧洲国家，像意大利、西班牙、波兰、瑞士、德国等国家，都实行了靠右通行的交通规则。这一规则还流传到美洲，被美国人民接受。

中国的车辆靠右行驶的规则，最早出现于唐朝，是由唐代的大臣马周制定的。鸦片战争后，由于受到英国的影响，在很长一段时间里，我国实行了靠左边通行的规则。1945年以后，美国汽车大量进口，而其方向盘及灯光装置，都适用于靠右行驶的规则。为了节约改装的费用，当时的政府规定，从1946年

起,全国一律实行车辆靠右行驶的规则。从此,这一规则沿袭至今。

目前,世界上的交通规则分为两类,美国、中国以及其他许多国家都规定车辆、行人靠右通行;而英国、日本等少部分国家,则规定靠左通行。

为什么睡卧铺时应头朝过道

火车车厢上的字母是标明车厢种类的符号。例如 YZ 为硬座、RZ 为软座、RW 为软卧车、YW 为硬卧车、ET 为儿童车、XL 为行李车、UZ 为邮政车、CA 为餐车。货车厢只有一个字母,如 S 为守车、C 为敞车、M 为煤车、K 为矿石车、G 为罐车、B 为保温车、J 为家禽车、H 为活鱼车、T 为特种车、N 为平板车等。

我们在坐火车的时候,有些人会为了安静喜欢把头朝里休息。这种休息方法是非常错误的,因为头朝窗口睡,就正好枕在车轮的方向,车轮与钢轨之间产生的撞击就会沿着车厢壁向上传导,其震动力相对比过道一侧要大得多,如果这种震动波及大脑,将对人体产生极大伤害。另外受离心力的影响,列车在弯道行驶的时候,靠里休息容易造成碰撞,引起不必要的伤害。所以平时我们在睡卧铺的时候,尽量不要头朝里面休息。

主要的交通标志都是什么含义

在马路边,我们都会看到一些由红、蓝、黄等颜色构成的特定形

状的图案或字符组成的标志牌,这些就是交通标志。不同的交通标志有不同的含义,我们每个人都必须遵守这些交通标志所隐含的交通规则。

朋友们,知道下面这些交通标志的含义吗?如果不知道可要认真记了!

我们要养成处处留心的习惯，把一些常见的交通标志记在心里，并时时提醒自己遵守这些交通规则。如果看到自己的同学违反交通规则时，应及时制止，并向其解释清楚这些交通标志的含义。

为什么大米多淘几次会失掉营养

首先我们从大米的营养成分说起，大米的主要成分是淀粉，或者叫做碳水化合物，它主要储存在米的胚芽和外皮部分，有人曾经用精白大米和米糠进行化学分析，发现米糠里的蛋白质、脂肪、磷、钙、铁、维生素B1，都比精白大米多得多。也就是说，米饭越是精白，它的营养物质就越少。有些人在淘米的时候采取了多淘、多浸、多搓的方法，这样做使大量的营养物质都被冲走，我们吃到嘴里白净的米饭也就没有营养价值了。

为什么食用冷饮不能过量

炎热的夏天，还有什么比吃冰激凌、喝冷饮更舒服呢？冰凉而又甜美的冰激凌、冷饮是很多小朋友的最爱。但是如果你一下吃了太多的冰激凌，或喝了太多的冷饮，就会对你的身体健康造成很大影响。

炎热的夏天，我们体内的胃酸分泌减少，消化系统的免疫能力就会下降，此时又是细菌生长繁殖的最好季节，就容易导致消化道疾病的发生。在一些小摊点上购买的冰激凌和冷饮，大多都不符合卫生标准，添加了大量的香精和色素，食用之后对人体有极大的危害。

食用过多的冰激凌和冷饮，还会使胃肠道内的温度迅速下降，影响对食物的消化和对营养物质的吸收，严重的还会导致消化功能紊乱和腹痛。

为什么吹出的肥皂泡是圆的

这个问题涉及很深的物理概念，小朋友们在不断地学习之后慢慢就会明白。在这里简要地说明一下，吹出的肥皂泡为什么是圆的，而不是方的或者其他形状。我们知道，吹出的泡泡其实是一定厚度的水，它与空气接触的表面有尽量缩小面积的性质。而在自然界中相同体积的方形、三角形、多边形等等许多形体中只有球形的表面积最小。因此吹出的肥皂泡在空气中就会保持球形或椭圆形。

肥皂有什么妙用

要给自行车的把手套上塑料管套，或在脚踏上套上橡胶护套，都是很费劲的事。可在把手处或橡胶套内，用肥皂蘸水涂一下，即可起到润滑作用，套入时比较省力。在硬木上旋入木螺钉非常费力。如果在旋入前先把木螺钉刮上肥皂，就能够比较省力地将木螺钉旋入木头中了。在家中用钢锯锯金属材料时，可先把肥皂水涂于锯条上，然后再锯，会省力，而且锯条不易折断。锅底的煤烟垢最难除去。如果使用之前在锅底涂上一层肥皂，用后再加以清洗，就可以减少锅底煤烟的积垢。手表金属壳上用肥皂涂后，再用布擦拭干净，可防止汗液侵蚀。

为什么有些衣服会缩水

有些衣服在洗过之后，会变小变紧，这是我们日常生活中很头疼的一件事。为什么有些衣服会缩水呢？

主要有两方面的原因影响衣服缩水，一是衣服的原材料。羊毛织物比较容易缩水，而且缩水后不容易恢复，所以洗羊毛织物时尽量干洗，如果用水洗的时候可适当加入一些防缩水用的洗涤剂。棉布和人造棉布也容易缩水，因为棉布里面富含植物纤维，植物纤维有很强的亲水性，一遇到水，棉布衣服疯狂地吸水，干了之后，衣服横向增大，长度减小。化纤类的衣服一般不容易缩水。二是工厂的原因。织物在纺丝、织布、印染等过程中，其纤

维、纱线受到一系列的机械拉伸和压缩作用，从而产生变形。这些变形在干燥状态下还是比较稳定的，可是在洗涤过程中，就会产生缩水的现象。

为什么说废报纸有多种用途

我们生活中的废报纸你知道都跑哪去了吗？好多的废报纸都被回收到造纸厂重新制造成再生纸浆。其实，随着科技的进步和能源再回收利用的要求，人们已经找到废报纸的更多用途。首先，废报纸可以改良土壤。美国土壤学家爱德华兹将废报纸和鸡粪按4∶1比例混合，犁入寸草不生的硬质土中，再浇入适量水，存在于鸡粪中的基肥细菌在适宜的条件下使纸屑蓬松，纤维变质，不到三个月，土壤就变得松软异常，非常适合牧草、大豆和棉

花等作物的生长。这种方法现在开始慢慢地推广开来。

其次，废报纸可以生产饲料。美国是用豆油基质油墨印刷报纸的，这种油墨对牲畜无害。所以美国科学家就将废报纸切碎，加入水和浓度为2%的稀盐酸煮沸2小时，这时纤维素发生断裂，逐步形成动物能够吸收的各种简单糖类混合物。这位科学家在牛羊的饲料中掺入20%～40%的这种糖类混合物，牛羊仍然吃得津津有味，消化良好。这种方法有待推广。

日常生活中的你，以后会如何处理废报纸呢？

为什么说都市早晨的空气最污浊

好多人都有晨练的习惯，因为他们认为早上的空气清新，有益于健康。其实，这种想法是错误的，让我们首先了解一下什么是清新空气吧。所谓清新空气，是指空气中所含污染物质的比重不大，没有伤害人体的空气。

在我们居住的城市中，高楼和烟囱林立，废气和污染物弥漫在空中，夜晚来临的时候，地面上的热量无法散发到几百米以上的高空中，经过一夜之后，地面上逐渐变冷。这样一来，形成一个上热下冷的逆温层，紧紧包围着城市。此时，工

厂及车辆产生的废气，无法扩散到高空去，只能徘徊在半空中。因而在都市的早晨常常弥漫着烟雾，所以锻炼不能太早，最好选择上午10点到下午3点之间进行。

为什么卵石都是光溜溜的

小朋友到海边玩的时候，发现海滩上的卵石光溜溜的。其实，不光是海滩上的卵石是光溜溜的，河滩上的卵石也是一样。为什么卵石是光溜溜的呢？原来，这些卵石原来是山上的，经过风吹日晒，大石块开始崩裂，变成小块的石头，经过雨水的冲刷，这些小石头就跑到了河、海之中，在水中，小石头尖锐的棱角被长期地冲刷，多年之后，小石头的棱角不见了，表面被磨得又光又圆。所以，我们在生活看到的卵石都是光溜溜的，你明白了吗？

为什么降落伞是特制的而不能用雨伞来代替

在生活中，好多小朋友都有一种好奇的想法，都想拿着雨伞从空中降落。千万不要试，你试的话就会摔个头破血流。为什么雨伞不能当降落伞呢？我们要知道，降落伞的原理就是利用空气的阻力保证伞兵的安全平稳着落。特制的降落伞比普通的雨伞大几十倍，而且比伞坚固结实。当降落伞打开的时候，强大的空气阻力稳稳地托住降落伞，人在伞下就会慢慢下落。

是谁发明了雨伞呢？对这个问题一直众说纷纭。有人说，埃及人最早使用雨伞，早在公元前1200年，埃及的贵族们外出旅游时常常要奴隶为他们撑太阳伞。在中国，伞是公元前1000年由鲁班的妻子发明的，伞被称做"能移动的房屋"。

在英国，在18世纪才开始使用雨伞。佰纳斯伞一度是女性的专用品，表示女人对爱情的态度。把伞竖起来，表示对爱情坚贞不渝；左手拿着撑开的伞，表示"我现在没有空闲时间"。把伞慢慢晃动，表示没有信心或不信任；把伞靠在右肩，表示不想再见到你。

为什么放风筝时线总是拉不直

风筝在我国已有两千年的历史了。早在春秋战国时期，就有人用木、竹做风筝。其代表人物相传是鲁班大师，以"削木为鹞，成而飞之，三日不下"。《韩非子·外储说左上》云：墨子为木鸢，三年而成，飞一日而败。《墨子》记载了"公输子削木鹊，成而飞之，三日不下"。这些文字记载，都看不出用绳子牵引，加之当时还没有发明纸，可见"木鸢"是用木料制成的，用现代的说法是靠滑翔的鸟形飞行器。到了汉朝，出现了用竹制框架，以纸糊之，以绳牵之，放之空中的"纸鸢"。到了五代时，李邺在风筝上拴上了竹笛，微风吹动，嗡嗡有声，很像筝的声音，因而得名"风筝"。

春天我们放风筝的时候，任凭我们怎么拉线也拉不直，那是因为风筝在飞起来的过程中，受空气给它向上的力量和我们对风筝的牵引力。除了这两种力之外，风筝线本身的重量使风筝线向下垂，受地球吸引力的作用，风筝线是拉不直的。

为什么毛巾没有旧就变硬了

毛巾上的油污和尘土多了以后，在凉水中用肥皂搓洗，水里面的钙镁离子和肥皂里的油脂生成一种不能溶化在水里的油脂酸钙盐和镁盐，这些东西黏在纤维之间的空隙里，时间越长，毛巾就会变得越硬。

把硬毛巾没入水中，加入纯碱煮，水开后再煮15~20分钟，捞出用热水冲洗干净。毛巾就会变得柔软无比了。

鸡蛋为什么攥不破

不知道你作过这种实验没有，把一个鸡蛋握在手里用尽力气去握，不要用指尖去抠，任你怎么使劲都不会把蛋壳弄破。为什么会这样呢？秘密就在鸡蛋的形状上，蛋壳表面是圆弧形的，你用力握时，表面的力会沿着蛋壳的弧形分散开，而且分散得很均匀，因此蛋壳不容易被攥破。

受到鸡蛋的启发，很多建筑物的顶端都是圆形的。体育馆屋顶只有几厘米厚，由于形状像蛋壳，因此非常结实。还有那拱桥，都是根据弧形能够分散压力的原理建造的。

为什么高压锅煮饭熟得快

世界上第一只高压锅是1681年发明的，发明人是法国医生兼物理学家和机械师丹尼斯·帕平。高压锅煮饭快与水的沸点有关。我们知道用普通锅做饭，得先把水烧开，温度达到100℃左右，然后在这一温度下焖一段时间，才能把饭煮熟。水烧开以后，它的内部和表面上同时发生剧烈的汽化，这种现象叫做沸腾。水沸腾时的温度叫做水的沸点。

如果锅里的温度能高于100℃，做饭所用的时间就大大缩短。但是，普通锅无法再提高温度，因为水沸腾后再加热，只能加快水的汽化，不可能升高水的温度。所以，只有提高水的沸点，才能达到提高锅内温度的目的。

怎样提高水的沸点呢？我们知道水的沸点随着压强的增大而升高，高压锅就是根据这个原理制造的。它用特别的胶圈密封，不让锅内的蒸汽跑掉。因此，在加热过程中蒸汽压强不断增大，提高了水的沸点。家庭常用的高压锅内蒸汽压强能达到1.3个大气压，锅内水沸腾的温度可达到108℃左右，所以做饭熟得快，省时省燃料。

为何保质期内的冷冻食品也会变质

冷冻食品应在－18℃以下的冷库中冷藏，否则很容易变质。由于超市内的冷冻食品大多是开柜式经营，若食品堆放超过了最大装载线，柜中的冷冻食品就难以达到所需的低温，故容易变质。

因此，在买冷冻食品的时候要注意：先看外包装。包装袋上结晶霜洁白发亮，冻结坚硬的冷冻食品，应该是保存良好的。再看看包装袋内的食品有无霉点，内装物有无干燥的现象。若冷冻食品部分发白，多是由于冷藏温度变化太大，水分散失而变干燥，严重的甚至会变焦黄。包装的标示要明确完整。

为什么水落在油锅里会发出一阵爆响

我们知道，水有三种状态——固态、液态和气态。固态的水就是冰，它通常需要在0度以下才能形成。液态是水在常温下的状态，水在加热到100度左右的时候，开始气化，变成水蒸气，形成气态的水。油锅里的油需要到200℃至300℃才能沸腾，所以在加热的油锅里滴进去一滴水的话，由于温度很高，水马上就会气化，发出一阵爆响。

油锅万一着火了，应立即采取措施，不要惊慌，主要方法是：一是关闭气源后盖上锅盖隔绝空气而灭火；或者将青菜倒入油锅里，采用降温方法来灭油火。注意：千万不要向油锅内倒冷水，因为冷水遇到高温的油后，油火会四处飞溅，容易造成火势蔓延和人员受伤。

为什么有些蔬菜是有毒的

蔬菜是我们每天都要吃的东西。但有的蔬菜如果烹饪不得法，也有可能使人中毒。

你知道有哪些食物烹饪不当会使人中毒吗？

1. 食用不熟的四季豆会中毒。四季豆是人们经常食用的一种蔬菜。生扁豆中含有皂素及红细胞凝集素等有毒物质，它们对消化道黏膜有强烈的刺激性，可引起剧烈的呕吐，并具有凝血作用。这些有毒物质经充分加热才能被破坏。

2. 黄花菜（也叫金针菜）因加热处理不够也能引起食物中毒。市场上卖的黄花菜多是经过晒干处理的，已无毒，但鲜黄花菜却含有有毒的秋水仙素。有人喜欢吃鲜黄花菜，这很容易引起食物中毒。吃鲜黄花菜时，必须用开水煮，而且煮后用冷水漂洗两次才能吃。

3. 食用芽的马铃薯会中毒。马铃薯又名土豆，易保存，在冬季是北方地区的主要食物。保存不当或保存时间过久，马铃薯就会发芽。发芽的马铃薯产生一种叫做龙葵素的毒性物质，普通烹调加热不能破坏其毒性。食用后几分钟至数小时就会发病，出现胃肠道症状，表现为胃部灼痛、恶心、呕吐、腹泻等，还可引起吞咽麻痹。严重时出现耳鸣、瞳孔散大等神经系统受损的症状，甚至会由于抽搐致死。

如何使用微波炉

微波炉是利用微波进行快速加热，对食品进行解冻、干燥和烹饪的箱式炉具。它还可对非金属物品进行快速干燥和消毒灭菌处理，具有清洁卫生、省时省力、不破坏食物营养成分等优点，是一种理想的厨房用具。

使用时要注意，将食物放入微波炉内后，紧关炉门，防止泄漏辐射。为防止被冒出的高温水蒸气烫伤，在打开炉门之前，脸部应离炉门远一点。

微波炉能产生高温，应使用耐热玻璃、耐热陶瓷等材料制成的专用餐具。拿取食物时应使用夹具，不要用手直接拿取，以防烫伤。微波炉内的容器不可使用金属制品，而应选用玻璃陶瓷制品。这些质地的容器不会阻碍微波的穿透而影响加热效果。

粥煮开后为什么会溢出来

煮粥时，锅里要放很多水，当粥煮开的时候，水会变成水蒸气，形成许多的气泡往外跑，可是含有淀粉的粥往往和气泡粘连在一起，随着锅内温度的不断上升，气泡的数量也就越来越多，最后，气泡带着粥就溢出来了。

如果在熬粥时往锅里加5～6滴植物油或动物油,就可避免粥汁溢锅了。

为什么捞出的饺子待一会儿就会粘连在一起

我们知道,饺子是用面粉做成的,面粉的主要成分是淀粉。饺子在锅里被加热以后,淀粉发生变化,它会变成一种叫糊精的物质。糊精类似于糨糊,甚至比糨糊还黏,捞出饺子之后,糊精的作用使饺子皮相互粘连在一起。

可能有小朋友会问,怎样才能让饺子不粘在一起呢?把捞出的饺子放在清水里过一下,或者在煮饺子的锅里面放几片葱叶,都可以不使饺子粘在一起。

饺子是一种历史悠久的民间吃食,深受老百姓的欢迎,民间有"好吃不过饺子"的俗语。每逢新春佳节,饺子更是不可缺少。饺子成为春节不可缺少的节日食品,究其原因有二:一是饺子形如元宝,人们在春节吃饺子取"招财进宝"之音;二是饺子有馅,便于人们把各种吉祥的东西包到馅里,以寄托人们对新的一年的祈望。

在包饺子时,人们常常将金如意、糖、花生、枣和栗子等包进馅里。吃到如意和糖的人,来年的日子更甜美,吃到花生的人将健康长寿,吃到枣和栗子的人将早生贵子。

为什么不能用铁桶装蜂蜜

蜂蜜,味甘性平,它具有清热、解毒、润燥、止痛等作用。现代研究表明,蜂蜜是一种营养丰富的食疗佳品。蜂蜜中含有单糖及少量的矿物质、维生素、蛋白质、有机酸、酶类等多种营养成分。蜂蜜对胃肠道疾病、呼吸系统疾病、肝脏疾病等具有良好的医疗作用。食用蜂蜜切记不能与洋葱和豆腐混用,蜂蜜与洋葱同食容易伤害眼睛,严重地将导致失明;蜂蜜与豆腐同食将导致耳聋。

大家都知道,蜂蜜一般盛放在玻璃罐中。可能有小朋友会问,为什么不能把蜂蜜放在铁桶里呢?蜂蜜是酸性食品,能和金属反应,如果蜂蜜中含有金属则颜色发黑,营养价值下降。人吃了含有金属的蜂蜜会发生轻微的中毒。所以在生活中人们不用铁桶盛放蜂蜜。

为什么戴上近视镜就能看清楚东西了

近视镜片在光学上叫做凹透镜。凹透镜成像的原理比较复杂,在这里不作详细的解释。简单来说,人能看见物体是因为人的眼球里面有一层膜,叫做视网膜。在正常情况下,物体的像落在视网膜上,人就能看到这个物体。可是眼睛近视的人,物体的像却落在在视网膜的前边,所以我们看不清楚物体。而戴上近视镜后,就能把像往后移,使它正好落到视网膜上,这样,我们就看清楚物体了。

远视是平行光线进入眼内后在视网膜之后形成焦点,外界物体在视网膜上不能形成清晰的影像。病人主观感觉看远模糊,看近更模糊。轻度的远视,通过晶体的调节,主观感觉不明显。随着年龄的增大,调节力下降,视疲劳,视物模糊等症状慢慢表现出来。可用凸透镜矫正远视。

为什么不倒翁不会倒

不倒翁设计的时候把下面设计得很大很重,并且在底部放进很重的铅块或铁块,把上面设计得很小很轻。用手碰一下它,晃了晃不倒翁又稳稳地站在那里。为什么会这样呢?细心的小朋友可能会发现,一个空瓶子你很容易把它推倒,如果在瓶子里面加上水,瓶子就不那么容易被推倒了。如果你把瓶子弄的更矮一些,在里面放进沙土之类的东西,你会发现它也是一个"不倒翁"了!

小朋友,你明白不倒翁为什么不会倒了吗?

你看过"走钢丝"吗?杂技演员脚底下踩着的那根钢丝,只有晒衣服绳子一般粗细,演员在这钢丝上如履平地,自如地做着走、跳、跪、卧等动作,还能跳绳、翻跟斗、跳舞呢。灵活轻捷的表演惊险而又优美,不断赢得观众阵阵掌声。

不管任何物体,要保持平衡,物体的重力作用线(通过重心的竖直线)必须通过支撑面(物体与支持着它的物体的接触面)。如果物体重力作用线不通过支撑面,这个物体就要倒下来。

根据平衡的道理，走钢丝的杂技演员，始终要使自己身体重力作用线通过支撑面，这支撑面就是钢丝。钢丝很细，给人的支撑面极小，使身体重心恰巧落在钢丝绳上就很难，身体随时有倒下去的危险。可重心一旦落在支撑面上，演员就不会掉下来。

为什么吸管可以把水吸上来

这是因为大气压力的原因。好多小朋友对大气压力感觉很陌生，其实只要有空气存在，就会产生我们感觉不到的大气压力。我们把吸管放进水里，吸管外面和吸管里面受到的大气压力相同，所以杯子中水的高度和吸管中水的高度相同，我们用嘴吸的时候，管内的空气被吸掉了，压力就减少了，管外的压力没有改变，所以管外压力大于管内压力，我们不停地吸，水就不停地流进我们的嘴里。

大气的压力有多大呢？为此，曾经作过一个著名的马德堡半球实验。1664年德国科学家格里克在德国马德堡把直径36公分的两个空心金属半球合起来，并将里面的空气抽走，结果必须用16匹马（每边8匹）方可将两个金属球拉开。还有一个著名实验，17世纪意大利科学家托里切利将一支长约1米、一端封闭的玻璃管装满水银后，将管倒转，垂直放置于水银槽中。测量玻璃管内的水银长度为76厘米，这个高度和玻璃管粗细、长度、倾斜角度无关。这个高度的水银柱所产生的压力，即表示当时的大气压力。

为什么壶、杯子、碗都是圆形的

生活中我们使用的好多器具都是圆形的，把这些东西都制成圆的是为了增加容量。用同样大小的材料制成的容器，圆的就比方的容量大。我们可以作个小实验，找一片大小厚薄相同的纸，分别做成一个

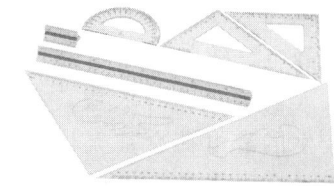

圆柱形容器和正方体容器，把一碗绿豆放进圆柱体中正好装下，再把它放入正方体中，我们却发现装不下。这就是为什么要把壶、杯子、碗等物品设计成圆形的缘故。你知道了吗？

为什么摩擦过的尺子能吸小纸片

用一把塑料尺子在头发或者带有毛皮的衣服上摩擦，再把尺子放在一堆小纸片上面，这时我们会发现小纸片粘在尺子上了。原来，尺

子与毛皮摩擦过后就会带上我们看不见的电荷，这些电荷能够吸附一些小的物体，比如纸片之类的东西。

在日常生活中，我们常常会碰到这种现象：晚上脱衣服睡觉时，黑暗中常听到噼啪的声响，而且伴有蓝光；见面握手时，手指刚一接触到对方，会突然感到指尖针刺般疼痛，令人大惊失色；早上起来梳头时，头发会经常"飘"起来，越理越乱，拉门把手、开水龙头时都会"触电"，时常发出"啪、啪"的声响，这就是发生在人体表面的静电。人体活动时，皮肤与衣服之间以及衣服与衣服之间互相摩擦，便会产生静电。随着家用电器增多以及冬天人们多穿化纤衣服，家用电器所产生的静电荷会被人体吸收并积存起来，加之居室内墙壁和地板多属绝缘体，空气干燥，因此更容易受到静电干扰。

为什么暖气片都安装在窗户附近

家中有暖气片的朋友都发现，暖气片都安装在窗户附近。为什么这样呢？我们知道，冬天天气十分寒冷，冷空气无孔不入，见缝就钻，即使我们把窗户关得十分严实，冷空气还是一个劲地从窗户往屋里钻。冷空气只要进入房间，暖气片马上就把它加热，使冷空气成为暖和的热空气。这样不断循环，热空气不断在房间里流动，不一会儿，房间里就变得十分温暖。

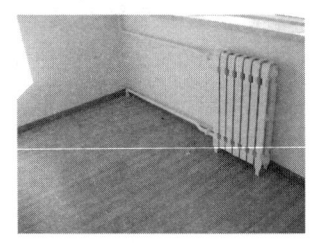

为什么墙上的砖都是错开砌的

生活中的房屋各式各样，但所有用砖砌的房子都有一个共同的特点，就是砖不是一块一块往上重叠的，而是上下交错着砌的。这样做的好处是增加房屋的牢固性和稳定性，因为在房屋承受重量的时候，砖块之间用水泥和沙子衔接的地方容易断裂，我们可以想想，如果不错开砌，让砖缝成一条直线，砌成的墙就很不结实。如果交错砌，砖与砖之间相互咬合、衔接，受到压力的时候，砖块之间的接触面就可以把压力分散开来，压力就不会作用在砖缝上面，砌出来的墙就牢固无比。

未来的建筑材料将发生一次革命性的变化。首先，新型的混凝土将取代目前的水泥、沙石混凝土。未来的混凝土将是一种多孔的有机与无机物复合材料，其比重只有现在的混凝土的几分之一，而强度却数倍于现在的混凝土。这种新型建材易于成型和加工。这样，未来必将出现许许多多制造房屋的工厂。这些工厂都将由大型计算机自动控制，原材料从车间的一头源源输入，从车间另一端的流水线上将输出一间间各具特色的房间。将来的施工队只需把工厂制好的房间像堆积木那样安装、固定、焊接，一幢幢摩天大楼很快就会拔地而起。大楼的楼顶和朝阳的墙壁上将装有一层漂亮的半导体太阳能电池，可以向大楼源源不断地提供电力。住在这种大楼里，冬暖夏凉，四季如春，舒服极了。这种新型建筑还可以抵抗8级以上的地震呢！

为什么冬天要用稻草把水管子包起来

冬天用稻草把水管子包起来是为了防止水管冻裂。自来水管子里面充满了水，而外面天气十分寒冷，水很容易被冻成冰，水变成冰就会膨胀，一膨胀水管就会被撑裂。所以一到冬天，人们为了不让水管冻裂，就用稻草把它包得严严实实。

为什么电子表不用上弦

老式的手表需要上发条才能正常运转。随着科技的进步，电子表应运而生。电子表的最大特点是使

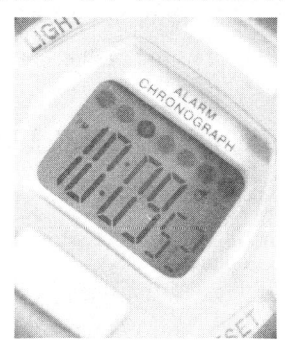

用方便，不用上"弦"，为什么电子表不用上弦呢？在电子表的内部装上了电池，利用电能电子表可以正常地运转。如果电池没电了，换上一块新的，它又可以走了。

为什么手表多戴在左手腕上

其实这是一个习惯问题，经过调查发现，大多数人都习惯把表戴在左手腕上。以前人们大多使用的是机械表，机械表的制造商发现，为了方便上发条和对时，人们普遍将手表戴在左手腕外侧，如人们走路和站立时，手表处于"柄下"位置；伏案工作时，手表处于"面上"或"6上"位置；回家或睡眠时，多数人将手表脱下平放，手表处于"面上"位置。乘坐公共汽车的时候，手拉车杠，手表处于"柄上"位置，这种位置往往时间很短，不是常用位置。"面下"和"6下"的位置则更少出现。所以，手表制造

商就把"面上""柄下""6上"三个位置作为常用位置进行设计,然后调试、校验保证出厂精度。

为什么肉用盐腌过就不会变质

自从人类打猎食肉开始,就开始想方设法使肉储存的时间长一些。后来,人类发现盐能通过渗透吸水作用而使肉类中的细菌失活,于是发明了咸肉腌制法。这样不仅可以使肉保存时间长久,而且肉的味道也鲜美。现在,科学家发现盐腌肉还有更深的科学道理。

细菌与肉类接触会产生一种表面电荷,并形成一定的电场。如果在肉里加上盐,食盐就会干扰和削弱肉类和细菌间的电场引力,从而可防止细菌黏附到肉上。

另外,当细菌接触到肉或其他食物上时,它会很快地繁殖,并连接在一起以防脱落。如果在食物表面撒上盐,就会阻断细菌间的联系,使细菌不能相连成片,也不能更快地繁殖和代谢,以达到防腐的目的。

看电视为什么会损伤视力

人的眼睛里有圆锥状和圆柱状两种细胞,圆锥状细胞分布在视网膜的中央,管在白天或明亮光线下看东西,圆柱状细胞则分布在视网膜的边缘,专管在夜晚或微弱光线下看东西。圆柱状细胞内含有一种特殊的叫做视紫红质的感光物质,视紫红质是由维生素A与一种蛋白质合成的。夜间,圆柱细胞在接受光的刺激时,需要一定量维生素A

做原料,才能发生化学反应,产生视觉,这样,维生素A就会被消耗,若维生素A被大量消耗,或者是得不到及时补充,视紫红质就会减少,眼睛在微弱的光线下的视力降低,致使人在黄昏和比较昏暗的环境中看不清东西,甚至导致夜盲症。

我们已经知道,夜间能看见东西,主要是视紫红质的存在,而红灯对视紫红质不起破坏作用。因此夜晚长时间工作或看电视时,点一盏小红灯,就不会影响视力。

人体奥秘

你知道人体最大的器官是什么吗?
人体是一台构造完备的"机器",
任何一个"部件"都需要保证健康才会正常运转,
人类在不断地遗传、变异中发展前进,
出生和衰老是不可改变的规律,
学会认识自己的身体,健康生活,
……
人体维持着整个人的生命活动,认识自己的身体,了解我们无法看到的奥秘。

舌头为什么能够辨别味道

舌头能够分辨出不同的味道是因为舌头上有许多乳头状的突起，里面含有"味蕾"，味蕾是味觉的先头兵。当味蕾接触到进入口腔的食物，味蕾上的感觉神经就把它感觉到的味道报告给大脑中的味觉中枢，然后味觉中枢下达味觉反应，这时人们就会品出味道了。

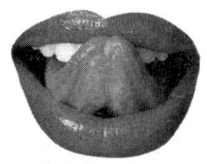

科学研究发现，味觉细胞有四种类型，每一种类型感受一种味觉刺激。人体感觉甜味的味蕾较多地分布在舌尖，感觉酸味的味蕾较多地分布在舌两侧的后半部分，感觉苦味的味蕾集中在舌根部，而感觉咸味的味蕾在舌尖的两侧。而且，咸味传递最快，甜味和酸味不快不慢，苦味停留时间最长。其他的味觉，像涩辣等都是由甜酸苦咸四种味觉融合而成的，加上舌和口腔还有大量的触觉和温度感受器。这样综合感受传递到中枢神经内，就会产生丰富的各种各样的复合味觉。

皮肤有多厚

皮肤包括表皮、真皮、皮下脂肪层三层结构。表皮的最外层是角质层，它坚固而有韧性，能抵抗外来的摩擦。第二层是真皮，有结缔组织，富有弹性。皮下脂肪层非常松软，可以起到缓冲的作用。

人的皮肤厚度在0.4～5毫米之间，皮肤的薄厚在不同部位有明显的不同。一般说来，皮肤伸侧比屈侧厚，比如背部比前胸厚，后颈比前颈厚。人身上皮肤最薄的地方是眼皮。

小孩子的皮肤比成年人的皮肤薄，有弹性。这是因为小孩子的皮肤结构松软，含有透明质酸多。小孩子的皮肤含色素少，又不晒太阳，所以皮肤比较白。小孩子的脂肪厚，弹性纤维多，所以比较有弹性。

人为什么要喝水

水是构成一切生物体的基本成分。不论是动物还是植物，均以水维持最基本的生命活动。人可数天无食，不可一天无水，所以，水是生命之源泉，水也是人类最必需的营养素之一。

人的体重约70%是水分。在人体的各个部分——肌肉器官、脑脊液和血液里都有水，就是坚硬的骨头里也含有1.6～46%的水呢。含水量随年龄，性别及身体状况的不同而异。脑组织大约含85%的水，血液大约含有90%的水,水是人体细胞和体液的主要成分。体内的水分主要与蛋白质、脂类或碳水化合物相结合,形成胶体状态。人体总水量中约50%是细胞内液,其余50%为细胞外液,包括细胞间液、血浆,维持着身体内水和电解质的平衡。

水是吸收营养、输送营养物质的介质,又是排泄废物的载体,人通过水在体内的循环完成着新陈代谢过程。在这个过程中水还具有人体散热、调节体温、润滑关节和各内脏器官等作用,它对人类生命至关重要,如果失水达1.0%~2.0%,人体就会消瘦下去,危及生命。所以说,水是生命的源泉是一点儿也不过分的。

为什么皮肤会有不同的颜色

科学家研究发现,人类的祖先在一开始并没有差异,肤色基本相同。只是到了后来,人们移居到不同的地区,为适应外界的环境才渐渐出现了肤色的差异。

皮肤的颜色主要是由皮肤内黑色素的多少决定的。黑色素是一种黑色或棕色的颗粒,可以阻挡阳光中对人体有害的紫外线。人类皮肤的颜色,是进化过程中适应自然的结果。居住在赤道地区的非洲人,由于皮肤常常受到强烈日光的照射,

体内黑色素大量产生,所以,非洲人皮肤呈黑色。在高寒的北欧,人们受不到烈日的暴晒,因此身体里的黑色素很少,皮肤为白色。黄种人一般聚居在温带地区,阳光强烈照射的程度居中,黑色素也介于二者之间,所以皮肤的颜色也介于两种人之间。

为什么有痣

常见的痣分为三种:一是黑痣,多为褐色或黑色;二是青痣,都是青色的;三是血管痣,主要有大红、紫红和暗红三种颜色。

我们常说的痣多是指黑痣,它是从表皮和真皮之间长出来的,是茶褐色的黑色素细胞大量聚集在一起形成的。其实黑痣大多是先天性的,这和父母的遗传有关。但新生儿一般没有黑痣,逐渐长大后,黑痣才会显现出来。黑痣不是病,对人体的健康基本没有影响。如果黑痣长得快,或者黑痣表皮破了、出血,就需要立即去医院就诊了。血管痣和血管有关,它是因为真皮或皮下血管组织过度增生造成的,但

不影响人体健康。青痣较少见，它的面积要比黑痣和血管痣大一点，但有可能损伤人体健康，需要及时去医院诊治。

我们认识了痣，就会明白以痣的生长位置来算命，是没有任何科学道理的。

早晨醒来时为什么会有眼屎

每个人的眼皮中都有一块像一条弯弯的软骨一样的睑板，上面有许多睑板腺。它们像排列整齐的小管子，能够分泌一些油脂状的液体。睑板腺的开口就在靠近眼睫毛的地方。白天，眼皮一眨一眨时，睑板腺就将这些液体涂在眼睛的边缘上，阻止眼泪流出，也可以防止外界的灰尘进入眼睛，这样就可以保护眼睛。晚上睡觉时，人的眼睛就会闭上，这些油脂状液体就会用不了，它们就和一些进入眼睛的灰尘混合起来，逐步移到眼角上，形成眼屎。所以，人们早晨醒来之后，多多少少都会有一点眼屎，这是正常现象。当然，如果眼屎异常增多，就可能是身体出现了问题，需要到医院请医生检查治疗。

为什么有些人的头皮屑特别多

头皮屑是指散布在头皮和头发间呈灰白色或灰黄色的细小鳞片，可以用肉眼看到，梳头时易飘扬坠落。鳞屑略带油腻性，洗头后很快又产生新的鳞屑。除了体内荷尔蒙失调，以及自律神经失调产生头皮屑外，头皮屑的产生是一般的皮肤污垢，也就是表皮的角质层不断地

剥落而产生的。头皮的细胞也如皮肤一样有一定的新陈代谢过程。在基底层细胞增殖后，逐渐成熟往外推出，最后成为无生命的角质层脱落。当头皮的新陈代谢不正常加速，导致大量尚未完全角化的角质细胞成片脱落时，就产生大量头皮屑。脂肪高的食物，会使皮脂腺分泌皮脂过多；辛辣和刺激性食物，会伴随着头皮刺痒。

通常大多数的人都不同程度地存在这一问题，但在婴儿和老年人中则较少见。治疗头屑过多可以采用一些抗霉菌药物，此外，平时饮食应该清淡，少吃刺激性食物，保持良好的生活规律，注意个人卫生，

勤洗头洗澡，同时加强体育锻炼。

夏天为什么会长痱子

痱子是夏季经常发生的一种皮肤病，在比较炎热的南方更是常见。夏天气温高，身体里的热量不容易散发出去。脑子里专管调节体温的部分——"体温中枢"就发出命令，让皮肤上的血管扩张，使更多的血液流向皮肤，于是皮肤变得红润，温度稍微升高，有利于散发热量；同时指挥汗腺大量分泌汗水，汗水在皮肤上蒸发，会带走一部分热量。

但是如果天气又热又潮湿，屋子又不通风，或者衣服太厚太紧，皮肤上的汗水就不容易蒸发，那么汗出得再多，也发散不掉多少热量。在这种情况下，体温中枢并不能随机应变，还是一个劲儿命令汗腺多出汗，再加上不注意皮肤卫生，脏东西就会把汗毛孔堵住。于是，汗水流满皮肤，还可能堵塞汗腺管口，阻止汗水进一步排泄。这时候，皮肤表面血管剧烈扩张，显得通红，从扩张的毛细血管中渗出很多水分，这样，汗毛孔周围的皮肤就会发炎，长出一个刺痒的小红点，这就是痱子。

痱子大多密集成片，但是也有少量出现的。这些小红点刺激了皮肤下面的神经，产生痒和刺痛的感觉。如果搔痒抓破了皮肤，感染了细菌，可能引起局部溃烂，甚至成为脓疱、疖子等等。所以，夏天要经常洗头、洗澡，多喝开水，穿的衣服要宽大透气。出了汗，马上把它擦掉，防止痱子的出现。

人为什么会掉头发

掉头发人人都有，不过有的人掉得多，有的人掉得少。头发有它自己的寿命，长到一定长度，寿命到头了，它自己就老死，自然会脱落下来，这是一种正常现象。属于这种情况的掉头发，任何人都有，而且是经常的。

不正常的掉头发，是因为头发的生长受到了影响的缘故。头发的生长需要营养，而营养是靠血液运送的，如果一个人长期多病，身体虚弱，血气不足，身体营养很差，头发就会因缺少营养生长不好而短命脱落。这样的人就容易掉头发，掉得也比较多。有人生过一场大病以后，头发掉得稀稀拉拉的，可能就是这个原因。

人用脑过度，或者经常心事重重，烦闷，或者遇到了什么事儿，精神过于紧张，使脑子受到了很大的刺激，有时候也会影响到头发营养的供应和生长。因为人体的一切活动都是归大脑管的，大脑受了刺激，活动乱了脚步，不能正常地发挥作用，势必要使身体的营养受到刺激，出现掉头发等情况。有的人遇到什么过于激动的事，大脑受了强烈的刺激，精神很不正常，有时一夜之间头上的头发就脱掉一大片。

为什么头发掉了还能长

头发像花草一样也有根，它的根埋在头皮底下的毛囊里。只要毛囊没有病，不坏死，老的头发掉了，就还能长出新的来。每根头发都有自己的寿命，一般是2至6年就会更换一次，等头发长到一定程度就会自动脱落，又有新的头发长出来。

头发生命分为五个阶段：

1. 生长周期的最初阶段：头发的生命从头发出现的那一刻开始，头发的诞生就成为将来发展的中心所在。这个中心会接收重要的养分并且不断地分裂。而当这些重要的养分在中心之内分裂后即变成蛋白

质，头发便开始从这个发源地推向头皮层之上。

2. 生长阶段：接着的5至6年间，头发系统会非常活跃，头发更会不断地生长。当头发层之下的头发到达表层时，头发便是健康而茁壮的。

3. 静止阶段：接着的2至3个星期，头发会停止生长，并且开始向内弯曲，同时开始慢慢向上推，这时头发便准备脱落了。

4. 停止阶段：头发开始从中心部分枯萎，而且逐渐变短并进而脱落，通常这种情形会在2至3个月后发生。

5. 脱落阶段：头发从毛囊脱下并离开头皮，此时一条新生的头发也将替代脱去的头发。于是生长，脱落与再生的过程便周而复始地不断循环了。

"少白头"是怎么产生的

人的头发之所以有颜色，是因

为头发里有黑色素，黑色素是由发基的毛囊分泌的。当老年人体内各种机能都衰退了，发基的毛囊分泌的黑色素也少了，头发就呈白色了，因此白发是衰老的表现。

但是少年也可能会有白发。青少年白发多半是先天性的，也就是说，与遗传因素有关，往往哪个家族如父母兄姐或表亲堂亲等也有这种现象。少年白发除了是由于遗传因素造成的之外，还有是生理状况异常导致的。精神紧张、忧虑等因素，都可以使青少年的白发加重。当黑色素过少或者在输送到头发的过程中出现障碍时，就会影响头发的颜色。所以，不论年龄的大小，只要头发中的黑色素减少到一定程度，都会使头发由黑变白。

撞伤的部位为什么会发青

皮肤颜色发紫发青，这是皮下出血的表现。人身上几乎到处都有血管，有的很细，像头发丝，甚至跟蚕丝差不多，还有的简直看不见，二三十根拧成一股，也只不过一根头发那么粗。这种细的血管，叫毛细血管，皮肤下面到处都有。毛细血管的管壁只是一层很薄的薄皮。不小心碰着了，或者走路摔跤磕着了，尽管皮没破，骨头也没伤，但是夹在中间的毛细血管可受不了。

毛细血管一破就要出血。如果毛细血管破得不厉害，流出来的血不多，隔着一层皮，还看不大出来。要是毛细血管和别的小血管破得很厉害，出的血多，碰伤的地方就会起包，出现青斑紫块。

血管破了流出来的血会变成青紫色，是因为红细胞里缺少了氧气。原来，红细胞里有一种成分，叫血红蛋白，当血液流过肺脏的时候，氧气和血红蛋白结合起来，血就成了鲜红色。鲜红的血流向全身各处的毛细血管。在那里，氧气和血红蛋白脱开，钻出血管，供给各个细胞去利用；细胞所产生的废物——二氧化碳钻进血管，和血红蛋白结合在一起，这时候，血就变成了暗红色。碰伤的地方，血管破了，血流了出来，这部分血红蛋白没法再流回肺脏去吸收氧气了。没有了氧气，它们就显出紫色来。另外，流出血管的血成了一潭死水，血红蛋白慢慢变坏了，也呈现青紫色。这些流出来的血，对身体已经没有什么用处了，身体里有一些专管清除工作的细胞，就慢慢地把它吸收回去，当做废物排泄掉。什么时候把这些废物吸收完了，什么时候就看不到青斑紫块了。

皮肤起鸡皮疙瘩是怎么回事

当我们突然感到冷时，皮肤下面的感觉细胞立即通过神经报告大脑，大脑皮质立即发出命令，这时皮肤的表面变得很紧密，形成一层保护墙，阻止体内热量的散失。同时皮肤上的汗毛孔收缩，汗毛下面

的一块很小的叫做竖毛肌的肌肉也接到命令而收缩起来。竖毛肌收缩的时候，会拉动毛根，于是汗毛就竖立起来。要把汗毛扳直，就会把皮肤带起一块，于是形成一个个小疙瘩，看上去像去了毛的鸡皮一样，所以起名叫鸡皮疙瘩。这时，皮肤表面流动的血液量也会下降，使身体内的热量散失减少。所以，皮肤受了冷会起鸡皮疙瘩，这是皮肤自卫作用的表现。它能保存身体的热量，同时也是皮肤告诉人的一个信号：应该注意保暖了！人们接到这个信号就应该马上采取保暖措施，以免引起伤风感冒。

人们不光遇冷会起鸡皮疙瘩，有时听到刺耳的声音，看到恶心怕人的事物，毛发也会竖立起来，身上起一层鸡皮疙瘩。

风疹块是怎么回事

风疹块又叫"荨麻疹"，它是人身体上突然发出来的鲜红、淡红或灰白色的肿块，患者会觉得浑身奇痒难忍。通常，风疹块有大有小，来得快也去得快，保持的时间一般不超过一昼夜。但如果患者持续发病，新的风疹块不断产生，这时病程就会延长。

常发风疹块的人，一般都是具有过敏体质的人。当某些特殊物质进入过敏体质的人的身体后，这些人的体内会产生一种与之对抗的物质。这种具有对抗作用的物质，可以使血管扩张，血清渗透到皮肤组织中去。当人体皮肤中血清含量增多时，皮肤就会鼓起来，于是便形成了风疹块。同样，皮肤中的血清被吸收后，风疹块就退去了。

如果过度疲劳或过多饮酒，同时又大量吃鱼吃肉，这时小肠将没有完全消化的蛋白质摄入体内，也会引发风疹块。

慢性病如慢性阑尾炎、龋病（俗称蛀牙）以及肠寄生虫病、微生物感染等，都可能引发风疹块。另外，有人由于寒冷或炎热的刺激也会发风疹块。还有的人吃药、打针时产生药物过敏，也会发风疹块。

儿童要做好风疹的预防。

1. 被动免疫：易感者肌注免疫血清球蛋白，可被动保护或减轻症状，唯其效果不确切，通常不用此法预防。

2. 主动免疫：国外已采用疫苗预防，效果肯定。注射疫苗后，98%的易感者可获终身免疫。

有的人脸上为什么有酒窝

酒窝是由皮肤下面的肌肉活动形成的。人体大部分的肌肉，都是由肌腱纤维牢固地附着在骨头上，如胸肌、下肢肌都是这样。面部的表情肌是个例外，它直接附着在面部皮肤上，表情肌收缩的时候，牵动面部皮肤，于是面部出现各种皱纹，产生喜怒哀乐的表情，并且可以做出各种滑稽有趣的样子。

一笑，脸上出现两个小酒窝，就是面部皮肤与面部表情肌，如颊肌、笑肌相对牵动形成的。不是每个人笑的时候脸上都会出现酒窝的。能不能有酒窝，跟表情肌的发达程度有关。笑肌不那么丰满，面部皮下脂肪不那么多的人，一般微笑的时候是不会出现小酒窝的。

老年人为什么有皱纹

衰老是人生的必经之路，皮肤出现皱纹也是普遍的生理现象。老人的皮肤之所以会有很多皱纹，这与人体内衰老因子自由基的作用和皮下脂肪有关。老年人的皮肤摸起来很薄，不像青年人那样有皮下脂肪，这样就容易形成褶皱，进而变成皱纹。肥胖的老人不易有皱纹，是因为其皮下脂肪较多的原因。

老年人新陈代谢缓慢，自由基增多，促使细胞老化，死亡的细胞多于新产生的细胞，而且皮肤中所包含的水分也会下降，使皮肤弹性降低，皮脂腺分泌减少，皮肤发干。再加上皮肤汗腺排泄不畅，导致代谢产物淤积，生成毒素，刺激皮肤皱纹产生。老年人已经形成皱纹的皮肤，就好像是一个失去了弹性的气球，拍一下不会立刻还原，所以很不好看。

指甲为什么不要留长

人们在做事的时候，总是不能

缺少手的帮助,所以手要抓或拿很多东西。因此,只要室内有灰尘,长指甲缝里就很有可能会成为污垢

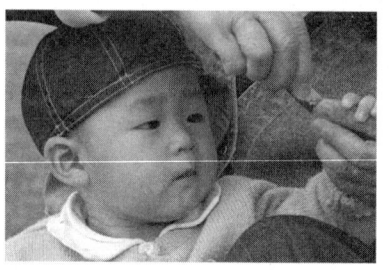

和细菌的藏身之处,不易清洗,这时若抓伤皮肤极易造成继发感染,被传染疾病。而且,长指甲加大了抓伤皮肤的可能性,所以指甲要常剪。

指甲是角质蛋白组成的,它是由身体的表皮细胞演变出来的。表皮细胞从出生到死,一直都在不停地进行新陈代谢。只要有新的角质蛋白产生,就会把指甲向外推,因此指甲就会一直不停地生长。

剪指甲为什么不痛

人们之所以能感觉到痛,是因为人的身体里面有专门管疼痛的神经系统。这个系统主要是靠人的皮肤里的神经末梢和血管来感应的,一旦皮肤上发生什么异样,神经末梢立即能够将疼痛感应并迅速传向神经系统,再由神经系统传达给大脑,这样人们才会感觉到疼痛。而人的指甲上没有血管,也没有神经,所以剪指甲是不会感觉到痛的。

人的皮肤表面有许多神经末梢,对冷热痛等都有感觉。手被扎了,这个信息通过传入神经迅速告诉大脑,大脑通过传出神经告诉手收回来,免得继续被扎。这种信息传递速度非常快。所以,手一被扎,马上就收回来了。

手指上为什么有指纹

我们的十个手指的指纹是不一样的,事实上,世界上没有两个人的指纹是一样的,英国的人类学家高尔顿在《指纹》一书中说,即使60亿个人也不会遇到一对特征完全相同的指纹。

指纹可以根据长短、粗细和结构的不同,分为斗、箕、弓三种基本类型。其中斗型纹分为双形斗、螺形斗、纹形斗,箕形纹分为正箕、反箕、空心箕,弓形纹分为平行弓、帐形弓。此外还可以根据中心花纹的形状和三角点的位置等作出进一步的分类。

人体从三四个月的胎儿开始,就会在掌、跖等部位生长出花纹来,到六个月的时候就会基本定型。皮肤纹理形成以后,在人的发育过程中,指纹只会随着人年龄的增加而变粗,但是纹线的式样、数量和位置是不会变化的,指纹具有终身不

变的特点。

指纹的这个特点使它可以用来作为鉴别身份的"证件"。1892年，阿根廷的内科契阿镇郊区发生了一起谋杀案，当地的警察运用指纹学的原理，根据留在门上的血污拇指印，找出了凶手。这是世界上第一件由作案现场的指纹侦破的谋杀案。

口吃是怎么回事

口吃就是我们俗称的"结巴"，是一种常见的功能性语言障碍，是大脑语言机能失调的一种反映，人在正常情况下，大脑先想好一句话，再靠发音器官的运动表达出来。可是一旦发音器官调节不好，就会出现口吃的情况。

口吃是一种常见的语言障碍，虽然不太严重，但是也影响孩子和外界的沟通。导致口吃的原因很多，从幼儿的主观方面来分析，一方面是刚刚发现语言的奇妙，兴奋不已，说个不停，而词汇量又很有限，常常是边想边说，而对一些刚接触的词又说不利索，因此显得很紧张，使语言表达断断续续。

口吃的形成还与幼儿的生活环境有很大关系。如幼儿害怕家长，在家长面前心情很紧张，胆怯，于是出现口吃；还有的是家长或周围的人中有口吃的，孩子感觉好玩，跟着学，慢慢地自己也变得口吃了。

人为什么会生病

人的身体是由很多器官组成的。正常时，人体和外界环境之间以及人体内部各器官之间保持着平衡，这时人体就表现出健康状态，但是在一定的致病因素作用下，原来的平衡被打破了，机体就会发生损伤与抗损伤之间的矛盾斗争，则表现

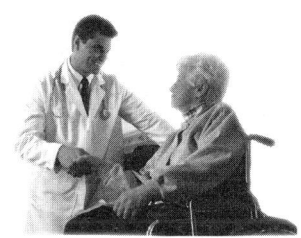

出组织器官机能代谢和形态结构上的病理变化，出现一系列临床症状和体征，这就是疾病。尽管任何疾病都有一定的原因，但是有时是单一的因素致病，有时是各种因素复合致病。另外，病因作用于人体，能否致病，还取决于人们的抵抗力。因此，经常锻炼身体，保持健康的体魄，乐观的心态是非常重要的，

当然得病还是要去医院的。

导致疾病的因素分为内因和外因两大类。主要有以下几种：

1. 生物性因素。包括病原微生物与寄生虫、细菌、病毒、真菌及支原体等。

2. 营养性因素。是指维持机体正常代谢和生命活动所需的蛋白质、糖、脂肪、水、无机盐及维生素的缺乏或过剩。

3. 物理因素。包括各种机械力、温度、电流、光线、声波、电离辐射或放射能、大气压力改变等。

4. 化学因素。包括强酸强碱等化学物质的直接损伤与汞、铅、磷、砷、镉及聚氯二酚等经口和呼吸道、皮肤进入体内引起的中毒。

5. 遗传因素。是指遗传物质的异常，如染色体畸变或基因突变等引起的遗传性疾病。

6. 内分泌因素。是指内分泌腺功能减退或亢进以及靶细胞反应性的改变。

7. 免疫因素。异常免疫反应如变态反应，常引起机体损伤。

8. 精神因素。喜、怒、忧思、悲哀、惊恐等这些情绪活动，属于人们正常的精神活动，但若过分激烈或持续太久，就会引起疾病。

为什么人会衰老

只要是生物都要衰老死亡的，而人类也不例外。每一个人都会随着年龄的增长，不断发生着变化，所以组织和细胞在形态构造与机能上都会慢慢衰退，这个过程就称之为老化。人类成年以后，就已开始老化，刚开始时老化的速度会显得比较缓慢，等到了50岁以后，老化的进程就会随之加速。衰老是老化的结局，形成了老化的最终阶段。

对于人体为什么会衰老，科学家都做了大量研究，提出了几十种理论和学说，但目前还是没有得出

统一的或圆满的解释。现在存有的学说，可以概括起来归为两大类：一类认为上述过程是人体生命机体一种必然结果。生长衰亡，是预先安排好的程序，因而衰老不可能避免，只是能够推迟或者提早而已。另一类学说则认为，人体衰老是因为神经紊乱而引起的，细胞或组织

在活动中的损坏或信息传递存在着误差,使得机体逐渐衰老。虽然衰老的个体之间存在很大的时间差异,但是绝对无人能长生不老,所有生物都会逐渐地老化衰老直到死亡为止。这是一个不以人们主观意志为转移的客观规律。

狐臭是怎么回事

人的全身有许多汗腺,小汗腺全身都有。腋下、脚部和会阴部等处大汗腺特别多,出汗也多,汗液在细菌的作用下会变得又酸又臭。由于腋下等处不通风,从而加重了这种酸臭味。

根据统计,欧美人士有狐臭者高达80%,而东方人较少,约为10%。不过西方人认为这是个普通的生理现象,所以并不在意。东方人虽狐臭体质较少,但总闻之色变,令当事人尴尬无比。

为什么会有狐臭呢?一般而言,汗腺有两种,一种是外分泌腺,又名小汗腺,分布于全身,分泌99%的水分和0.5%的盐分。另一种为顶浆腺,又名大汗腺,位于皮肤真皮层内,开口于毛根部,只分布在腋下、阴部和眉毛处,会分泌较浓稠的液体,含有油脂、蛋白质及铁。再经由腋下的细菌分解,形成恶臭。狐臭大都发生于青春期,受情绪及荷尔蒙影响。而且狐臭会遗传,根据调查,双亲皆有狐臭的人80%会遗传到,若父母只有一方有狐臭,那么遗传的几率则为50%。

为了减少狐臭对正常生活的干扰,我们应当勤洗澡,勤换衣服,保持腋下通风干燥。

人为什么会有灰指甲

正常的指甲是透明发亮的,表面光滑。如果指甲变了颜色,有的发灰,有的带点黄色,有的变成棕色,而且变得很厚,没有光泽,表面也很粗糙,那就是得了甲癣病,又叫灰指甲。

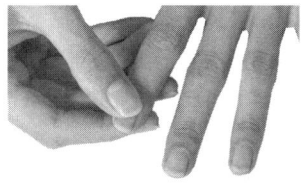

灰指甲是一种病,在医学上称为"甲癣"。患者的指甲呈灰色或棕黄色,指甲高低不平,又厚又脆,蜷曲或破裂。得了灰指甲,是个小病,对人没有多大的害处,但是毁坏了一个指甲,手指头失去了保护,干事不很得力,也不大好,不仅给人的日常生活造成不便,而且还会影响美观,很令人烦恼。

引起灰指甲的罪魁祸首是霉菌。常见的有红色毛癣菌、石膏样毛癣菌、絮状表皮癣菌和念珠菌等。它们在指甲上生长繁殖，破坏指甲甲板，就会使指甲变质发脆。灰指甲在气温高、湿度大的地区发病较高。

人的身上为什么会有胎记

胎记不是人人都有的，胎记在医学上称为"母斑"或"痣"。它是皮肤组织在发育时异常的增生，在皮肤表面出现形状和颜色的异常，由大量的血管和结缔组织构成。由于血流慢，血液里含的氧气少，所以看上去是青的。胎记可以在出生时发现，也可能在初生几个月后才慢慢浮现。

雀斑属于一种染色体显性遗传的皮肤病，多发于女性和儿童，雀斑所在部位黑色素细胞体积大，黑色素细胞内黑色素小体增加，在基底细胞内黑色素颗粒量亦增加，多见于面部尤其是鼻部周围，呈针尖或米粒样大小，不突出皮肤表面，淡褐色或深褐色的圆形或卵圆形斑点。具有对称性分布的特点，有的发生在前额手背等部位。常春夏重，秋冬轻，日光照射后可加重。一般初发年龄为5～7岁，随着年龄增加而加重至青春期最为明显，此后随年龄的增大而逐渐减轻。可见，雀斑是一种由遗传因素决定的皮肤色素沉着症，显然后天没有办法阻止雀斑的生长，但尽量避免长时间暴露在阳光下，的确可以在一定程度上减轻雀斑的色泽。

八字脚怎么矫正过来

"八字脚"，就是指走路时脚掌呈八字形（有外八字和内八字之分）。"八字脚"的人走起路来摇摇摆摆，运动时影响跑速和弹跳力。一般人正常走路时，大腿和脚掌是在同一平面上。"八字脚"走路时，脚掌不是向外，就是向内，大腿和脚掌不在同一平面上，因此步幅比正常人小，速度慢，跑步时就更明显了。

我们知道，走和跑是靠地面的反作用力前进的，正常人跑步时脚向后下方蹬地，反作用力向前上方。"八字脚"的后蹬是向斜下方，一脚蹬向左斜下方，而另一脚则向右斜下方，地面的反作用力出现横向分散力量，于是就会左右摇晃。横向力是无谓的消耗，力是用了，但是事倍功半，速度大为降低。

由于"八字脚"的腿和脚掌不在同一平面上，因而腿部肌肉扭转，弹力削弱，同时地面的反作用力不能通过身体重心，结果就大大地影响了弹跳高度。

"八字脚"的形成与婴幼儿时期过早站立和平时不良的走路习惯有关。所以，从婴幼儿时期就要注意掌握站立时间，培养良好的走路姿势，这就可以减少和避免"八字脚"的形成。

适当的体育锻炼是有助于矫正"八字脚"的，例如做徒手体操和器械体操。在做各种姿势时，要注意脚尖绷的方向，如果是"内八字脚"就要向外绷脚尖，"外八字脚"就要向内绷脚尖，使髋、膝、踝三关节保持在同一直线上。特别是做举腿、下蹲、跳跃等动作时，要求姿势及脚尖的方向一定要正确。在进行跑步锻炼时，膝关节不要外偏或者内扣，脚尖要有意识地对准前方，沿着直线前进。有时可在沙地等处跑或者走，注意观察自己脚印的方向。

踢毽子是一种有助于矫正"八字脚"的较好的锻炼项目。若是"外八字脚"，踢毽子时多做内拐踢（即屈膝用脚内侧踢）；要是"内八字脚"，可多做外拐踢（即屈膝用脚外侧踢）。也可以做两腿交换向内（外）屈膝盘踢的跑跳动作（类似踢毽动作，但要快些），还可以用脚背垫足球。

矫正"八字脚"的体育锻炼方法较多，只要在思想上重视，树立信心，持之以恒，是能够收到良好效果的。

脱臼是怎么回事

关节脱位，即人们通常所说的关节脱臼，是指在外力之下，骨端两节突然脱离原位而发生的错位。一般常发于肩、肘、髋和下巴、手指等部位。在进行剧烈的运动时，很容易出现这种状况。同学们，如果你或者你的同学关节脱臼了，你知道应该如何处理吗？

1. 发生关节脱臼时，千万不要因为疼痛而乱动。而是要找到木板等物，作为夹板使用，将受伤的肢体固定。然后要迅速到医院进行救治，越快越好。

2. 我们在平时的游戏和运动中，要注意把握分寸，不做危险的动作，不到危险的地方，要尽量避免关节被撞、被击。

3. 千万不要盲目地自行将脱位的关节进行复位，自己处理得不正确，只会给医生的诊治带来麻烦。

人的血为什么是红色的

人的血液之所以是红色的，是因为人的血液里，有很多红细胞。这些红细胞使人的血液呈红色。

红细胞能使血液呈红色，是因为红细胞里充满了含铁的蛋白质，它叫血红蛋白，又叫血色素或血红素。人体内确实含有这些铁。这些铁除小部分分布在肌肉、肝、脾等器官组织里外，其余约60%～70%数量的铁全在血液里。一个60千克重的人，身体里大概含有3克铁，相当于3枚一分硬币的重量。因为身体里的铁绝大部分集中在血液中红细胞的血红蛋白里，红细胞专门负责运输氧气和二氧化碳，吸进新鲜氧气，而要完成这个任务，就得靠血红蛋白里的铁和氧完成这个任务，二者在一起时，就使血液变成红色的了。

在自然界，铁与氧结合会变成铁锈，为什么人体中的铁不会生锈呢？血液中的铁被"锁"在血红蛋白的复杂结构里，可以吸取和放出氧，却无法与氧发生化学反应，因而也就不会生锈了。

为什么小孩子生下来时都爱哭

小孩子生下来时都哭，那是因为婴儿一出生，马上脱离母体，原来呈蜷缩的姿势，一下子变成可以伸张四肢，而使原来蜷缩的胸廓忽然地伸张，他们的肺叶也跟着张开，使胸腔立即扩大，于是婴儿就吸进了出生后的第一口空气。在吸气完

成后，他的胸廓由扩大状态恢复到原来没有吸气的大小，空气就紧接着被排出体外。然而当空气从肺部回到气管，呼出时经过喉头的时候，喉头肌肉加紧收缩，使喉腔内左右两边的两根声带拉紧靠拢，废气体冲出声音，带动声带发出了类似于哭的声音。

由于婴儿刚出生的时候，大多都是处于缺氧状态，都很需要氧气，所以都大口大口地呼吸身体所需的氧气，就发出一阵紧张的"哭"声。

人体有多少块肌肉

肌肉牢牢地附着在骨骼上，人体共有639块肌肉，占人体总重量的40%左右。人的肌肉分为骨骼肌、

平滑肌、心肌三种。平滑肌分布在食道、胃、肠等内脏中；心肌只有心脏才有，它在人的一生中不停地跳动，直到生命终止；在骨骼肌中，最大的是臀部的臀大肌，最小的是耳朵中的镫骨肌，只有几毫米长。人在做简单的动作时，都是要靠许多肌肉相互配合才能够完成。就拿人手在做拿筷子这个动作来说，就要牵动30多个关节，150块肌肉。

肌肉是人体运动的发动机，人每天要进行各种运动，活动的动力就来自肌肉。与运动相关的骨骼肌有600多块。骨骼肌中间粗、两端细，形成肌腱，牢牢地附着在骨骼上。在大脑的支配下，骨骼肌牵动相关骨骼和关节来完成人们想做的动作。

为什么吃饭要细嚼慢咽

吃饭时应该专心致志，细嚼慢咽，不能狼吞虎咽。细嚼慢咽对身体有好处：

细嚼慢咽可以增加身体对食物营养成分的吸收。植物性食物的营养素都是在植物细胞里，植物细胞的细胞壁大多是由坚硬的物质构成的，不容易破裂。如果没有把植物细胞的细胞壁弄破，里面的营养成分就无法被身体吸收。所以，我们应该对这些植物性食物多加咀嚼，这样才会有更多的营养成分被身体吸收。

唾液中含有一种能够杀菌的溶解酶，细嚼慢咽可以充分发挥溶解酶的作用，杀菌、防病。

细嚼慢咽可以促使口腔中的消化液分泌量增加。口水中有一种蛋白质，当它进入胃里可以与胃酸反应，生成蛋白膜，对胃起到保护作用。所以，吃饭细嚼慢咽的人一般不会得胃病。

细嚼慢咽还可以锻炼面部肌肉。多咀嚼食物，可以使人的面部肌肉得到充分的锻炼，这和吃口香糖的道理一样。

牙齿的形状为什么不同

当婴儿降生的时候是没有牙齿的，大约到半岁的时候才开始长出牙齿，这个时候长出的牙齿叫做乳牙，也叫做奶牙。等长到六七岁的时候，乳牙就会一个个地掉下来，换上新牙，这些新牙就不再换了，新牙也就被称做恒牙。

人类的牙齿有的是扁的,有的是尖的,有的是圆的,为什么会有不同的形状呢?门牙又叫做切牙,一共有四对,它的主要任务就是切断食物。所以,门牙就长得又扁又宽,像菜刀一样。

在我们的嘴角两边的附近各有一对尖尖的牙齿,叫做尖牙,也叫做犬齿,它的主要作用是把食物撕碎。我们嘴巴的上下左右共有20颗后牙,是圆圆的,和盘子一样,所以也叫做盘牙或者臼齿。它们的作用和磨豆子的磨盘差不多,上下牙的一咬一磨,食物就被磨碎了,这就是医学上把它们称为磨牙的原因。

人为什么要穿衣服

衣服有保暖的作用,穿上它再冷的天你也不会被冻着。如果把人比作炉子,那么就可把我们吃的东西比作劈柴,它在我们的身体里燃烧放热。为了保护热,所以我们要穿衣服。衣服把我们的热量保持在我们身体周围。我们的衣服当然也要向外散热,可是比我们身体散热慢得多。这就是说,我们让衣服去替我们挨冻。这样我们身体里的热保住了,自然不会冷了。

另外,我们身体的一些部分,即使游泳时也要穿衣服,这是因为它们是特别隐私的。胸部、屁股、两腿之间和嘴巴,都是我们的隐私处,不能让人随便看,也不能让人随便触摸,所以要用衣服遮盖并保护起来。我们不能让人随便亲我们的嘴,也不要触摸别人的隐私处。像握手一类的接触就是好的,让我们感觉愉快,像打架就是坏的接触,不愉快也不舒服。

打嗝是怎么回事

打嗝是一种常见的消化道受刺激的症状。人之所以会打嗝,原因就在于在人的胸腔和腹腔之间有一层膜,上面布满肌肉,医学上叫膈肌。膈肌是一个扁平而薄的横纹肌,样子好像张开的降落伞一样。膈肌能够帮助呼吸。吸气时它向下降;呼气时,就向上升。因此,如果吃得太快太急,或者吃进过冷过热的食物时,就可能刺激膈神经,经过一系列复杂的神经反射,引起膈肌的不正常强烈收缩,空气就被突然地吸进气管,这时声带关闭,所以发出一种呃声,这就是打嗝。

正常人发生打嗝大多是轻而短暂的，上腹部轻轻按摩，喝上一口温热茶水，用手捂一会儿鼻子和嘴，或者采用针刺疗法，打嗝一般很快会停止。个别顽固持久的打嗝，恐怕是由于疾病引起的，例如脑部疾病、腹腔内有感染等，则应请医生进一步检查与治疗。

为什么小孩子会掉牙

人一生中都长两次牙。人在出生后的6～8个月时，就开始长牙齿了，到3岁左右长完，而我们将这时长出来的牙齿称为乳齿。乳齿，一共有20颗，但是到了6岁以后，长有牙齿的颚骨随着年龄而变大，导致乳齿也就跟着一一脱落，换上新牙。新牙叫做恒牙，能让我们使用一辈子，因此，这时长出的恒牙也叫做永久齿。恒牙共有32颗，在乳牙刚脱落时恒牙就会逐个长出来，全部长齐需要6年的时间，也就是说，当我们13～15岁时，嘴巴里的牙齿就已经全部换成恒齿了。人还有几颗牙齿，是在20岁左右才会长出来，所以这几颗牙就叫迟牙或智牙。

恒牙可是人一生中最最重要的牙齿，脱落后就再也长不出来了。所以，我们要保护好牙齿，睡前晨起都要刷牙，吃东西以后要漱口，

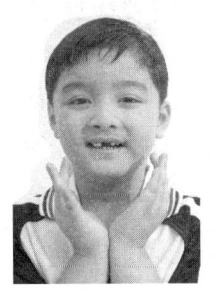

要少吃甜的食物等。要是保护得好，就算老了也不会掉牙的。

牙疼是怎么回事

俗话说"牙疼不是病"，其实这是没有科学道理的。

引起牙疼的原因很多，被世界卫生组织列为第三大疾病的龋齿，主要症状就是牙疼。龋齿会造成牙髓炎、根尖周炎，严重的甚至发生齿槽脓肿和面部蜂窝织炎。除牙齿本身病变以外，三叉神经痛、急性上颌窦炎、颌骨肿瘤等也常常使人感到牙疼。更为严重的是牙齿疾患可能是一种病灶，会引起全身性的疾病，如肾炎、心内膜炎、风湿热等。

由此看来，牙疼绝对不是小毛病，千万不能掉以轻心，牙疼时，一定要及早到医院诊治。

怎样才是正确的刷牙方式

刷牙姿势不正确，既不能把牙齿刷干净，又会损害牙齿。正确的

刷牙方法是顺着牙缝刷,刷上牙的时候要从上往下刷,刷下牙的时候要从下往上刷,里外都要这样刷,磨牙的两个接触面也要刷一遍。

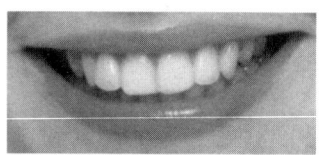

许多人有早上刷牙的习惯,其实晚上刷牙更重要。我们吃过晚饭后,一些食物的碎屑会塞到牙缝里或牙表面上,经过一夜的发酵,食物在嘴里就发臭了。睡觉时唾液分泌减少,不刷牙会导致蛀牙或牙龈炎。

有的人在刷牙的时候,牙龈会出血。刷牙出血可能是由于刷牙的方法不正确,损伤了牙龈才出血的。如果牙齿患有慢性牙龈炎,刷牙也会出血。另外,缺少维生素C也能导致牙龈出血。

胃是消化吸收食物的场所吗

胃是人体主要的消化器官之一,它能分泌胃液,可以杀死食物中的细菌,使富含纤维的食物变得柔软,把食物中的蛋白质分解成便于人体吸收的氨基酸。

胃能消化肉类,但是不能把自己消化掉,这是因为胃有自我保护的方法,它能分泌一种黏液,在胃的内表面形成一层保护膜,保护胃部不被消化和腐蚀,而是只把食物消化掉。

胃饿时,会使胃壁收缩,告诉大脑该吃饭了。如果没有及时吃饭,胃的蠕动加强,胃液和吞咽下去的气体在胃里滚动,一会儿跑到左边,一会儿跑到右边,就会发出"咕噜噜"的声音。

有的人很不注意饮食时间,有时候吃饭不规律,一顿饭吃了,下一顿饭就不吃,或者是不经常吃早餐。经常不按时吃饭,会导致胃功能下降,容易患上胃病。经常喝酒会破坏胃黏膜,容易患上胃溃疡。另外,经常情绪不好,或者总是吃一些刺激性的食物也会导致胃病。

肝脏为什么是人体重要的"化工厂"

肝脏长在人体腹腔的右上方,被身体右侧的肋骨保护着。肝脏分为左右两叶,虽然只有体重的1/50,却有着许多重要的生理功能,是人体重要的"化工厂"。

肝脏的"化工工艺"非常庞大和复杂。以糖转化为例子,肝脏不仅能把葡萄糖转变为糖元,还可以把脂肪、蛋白,甚至乳酸转化成糖元。维生素的代谢也需要在肝脏中转换。

肝脏有 50 万个肝小叶，进行着 500 个化学反应，帮助人体获得能量。人应该保护好自己的肝脏，不能大量饮酒，否则，肝脏就会因负担过重而生病。

肝脏最重要的作用是解毒、制造胆汁、造血、凝血和储存营养。人在吃东西、吃药时，会吃进一些含毒素的东西，经过肝脏的处理，它们会排出体外。而高蛋白、脂肪类食物则需要肝脏制造的胆汁才能被消化。同时，肝脏还储存着血液中过多的糖分，在身体需要时还给血液。

脂肪肝使人经常失眠、疲劳、食欲减退、肠胃功能失调。专家指出四类人群容易患上脂肪肝：迷恋汉堡包、炸薯条等快餐的人；热衷上网聊天、连续超长时间坐在电脑跟前的人；心理压力大、长期静坐、睡眠不足的人；经常过量饮酒、吸烟的人。

胆在人体中的作用是什么

人们常用"肝胆相照"来比喻用真心对待，可见肝和胆之间的亲密关系。其实，胆囊只算是肝的附属器官，主要是储藏肝脏分泌的胆汁。没有胆囊，人照样可以生活。

胆囊就是平常说的"苦胆"或胆，它的外形像个小鸭梨，生长在肝的下方的胆囊窝里。胆囊是胆汁的贮存库，大约可以容纳 40～70 毫升胆汁。胆汁是肝细胞分泌的一种带有苦味的黄绿色的消化液。正常人的肝脏每天分泌的胆汁约有 800～1000 毫升。这些胆汁都要经过一套管道系统排入十二指肠，在肝外部分的管道叫作胆管系统，包括左、右肝管、肝总管、胆总管和胆囊等。

肝细胞分泌胆汁是持续不断的，而胆汁进入十二指肠是间断的。当人的肚子是空的时候，胆总管连接十二指肠的口子是关闭的，能阻止胆汁流入肠腔。但这时候的胆囊是舒张的，所以肝分泌的胆汁就经过胆囊管进入胆囊。胆囊可以吸收胆汁中的水分和无机盐，因而具有浓缩胆汁的作用。绝大部分胆汁都要在胆囊内浓缩存留。进食后胆囊收缩，胆总管在十二指肠的入口处开放，胆汁被排入肠腔，帮助消化食物。

胆汁的主要成分是胆盐、胆色素等物质。胆汁中的苦味就是胆盐造成的。胆盐是一种奇妙的乳化剂,能使油脂乳化成微滴,与消化酶的接触面积就大大增加,更容易被消化。胆盐还能促进胰脂肪酶的活性,从而加速了脂肪分解和吸收的过程。

脾在人体中的作用是什么

脾是人体的内脏之一,是人体最大的淋巴器官。它呈椭圆形,赤褐色,质地柔软,在胃的左侧。脾是多功能器官,它既能够制造新的血细胞,破坏衰老的血细胞,又能产生淋巴球与抗体,还能储藏铁质,调节脂肪和蛋白质的新陈代谢等。

胎儿时脾脏是造血器官,出生后造血功能被红骨髓替代了,但是脾脏仍能制造淋巴细胞等与免疫相关的细胞和物质。它还有过滤血液的作用,进入人体的细菌、病毒及其他异物在这里经过处理后,被 T 淋巴细胞和 B 淋巴细胞产生的抗体消灭掉。衰老的红细胞和血小板在这里被破坏、消除。脾脏还会对新生的红细胞进行必要的"修整",并贮有大量的血小板。

由于脾脏参与骨髓的调控和红细胞、血小板的破坏、清除,所以当人因疾病造成脾肿大或脾功能亢进时,就会出现贫血和血小板缺少性紫癜,甚至会因为大出血危及生命。

许多疾病都能引起脾肿大,过分肿大的脾会造成人体贫血。为了使人体不贫血,可以将脾摘除,这对病人的健康有益而无害。

喝水有什么学问

除了空气,水是人类生存最必需的物质。如果一个人不吃东西只喝水,可以维持生命一个月左右。但如果断了水,人最多只能活一个星期。一个人一天大约需要饮用1000~1500毫升水,加上饮食中的水,总共需要 3000 毫升的水。只有这样,才能满足身体需要。

有不少人每天只喝很少的水,这种习惯对于人的健康是不利的。我们每天必须及时补充水分,不能等到口渴的时候才喝水。一旦产生口渴的感觉,表明体内已经严重缺水。

我们一定要养成即使口不渴也经常喝水的习惯。正确的做法是,

每天起床漱口后，早餐前应该喝一杯温开水。因为经过一夜的睡眠，人体通过出汗散发，加上小便，虽然没有明显的渴的感觉，但实际上人体已经缺水，血液减慢，代谢迟缓。如果起床后喝一杯水，很容易被吸收，能加快血液流通，提高运输氧和养分的功能，排泄废物，从而增强了人体的免疫能力。午饭、晚饭前半个小时饮用一些水，可以使各个消化器官分泌出一定的消化液，帮助消化食物，吸收营养。

早晨为什么不能空腹喝牛奶

有的人喜欢早晨空腹时喝牛奶，其实这样不科学，因为空腹时吃东西，胃蠕动较快，牛奶中的营养物质来不及消化、吸收就被排到了大肠，造成很多营养的流失和浪费，所以，最好饮用牛奶之前，吃点馒头、饼干之类的食物，使奶中营养充分发挥作用。

儿童喝牛奶的时间放在早餐之后半小时至1小时较为适宜。因为早餐进食了一部分稀饭、面食等碳水化合物，能延缓胃排空，此时喝下的牛奶在各种酶的作用下能得到充分的吸收和利用。

牛奶不宜久煮或加热次数过多。牛奶在加热时要起一系列的变化，使色、香、味都明显下降。所以热奶以刚沸为度，不宜久煮。

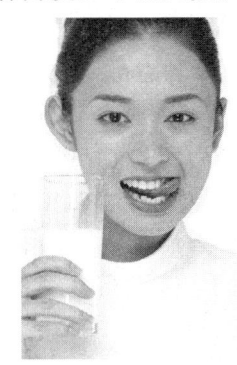

牛奶不宜过多冷饮。因为冷牛奶会增加肠胃蠕动，引起轻度腹泻。

牛奶不宜冰冻或放入热水瓶中保藏。冰冻后，牛奶中的脂肪、蛋白质等物质都发生变化，营养价值随之下降。牛奶热后，倒进热水瓶中存放，奶中容易混入细菌，一旦细菌进入奶中，每隔20～30分钟就能繁殖一代，使牛奶很快变质。

睡觉前喝牛奶有催眠作用。医学家们通过实验观察发现，睡前喝一杯热牛奶，可使人很快入睡，而且后半夜睡得更香甜，特别对有些半夜醒来再不能入睡的人来说，其作用更为明显。

人有尾巴吗

人还没有完全进化为人时，也是有尾巴的，就像猿猴的尾巴一样。小朋友可以摸摸自己屁股上面一个硬硬的骨头处，这就是人的尾巴。人类的尾巴之所以消失了，是因为在漫长的进化过程中，人学会了直立行走，不再需要用尾巴去攀缘，尾巴所起的作用渐渐消失，而且长长的尾巴拖在地上十分影响当时的人类的生活，所以在从猿到人的进化中，人身体的原始的粗糙被慢慢改造，以致以后的人在身体各方面日趋完整，尾巴也在这一过程中渐渐被进化掉。

有些人头上长角，这并不是不可解释的现象。人的皮肤可以分为表皮和真皮，表皮主要是由角质形成的细胞组成。随着人体新陈代谢的发展，表皮上的角质不断地老化，也不断地再生。并且老化和再生之间一直维持着动态的平衡，使皮肤一直处于自我更新之中。表皮一旦失去平衡，就会出现细胞增生异常或角化异常，形成这样或那样的皮肤病。其实头上长出来的角就是一种角状物，是由于局部皮肤角化过度而形成的。

儿童为什么要多吃鱼

科学饮食讲究的是饮食的均衡、合理，可以符合人体的营养要求，对人的身体有好处，科学饮食提倡多吃鱼，特别是鱼头能使人聪明。鱼类食物中含有丰富的蛋白质，容易被人吸收，鱼肉中还含有牛黄酸，可以增强眼睛对暗光的适应力，鱼的脂肪中含有不饱和脂肪酸，可以降低胆固醇，预防心脑血管疾病、关节炎和气喘病。

特别是鱼头中鱼脑的主要成分是不饱和脂肪酸，对脑细胞的形成起着重要的作用，是人脑细胞的主要成分之一。如果缺少了不饱和脂肪酸，人的记忆力和思维能力就会下降。鱼的脑和眼窝中含有丰富的不饱和脂肪酸，吃鱼头确实能使人聪明。据统计，日本、挪威、澳大利亚等沿海国家的居民寿命普遍较长，这与他们长期食用鱼类等海产品有密切的关系。

什么是人类的"第六感觉"

感知来自外界的化学信号的能力，称为"第六感觉"。人类因为某种基因突变已经失去了这种能力。而动物却普遍存在着这种感知能力，

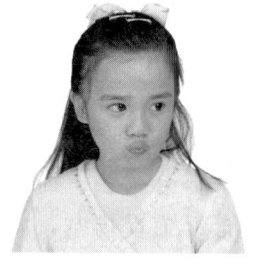

它们能从腺体释放出一种叫做信息素的特殊物质，然后由鼻子上一个叫鼻犁骨的器官接收，这种信息素支配着动物从攻击到求偶多种行为。

信息素与一种特定的基因密切相关,这种基因在人身上也存在,只不过突变后已不再发挥作用。如果研究人员能找到恢复这种基因的办法,那么,人类就能找回"第六感觉"了。

多吃蔬菜有什么好处

据有关部门统计,目前儿童孤独症患者呈增多趋势,国外有专家发现,儿童孤独症的发生和发展与过量食用"酸性食物"密切相关。儿童营养专家建议,儿童应该多吃绿色蔬菜和水果。

如今,家庭生活中高脂肪、高蛋白和高糖分的食物和营养品日渐增多,相当一部分独生子女,爱吃巧克力等含糖量高的零食。过多的糖类摄入后在体内易形成酸性物质,使人呈现"酸性体质"。而"酸性食物"对儿童孤独症的发生、发展有推波助澜的作用。不少孤独症的孩子表现为经常手足发凉,容易感冒,还有些孩子表现为经常哭闹不止,原因就是酸性体质在作怪。

儿童应多吃绿色蔬菜,如:菠菜、油菜、空心菜和香菜等;多吃凉性食物,利于生津止渴,除烦解暑,排毒通便,如:苦瓜、丝瓜、黄瓜、菜瓜、甜瓜、番茄、芹菜、生菜和芦笋等;多吃富含钾、钠、钙和镁等成分的杂粮和粗纤维食物;还要多吃一些凉性水果,如西瓜、生梨等。

人脑都需要什么营养

人类的大脑由1000多亿个神经元细胞构成,外面包裹着由蛋白质等物质构成的保护膜。蛋白质是大脑的第一需要。还有近30%的大脑物质是由卵磷脂组成的,同时,大脑还需要补充大量的葡萄糖。

人类在很多方面对大自然的适应都不如动物,但是人却主宰着世界,这是由于人有比其他动物更发达的大脑。大脑是人体的"指挥所",指挥着人体的一切行动,随时需要营养。

我们的大脑皮层有上千亿个神经细胞,但一般人在一生中只运用约10亿个,大脑的大部分潜力都没有发挥出来。懒于用脑,脑子的反应就会越来越迟钝;勤于用脑,脑子的反应就会越来越灵活。脑子有活力，才能让其他器官保持活力。

豆制品、蛋黄以及日常的多种食物中，都含有人体必需的蛋白质和卵磷脂。鱼类中含有的不饱和脂肪酸是人脑必需的脂肪酸的来源。人也可以从面包、麦片或其他谷类制品中获得大量的蛋白质。

吃饱了为什么想睡觉

因为人在吃饭时，血液有聚集在头部的趋向，但是人一吃饱胃的蠕动就会加快，胃蠕动需要比较多的血液来供给肌肉运动，为了消化食物，几乎全身的血液都会跑到胃那里去进行消化，包括脑的血液。所以我们的脑部流通的血液就会暂时性缺乏，脑部血压会有降低的现象，人自然就会犯困，造成想要睡觉的现象。

很多人每天吃饱了饭后就犯困，只想躺下来睡觉，什么都不干。医生提醒大家，饭后立即上床是不科学的，饭后就睡眠，机体大部分组织器官开始进入代谢缓慢的"休整"状态，而胃肠道却被迫处在"紧张工作"中，造成机体部分状态不平衡。这样不但影响了睡眠，更易导致消化不良。"吃饱了就睡"还会造成胃肠蠕动减慢，部分蛋白质不能被消化吸收，在肠道内停留时间延长，在厌氧菌的作用下，产生很多有毒物质，增加肝、肾的负担和对大脑的毒性刺激。而且吃饱后立即睡觉容易造成肥胖；还可引起血胆醇特别是低密度和极低密度脂蛋白胆固醇增高，这类胆固醇容易在动脉壁上沉积，引起动脉粥样硬化，易导致冠心病、高血压的发生。所以饭后不能马上躺着，但更不能立刻做剧烈运动，应该适当地站立或者慢走。

为什么可以"滴血认亲"

所谓"滴血认亲"是古代在科学极不发达的情况下产生的，是古代为了证明两个人是否具有血缘关系而采用的一种鉴定方法。具体做法是两个人分别将各自的血滴在碗里，血滴凝在一起就是亲人，凝不到一起就不是亲人。但是，经过现代科学验证，"滴血认亲"的方法并不科学，更不能成为法律依据。现代科学已经很发达，处理认亲的事件，可以采用准确度很高的"亲子鉴定"。

现代亲子鉴定方法主要有血型测试、染色体多态性鉴定和DNA鉴定。

血型测试进行亲子鉴定就是通过对血型的检验比对来确定亲子关系。因为根据孟德尔遗传定律，一定血型的父母所生子女也具有相应的血型。

染色体多态性是指正常人群中常见的各种染色体形态的微小变异，这种多态性可以遗传。但是利用染色体多态性来鉴定亲子关系，需要靠技术人员的主观判断，准确率不尽如人意。

DNA鉴定是目前鉴定亲子关系应用得最多的。人的血液、毛发、唾液、口腔细胞等都可以用于亲子鉴定，十分方便。DNA亲子鉴定，否定亲子关系的准确率几近100%，肯定亲子关系的准确率可达到99.99%。

为什么有的人是直发，有的人是卷发

人的头发有直发和卷发之分的原因是由于人的毛孔形状不同。每一根毛发都固定在皮下微小的毛囊中，毛囊的形状影响毛发的形状。圆形的毛囊长出的头发就显得直而

粗，这种头发东方人较多；椭圆形的毛囊长出的是波浪式的头发，这种头发西方人较多；而那些一头卷发的人的毛囊是螺旋形的，很多黑人都是这样的头发。

头发在生发过程中可以产生两种色素：一种是能使头发呈现出由深黑到浅褐色的色调，另一种是能使头发呈现金色、金褐色或棕色的色调。这两种色调就像两种颜料，由于它们的不同组合而使头发呈现不同颜色，不同的人种这两种色素的组成不同，黑头发的人主要有前一种色素，金色头发的人则只有后一种色素。

嘴唇为什么是红色的

每个小朋友都有一张漂亮的脸，脸上有眼睛、鼻子、嘴，而且我们的嘴唇的感觉特别灵敏。我们看到的嘴唇的颜色，并不是嘴唇表皮自

己的颜色，而是表皮里的血的颜色。事实上，我们嘴唇的表皮非常薄、非常柔软，而且是透明的。所以，这样我们就能看到嘴唇表皮里的血的颜色。因为血是红色的，所以我们看到的嘴唇就是红色的。

咬嘴唇是一种坏习惯。正常情况下，牙齿位于唇舌之间，舌肌和唇颊肌的压力在牙齿内外处于平衡状态，这对维持牙齿的正常排列和唇部的自然形态有非常重要的作用。咬下唇会使上下门牙受压，这种异常压力会推动上门牙向前逐渐倾斜，压迫下门牙向后移动。结果造成上门牙过度前龇，牙齿间出现缝隙；下门牙排列拥挤而不整齐，上下门牙前后距离较大。咀嚼时不容易咬断食物，上嘴唇也会被前龇的上牙支得向外卷而变厚，与下嘴唇难以并拢，形成"齿露唇开"的面容，既影响牙齿的功能，又影响美容。咬上唇时恰与上述情况相反，会造成上门牙内躯，排列拥挤，下门牙稀疏及下颌骨前突。严重者甚至形成门牙反错，俗称"兜齿""地包天"，整个面部显得凹陷。此外，有咬唇习惯的儿童，唇部常有牙齿的咬迹，易发生唇炎。有咬唇习惯的儿童应戒除咬唇的不良习惯。

为什么人在痛哭时会一把鼻涕一把泪

人的眼睛和鼻孔之间，有一条很细叫做鼻泪管的管子通着。当人大哭时，有的眼泪从眼角流出来，有一些眼泪就从细管子里流到鼻孔里。鼻黏膜受到了眼泪的刺激，就会分泌出更多的鼻涕。这样，眼泪鼻涕就一起从鼻孔里流出来了。

有些人流鼻血会滴得嘴巴、下巴及衣服都是，看上去挺吓人。最常见的原因是原发性的鼻出血，即血管因轻微的刺激而破裂，如大力送鼻涕、擦鼻、撩鼻或打喷嚏。其他撞伤如跌倒或被拳头打面部都可以引致鼻出血，气候过度干燥也容易使鼻膜开裂而流血，当然一些疾病也会造成鼻子出血，如血小板不足等血凝固的疾病。

为什么不能随便割掉阑尾

阑尾生长在盲肠后内侧，又细又窄，很容易被肠内的分泌物堵住，使细菌大量繁殖，于是就会发炎。阑尾的血管属于末端血管，容易坏死，发生肿胀，造成发炎。

长期以来，很多人都把阑尾看做是退化的无用之物，主张有病就割除，没病也可以割除。但是，现在的研究表明并非如此。阑尾对人体具有免疫功能。因为阑尾部分有丰富的淋巴组织，它和扁桃体一样，能分泌对人有益的免疫物质。也就是说，它能够增强人体对疾病的抵抗力，特别是对癌症的抵抗力。国外有人解剖尸体914例，发现被切除阑尾的人中，患上大肠癌的占18%，而没有被切除阑尾的人，只有10.8%患上肠癌，差别明显。由于其他癌症死亡的人，也是被切除阑尾的人比例高。

人体的左右是对称的吗

从外形上乍一看上去，人的身体似乎是对称的，这一侧就好像那一侧的影子。把左手和右手对上，是一模一样的。左边有一只眼睛，右边也有一只；左边有一个耳朵，右边也有一个……

事实上，人体的左右两侧，并不是绝对对称的。就拿左右手来说，它们的粗细长短是不一样的；人的眼睛也往往是一只大一只小，眉毛也是一边高一边低，左右两只胳膊和两条腿，也总是不一样粗细的。经常用左侧胳膊或左腿的人，左腿左胳膊总是比右边的粗；常用右侧的人，则右侧粗一些，这几乎是常识了。

如果从人体内部脏器来看，则左右两侧差别就更大了。右侧有一个肝脏，左侧却是一个脾脏；左右两边的脑，也很不一样。最明显的是心脏，它并不位于身体的正中，因此，"中心"这个词并不科学。人体心脏是在胸腔中部偏左，从正中线切开，只有一小部分心脏位于右侧，绝大部分心脏在左侧。

人体的脑子的构造及功能，左右两侧也不完全一样，对大多数人来说，左侧脑子有管理说话、使语言连贯的神经中枢，右侧则不一样，它不管语言的连贯。

人的皮肤为什么会晒黑

人的皮肤在太阳光下晒，阳光中有紫外线，能使皮肤里的血管扩张，皮肤变红。而我们皮肤里还有另一种物质，在受到紫外线的照射时会变成紫色，被称做黑色素。这种黑色素在皮肤的外层，起到保护皮肤不受阳光过度照射的作用，以免皮肤被晒伤。当然，如果长时间在强烈的阳光下晒，紫外线穿透皮肤外层的黑色素，这时我们的皮肤就会被晒伤了，所以小朋友在太阳光很强的日子，不要长时间在外面晒。

皮肤表层的黑色素能防御紫外线的照射。过量的阳光照射会刺激黑色素细胞，从而加速黑色素的产生，使皮肤变黑。由于手心覆盖着一层厚厚的角质细胞，阳光不容易穿透；又由于这些部位分布的黑色素细胞比较稀疏，黑色素也产生较少，所以手心的肤色较淡，晒不黑。

有人睡觉的时候为什么会磨牙

产生磨牙的原因主要有两个：一是由于肠道寄生虫（如蛔虫）的反射作用。当晚上入睡以后，肚子里的寄生虫就会在肠道内不断地蠕动，管咀嚼肌肉的神经细胞受到虫子毒素的刺激，引起神经的反射作

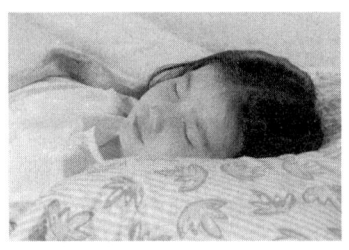

用，使人产生磨牙的举动。二是由于白天过于疲劳。尤其是现在的青少年，运动量过大，神经系统长时间不休息，受到过度的刺激，晚上就不能安静地睡觉，就会出现磨牙现象。除此以外，由于精神过度紧张或兴奋，会刺激大脑皮层的相应部分产生一个兴奋区，导致咀嚼肌过度紧张，产生了不协调定位动作，或者是上下牙齿长得不规范，牙齿排列不齐或畸形，引起咬合障碍，通过增加上下牙齿的磨动可以除去咬合障碍，就像鼻子不通气用嘴呼吸一样，这些情况会导致入睡以后

磨牙。磨牙是有害的。如果磨牙次数太多，并且时间太长，就会严重损伤牙齿组织结构，造成牙齿缺损。如果磨牙习惯难以改变的话，那么就要请医生帮忙，有效地保护我们的牙齿不受磨伤。

为什么人会放屁

放屁，这两个字听起来好像很不文雅，其实它是一种正常的生理功能。我们呼吸、吃东西和讲话时，一些气体会从鼻子或嘴巴进入体内；另外我们吃入的食物在消化道里被细菌发酵分解时也会产生一些气体，特别是一些难以消化的食物产生的气体就更多一些；再就是血液中携

带的气体,主要是二氧化碳也会向肠腔内扩散。因此,每天通过消化道的气体总量可达3000~4000毫升。可见,一个人每天的排气量真不小。假如一个人一天不排气,肚子就会胀得很难受。

当气体累积多了,便发生"爆炸"而排放出来,这就是"放屁"。这种气体的成分平均是59%的氮、21%的氢、9%的二氧化碳、7%的甲烷、4%的氧,有时还带有一些硫化氢(像臭蛋一样的味道)。放屁通常和我们吃的食物有关,因为是食物分解所造成的气体,所以每次屁的气味也不尽相同喔!

为什么要养成定时排便的习惯

人每天都要吃一些食物,以维持基本的生存需要。这些食物经过消化道时被消化,营养成分被身体吸收,剩下的食物残渣便在肠内经过发酵形成粪便,进入盲肠,最后由肛门排出,这就是排便。

排便是人体不可缺少的生理活动,但是不同的人的排便习惯也不相同,有的人每天排一次便,很有规律。有的人则几天才排一次便,这样的习惯是不科学的。

其实,我们每天都会产生一次便意,但是有的人因为工作忙,一时走不开或场合不合适,就忍了下来。如果长期这样,就会使直肠壁上的神经末梢对大便积聚的反应变得不敏感了。粪便长时间地积累在肠腔内,其中大量的水分被肠壁吸收,变得干结,不易被排出,久而久之,就会导致便秘、痔疮等病症。

因此,我们应该养成定时大便的习惯,每天至少大便一次,这对保持身体健康是有好处的。

肥胖儿童是怎么回事

人的胖瘦取决于体内脂肪细胞的数目和脂肪细胞内脂质(包括中性脂肪、磷脂、胆固醇等)含量的多少,即决定于脂肪组织总的数量。小儿期开始肥胖,成年后仍然肥胖的人,体内脂肪细胞数目明显增多;成年后开始肥胖的人,主要是脂肪细胞的肥大。短时间出现肥胖的,多为脂肪细胞肥大;而缓慢长期性肥胖的,则脂肪细胞既肥大,数目又增多。

引起脂肪细胞肥大或数目增多的原因是多方面的,包括饮食结构、饮食习惯、遗传、体能消耗、性别、年龄以及疾病等。

与肥胖有关的因素有:

1. 遗传。肥胖的父母所生的儿童比一般儿童变成小胖子的几率高2.5%~30%。虽然这不是定律,但却会增加变成肥胖的机会,这与遗传及家庭的生活及饮食习惯有关。

2. 性别。男性的肌肉通常比女性发达，所以基本代谢率亦较快，有研究指出，男性比女性在静态时会多消耗10%～20%的热量，所以女士常比男士胖。

3. 年龄。年纪愈大，肌肉愈少，基本代谢率亦下降，体重渐渐上升。所以青少年吃得多也不易长胖。

4. 戒烟。吸烟人士的体重常较不吸烟的人低，但戒烟后体重便会上升，这是因为尼古丁可提高代谢率。吸烟人士往往在戒烟后会比以前吃更多的食物，这亦是令体重上升的原因之一。虽然体重会上升，但戒烟对身体的益处远远超过体重增加的坏处，想减肥的人士亦不要以吸烟为减肥方法，因为吸烟对自己及身边的人的健康是百害而无一利的。

5. 活动量。肥胖人士的活动量通常会较低。事实上，运动可消耗多余的热量，有助于控制体重。

6. 高脂肪饮食。高脂肪饮食的热量高，容易使身体积聚脂肪，而且脂肪每克含9卡路里热量，比任何营养素的热量都要高（碳水化合物及蛋白质每克只有4卡路里热量）。

7. 疾病。如：荷尔蒙失调、甲状腺功能衰退等都可使体重上升，所以很多女性在更年期后，因荷尔蒙的变化，体重亦会逐渐上升。

8. 药物。用于治疗过敏反应、类风湿性关节炎及其他炎性疾病的药物中有些物质，也会导致体重上升。

为什么人会打哈欠

打哈欠其实是一种特殊的深呼吸。我们知道人类的呼吸是靠吸进氧气，呼出二氧化碳来完成的。平时，体内的血液不断地流动，将氧气输送到各部位，以满足身体的需要。如果人在打盹、疲劳、寂寞的时候，大脑的抑制过程开始战胜兴奋过程。这时身体的某些部位进入抑制状态，而呼吸器官首当其冲。这样，血管中氧的供应就会不足，积累了二氧化碳和新陈代谢的其他废物，呼吸也开始减慢并变得更加深沉了。这影响到大脑的呼吸中枢，这时候身体就发生了保护性反应——打哈欠。人打哈欠就是人体需要大量氧气的表现。

打哈欠时，吸的时候，肺部扩

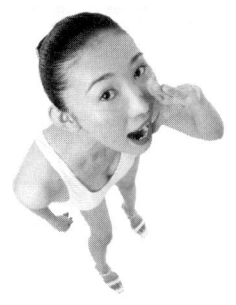

张到大大超过平常的容量,吸进了大量的氧气,而呼出时,肺部又尽量收缩,把大量的二氧化碳呼出。吸入的大量氧气增加了血液里氧的含量,这就改善了大脑细胞的供血状况,并使细胞的代谢过程变得活跃。此外,人在打哈欠时,除非环境不允许,往往要伴随着伸懒腰。这一动作使人暂时清醒许多。打哈欠对人体是有益的,而且是必需的。

为什么人会打喷嚏

打喷嚏是人体一种本能的生理行为,它不受人的意志制约,只要外界促使打喷嚏的条件产生,人就会什么时间、场合都无法顾及地打喷嚏了。

当人受凉的时候容易打喷嚏,这是因为冷空气进入人体内,立刻引起大脑皮层反应。这种反应的主要表现就是打喷嚏,即肺部深吸一口气,接着胸部肌肉猛然收缩,再通过鼻子和口腔迅速地喷出一口气,甚至全身都会跟着抖动一下。当胡椒、辣椒等辛辣气味或绒毛、小虫等异物进入鼻腔时,都会立刻引起大脑皮层的反应。

为什么有的人会尿床

尿液由肾脏产出,进入膀胱,膀胱是个容器,起蓄积尿液的作用,由括约肌控制;当尿液到达一定量时膀胱便收缩排尿,这一过程由脊髓及大脑控制。即使睡眠时,大脑也在控制排尿,孩子还小时,他们的大脑发育还不完善,所以小孩子偶尔尿几次床,完全是正常的。

如果3岁的孩子还常常尿床,就要寻求专业人士的帮助,搞清原因,对症下药。尿床的原因一般有:

生理的原因:比如孩子的膀胱括约肌尚未完全。

心理的原因:大约有20%左右的孩子因为紧张焦虑而尿床;疾病的原因:比如尿路感染,会使很久不尿床的孩子突然开始尿床,有时可以没有其他症状。

睡眠方式:多数孩子尿床是因为他们睡得太沉,以致完全意识不到膀胱充盈引起的尿意,这样他们也就不会半夜自己起床去排尿,就会发生尿床的现象。

为什么会烂嘴角

烂嘴角,医学上称之为口角炎,

表现为口角潮红、起疱、皲裂、糜烂、结痂、脱屑等。患者张口易出血，连吃饭说话都受影响。

口角炎的诱发因素：

一是缺乏新鲜蔬菜和水果。如果吃饭时挑食，从膳食中摄取的维生素就会减少，容易造成体内B族的维生素缺乏，导致维生素B缺乏性口角炎。

二是气候干燥。寒冷干燥的气候常使口唇口角周围皮肤黏膜干裂，周围的病菌乘虚而入造成感染，引起口角炎。

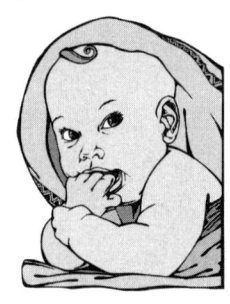

三是不良习惯促发口角炎。寒冷干燥的秋冬季口唇干裂，经常用舌头去舔，更容易使口角干裂。此外，吃零食、吮手指等不良习惯，也容易导致口角炎。因此，小朋友可千万不要挑食，也不要养成一些坏习惯。

吸烟为什么对身体有害

吸烟对身体有害，是因为香烟中含有烟焦油、尼古丁、一氧化碳、氢氰酸和丙烯醛等有害物质。吸烟的时候这些有害物质就会进入人体，对人的呼吸道、心血管、神经系统和胃、肠、肝、肾等器官产生一定程度的损伤。

烟焦油中含有多种强烈致癌物质，吸收过多会导致肺癌的发生。尼古丁含有毒素，能刺激人体的脊柱神经系统，使血管产生痉挛，引起心率加快、血压增高、心排出血量降低，过量吸入会导致心血管损伤，引起呼吸道黏膜炎症，甚至诱发肺癌。一氧化碳会减少血液的携氧能力，而氢氰酸和丙烯醛会引起慢性支气管炎和肺气肿等病症。

据统计，吸烟者的疾病死亡率明显高于不吸烟者，每天吸两包烟的人比不吸烟的人少活8年。而且开始吸烟的年龄越早，疾病的死亡率就越高。青少年正处于生长发育时期，吸烟容易使身心受到损害，引起注意力分散、记忆力下降、头晕、头痛等症状。

为什么有人睡觉时会打呼噜

人在睡觉时，全身的肌肉都放松了。这时靠近喉咙口的悬雍垂，就是俗称的小舌头，就会垂下来。如果睡觉的人张着嘴呼吸，空气进进出出，就会冲击小舌头，发出呼噜声。

另外,打呼噜是因为鼻子里的空气在流动时出现了障碍。如伤风感冒了,鼻子就会不通气,呼吸出现困难,睡觉时就用嘴呼吸,口呼吸时,会振动口腔后上方的软腭,软腭随着气体的进出而颤动,也会发出呼噜声。

一般来说,仰着睡觉的人容易打呼噜,因为仰睡时嘴往往微微张开,发出鼾声。有的人睡觉时习惯用口呼吸,也会发出呼噜声。要避免打鼾,最好侧着身子睡觉,尽可能地摆正头的位置,避免因头的位置不正而造成鼻子通气不畅,同时要改变用口呼吸的习惯,尽量用鼻子呼吸。睡觉打鼾不算疾病,但是打鼾厉害的人,第二天起床后往往感觉头痛,疲劳。

血液是从哪里来的

人类身上的血液是从哪里来的呢?人体内的造血器官很多,仅胎儿在母体的9个月的时间里,造血器官就有了三次大的变动。最早的造血器官是在胚芽的卵黄囊壁上,大约在受孕后的第二周,这个地方就开始出现血管。当胚胎发育到第45天左右时,肝脏就逐渐有了造血功能。在第十二周至第十六周时,肝脏成了最重要的造血器官,这种情况一直要保持到受孕后的第七个月,甚至更长些。在胎儿发育的第三个月,脾也就有了造血功能。到第五个月时,肝、脾的造血功能开始衰退,此时,红骨髓参加到造血的队伍中来了,红骨髓就逐渐替代了肝、脾的功能,并且终于成为人体最重要、最基本的造血器官。胎儿和婴儿的骨髓都是红骨髓。大约5岁以后,许多红骨髓变为黄骨髓,

黄骨髓则通常停止了造血活动。不过,由于红骨髓的造血功能日益成熟,所以只要一部分红骨髓活动,同样能承担起全身的造血任务。除此以外,淋巴器官也有一定的造血功能。

有肥胖基因吗

对于为什么会有人肥胖，目前有两种观点。一种观点认为，肥胖与遗传有关。另一种观点则认为是由于吃得多而运动比较少导致肥胖的。

1990年，美国的科学家在老鼠的体内发现了肥胖基因。这种肥胖基因是由正常基因突变形成的，它的隐性纯合体使老鼠的形体很容易发胖。但是把肥胖老鼠的循环系统间接地与正常的老鼠的循环系统连接起来，肥胖老鼠的体重就降下来了。学者认为这是因为正常老鼠血液中的调节物质把肥胖老鼠的某种遗传缺陷纠正过来了。

1994年，一个研究小组利用定位克隆的方法获得了老鼠的"肥胖基因"，并且把它在大肠杆菌内得到表达，从而得到了OB蛋白，这就是能够调节肥胖老鼠遗传缺陷的物质。经过研究发现，OB蛋白可能是一种激素，能通过机体内的反馈系统来调节体重。

人体最大的器官是什么

人体最大的器官是人体的皮肤。皮肤的结构从外向内是由表皮、真皮、皮下组织构成，其间分布有血管、神经、淋巴及皮脂腺、汗腺、毛囊、毛发等皮肤附属器官。一个成年人的皮肤面积约有2平方米，重量占人体总重量的16%。

皮肤位于人体表面，是人体的第一道防线，具有十分重要的保护、吸收、防御等功能。皮肤具有敏感的温热觉、触觉、痛觉等感觉功能，可以帮助人体了解周围的环境；皮肤可以排出汗液，蒸发后调节体温；紧张劳累时，皮肤可以帮助肾脏排泄体内代谢的产物；皮肤从自然界吸取少量氧气，在阳光的作用下可以自我合成人体代谢所必需的维生素D，以促进骨骼的发育；皮肤还可以保护体内的组织和器官免受或少受外界的刺激。

血型是怎么被发现的

1900年，奥地利病理学家和生物学家卡尔·兰特斯坦纳在一次偶然的机会里发现人的血清混在一起时，红血球有时会凝集。通过仔细观察各种交叉反应，他终于弄清了事实真相。人的红血球中有两种凝集原（兰特斯坦纳命名为A和B），但是每个人的红血球中可能含有一种凝集原，也可能含有两种，也可能一种也没有。据此分析，兰特斯坦纳确定了四种不同的血型A、B、AB和O型。每个人的血液中都含有抗击某种不同型红血球的抗体。当

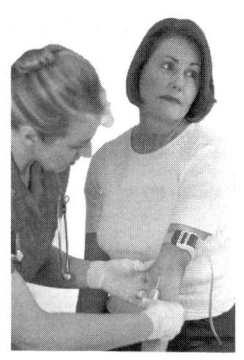

这种抗体发生时，红血球就会发生凝集。因此有时输血会引起强烈的反应。如，在 A 型血中含有 B 型血的抗体，如果给一个 A 型血的人输 B 型或 AB 型血，他的抗体就会攻击和消灭 B 型凝集原，这就是凝集反应。同样，给 B 型血的人输 A 型或 AB 型血，也会有同样的反应。而 AB 型血的人既可以接受 A 型血，也可以接受 B 型血，但是只能给 AB 型血的人输血。O 型血的人只能接受 O 型血，却可以给其他三种血型的人输血，也就是通常所说的"万能输血者"。

在兰特斯坦纳发现血型后的几十年里，医生们并没有意识到这一发现的重要作用，直到第一次世界大战爆发后，由于战地救护需要大量采血、大量输血，医学界才开始采用 ABO 血型系统进行血液分类。从此，输血成为补充因手术、事故和分娩失血的常用手段，也被运用于治疗贫血和白血病。

1930 年，兰特斯坦纳因为其对人类血型分类的特殊贡献，荣获诺贝尔生理学及医学奖。

为什么人会脸红

其实，脸红是受大脑指挥的。原来我们的视觉和听觉神经，都集中在头脑里。当我们看到和听到使我们害羞的事情时，眼睛和耳朵就立即把消息传给了大脑皮质，而大脑皮质除向有关的部位联系外，同时刺激着肾上腺。肾上腺受刺激，立刻作出相应的反应，分泌出肾上腺素。肾上腺素有一个特点，它少量分泌的时候，能够使血管扩张，特别是脸部的皮下小血管，可是大量分泌的时候，反会使血管收缩。

当我们感到难为情的时候，正是大脑皮质刺激着肾上腺，分泌出少量肾上腺素的时候，于是脸孔就发热发红。不光是害羞会脸红，高兴和愤怒的时候，也会脸红。在极气愤的时候，脸部就不单是红，它红一阵青一阵，有时转为苍白，这是肾上腺一阵阵地在大量分泌肾上腺素，使血管收缩，交替充血、贫血或使血管较长时间地处于贫血状态的缘故。

喝酒之后为什么脸会红

酒的主要成分是酒精，学名叫做乙醇，它能使脑部和皮肤血管的紧张程度降低，也就是使毛细血管扩张，血液流到皮肤中去，出现了充血现象，喝酒之后的感觉更为明显，人体脸部皮肤比较薄，皮下血管比较丰富，皮肤一充血，就面红耳赤了。

为什么会秃顶

头发的生长、休眠和脱落是一个循环不止的过程。如果头发的脱落快于生长，那就可能患上了脱发症，也就是常说的秃顶。脱发可分为暂时性脱发和永久性脱发两种。暂时性脱发大多由于各种原因使毛囊血液供应减少，或者局部神经调节功能发生障碍，以致毛囊营养不良，但无毛囊结构破坏，所以，经过治疗新发还可再生，并恢复原状。永久性脱发是因各种病变造成毛囊结构破坏，导致新发不能再生。

除了某些疾病或药物因素导致的脱发外，科学家认为秃顶的主要原因是体内的雄性激素分泌过于旺盛。因为，皮脂腺主要受雄性激素的控制，如果雄性激素分泌过于旺盛，人体的背部、胸部，特别是面部、头顶部就会分泌出过多的油脂。当头顶的毛孔被油脂所堵塞，会使头发的营养供应发生障碍，最终导致逐渐脱发而最后成为秃顶。女性秃发者比男性秃发者要少得多，因为女性体内的雄性激素分泌量很少。

额头高的人聪明吗

我们经常听人说："瞧这孩子，脑门这么大，一定很聪明。"在电影、电视等文艺作品中，宽大的前额也常常被作为智慧的象征。是这样吗？那么，额头小的同学是否就该灰心丧气呢？让我们来看看聪明到底与什么有关。

随着动物的不断进化，大脑的容量也在不断地增加，尤其是大脑皮质的表面积不断地增大。当动物进化到一定阶段后，大脑皮质已增大到无法容纳于颅骨腔内了，这时候，大脑皮质便开始折叠起来，从脑的表面看，形成了许许多多的"沟沟坎坎"，称之为沟和回。这种沟坎越多越深，智力也就越高。人脑看起来不怎么大，甚至不如有些动物脑袋大，但如果把人脑中的沟拉直、抹平了摊开，可以有两平方米大。

人的聪明程度与大脑的沟回有

关，而与大脑门并不成正比，有时很笨的人也可能长着一个"聪明的大脑门"，而有些著名的哲学家、科学家的脑门却并不怎么大，所以没有大脑门的同学尽可以放心。而且光聪明，不刻苦努力学习也是成不了才的。

脑袋大就一定聪明吗

据《智力》杂志报道，半个多世纪以来，科学界人士一直争论着这样一个话题，即大脑的大小是否与智力有关。一般人都认为脑袋越大，脑细胞就越发达，所以也就越聪明，但是科学证明这种说法是不科学的。科学证明，虽然女性大脑尺寸一般比男性小，但这并不影响

她们在智商测试中取得比男性高的分数。而且著名的科学家爱因斯坦可以称得上是一个绝顶聪明的人，可是他的大脑就不是特别大。所以可见脑袋越大就越聪明的说法是不科学的。

但是，有科学家表示虽然脑袋越大就越聪明的说法是不科学的，可是有非常确凿的证据显示，所有年龄段的人，无论男女，其大脑的大小同智力是相关联的。